Le Siècle.

✳✳✳

ÉLIE BERTHET.

NOUVELLES ET ROMANS CHOISIS

LE

NID DE CIGOGNES

PARIS

BUREAUX DU SIÈCLE

RUE DU CROISSANT, 16.

A. VIALON. DEL.   J. GUILLAUME. SC.

Elie Berthet.

LE NID DE CIGOGNES

I

Parmi ces ruines pittoresques de châteaux forts qui s'é-
lèvent sur les deux rives du Rhin, de Strasbourg à Cologne,
on voit encore, à quelque distance de Manheim, dans une
position élevée et pour ainsi dire toute féodale, les restes
d'un ancien *burg;* on l'appelle Steinberg. Il couronne une
énorme roche grise dont la base se baigne dans l'eau.
Avec ses sombres murailles, sa tour éventrée, ses dalles
brisées, ses statues frustes couchées sur la poussière, il
mériterait encore ce nom de *nid d'aigle* dont se servent
obstinément les romanciers pour désigner ces manoirs
aériens d'où les barons pillards du moyen âge dominaient
la plaine.

Autrefois, le rocher sur lequel Steinberg est bâti était
âpre et nu; cette masse imposante, se dressant tout à coup
du sein du fleuve avec son noir donjon, avait dû frapper
de terreur le batelier qui glissait sur le Rhin dans sa
barque bien chargée, le cavalier qui traversait le vallon
avec une valise précieuse derrière sa monture.

Mais l'industrie moderne a changé entièrement l'aspect
de ces lieux jadis redoutés. La roche était vieille et tombait en ruines comme le château lui-même. Le paysan
industrieux a porté, à force de bras, dans les saillies, dans
les enfoncemens de cette pierre friable, de la terre végé-
tale soutenue par des ardoises que fournit le sol même.
Dans cette terre il a planté des ceps de vigne ; peu à peu,
le roc entier a disparu derrière des pampres verts.

Le lierre, la giroflée et les autres plantes pariétaires ont
fait pour le château ce que le vigneron avait fait pour sa
base.

Aujourd'hui, château et rocher présentent pendant la
belle saison une masse verte dont l'aspect n'a plus rien
de terrible. La nature et l'homme ont voulu à l'envi l'un
de l'autre cacher ces vieux restes du passé ; et la nature
et l'homme seront condamnés ou absous, selon que le vi-
siteur du Steinberg sera un grave antiquaire ou un joyeux
ami du vin du Rhin.

On ne se douterait guère de nos jours, tant la végétation
est puissante sur les ruines, que le Steinberg était encore
habité il y a vingt-cinq ans à peine. Chose plus étrange
encore, il était habité par les descendans de ces terribles
seigneurs qui jadis en avaient fait le théâtre de leurs exactions et de leurs cruautés.

Les barons de Steinberg étaient une de ces vieilles familles teutoniques dont l'origine se perd dans les temps
fabuleux de l'histoire. C'était miracle comment cette race,
passablement turbulente et belliqueuse, avait pu traverser
sans être anéantie ces époques de troubles et de sang qui,
depuis Charlemagne jusqu'à Napoléon, avaient éteint tant
de races, ruiné tant de châteaux, sur les bords du Rhin et
ailleurs.

Il n'entre pas dans notre cadre de raconter la grandeur
et la décadence de cette noble maison. Cependant ce n'é-
tait pas impunément que les illustres barons et leur manoir avaient survécu à la terrible guerre de trente ans,
aux invasions de 1795 et des dernières années de l'em-
pire. A l'époque dont nous parlons, c'est-à-dire vers 182.,
le château tout délabré n'avait plus que la grande tour et
une petite aile d'habitables; la famille de Steinberg elle-
même se réduisait à deux personnes, le baron Henri de
Steinberg, major d'un régiment au service de la Prusse,
et sa sœur Wilhelmine, qui habitait les ruines. Le baron
avait vingt-cinq ans, Wilhelmine vingt ans à peine. Leur
fortune consistait principalement en un arbre généalo-
gique qui, à la vérité, pouvait couvrir du haut en bas la
plus haute muraille du château, et en liasse de parchemins qui eussent permis à la jeune fille de prouver ses
seize quartiers au chapitre noble de Strasbourg.

Le baron Henri, retenu par ses devoirs militaires, pouvait rarement visiter le donjon de ses pères ; d'ailleurs ses
habitudes de dissipation et de plaisir lui eussent rendu ce
séjour insupportable. Aussi sa sœur Wilhelmine vivait-
elle dans une profonde solitude ; elle n'avait d'autres compagnons, dans la tour de Steinberg, qu'une vieille
gouvernante qui lui tenait lieu de mère, et le fils de cette
femme, grand garçon bien niais et bien lourd, qui était
chargé de faire valoir les derniers lambeaux de terre dé-
pendant du fief.

Cette existence eût été insupportable à une jeune Française ; mais le caractère mélancolique et rêveur de Wilhelmine s'accommodait de cette existence paisible. Cette
sombre habitation était remplie des souvenirs de sa race ;
elle n'avait jamais voulu la quitter. Vainement son frère,
inquiet de l'isolement où il se trouvait forcé de la laisser,
l'avait-il pressée bien des fois d'entrer dans un couvent
catholique de Manheim, où elle avait été élevée : elle l'a-
vait toujours supplié de lui permettre de garder son indépendance ; le baron avait jusque-là cédé à ses prières,

Cependant cette position ne pouvait durer longtemps ; Wilhelmine était devenue une grande et charmante personne, dont la beauté avait fait bruit jusqu'à Heidelberg, la ville universitaire, distante de plusieurs milles. Elle ne pouvait rester confinée toute sa vie dans cette masure croulante ; aussi le major, malgré ses préoccupations égoïstes, s'était-il promis d'aviser à placer sa sœur dans une situation plus digne d'elle et de lui.

En attendant, la fille et l'héritière des anciens burgraves de Steinberg vivait dans un état voisin de la pauvreté. Les revenus du fief étaient fort modiques ; ils se bornaient aux produits d'une petite vigne plantée dans un enfoncement du rocher. Heureusement le vin que produisaient ces quelques ceps misérables était exquis ; il égalait les crûs de Johannisberg lui-même.

Le prix de l'unique tonneau dont se composait la récolte annuelle suffisait aux besoins des habitans du manoir ; il fallait si peu ! Un modeste jardin, que le fils de la gouvernante avait établi dans l'ancienne cour d'honneur du château, produisait des fruits et quelques légumes pour la consommation de la petite colonie. Enfin le baron, dont la conduite néanmoins était, disait-on, un peu désordonnée, trouvait moyen d'envoyer, à des intervalles irréguliers, de petites sommes pour l'usage de sa sœur.

Comment pouvait-il prélever cet argent sur ses appointemens modestes ? voilà ce qu'on s'expliquait difficilement, car le baron ne passait pas pour économe ; mais Wilhelmine et dame Madeleine Reutner avaient trop peu d'idées pratiques sur la vie d'un officier pour s'étonner de cette circonstance ; Henri était tout simplement à leurs yeux un frère généreux qui se contentait du strict nécessaire afin de soutenir le rang de sa maison.

Malgré cet état d'abaissement auquel étaient réduits les descendans des barons de Steinberg, les habitans du voisinage n'avaient garde de manifester en leur présence ni mépris ni satisfaction méchante de leur pauvreté. Dans cette vieille et féodale Allemagne, le paysan, à peine affranchi du servage, n'a pas appris encore à jeter la pierre aux grandeurs tombées.

Quand Wilhelmine descendait le dimanche pour entendre la messe à un petit village de pêcheurs situé au pied du rocher, quand on la voyait s'avancer en simple robe de laine, un chapeau de paille sur la tête, son livre d'Heures à la main, accompagnée seulement de sa vieille Madeleine, elle était accueillie avec un respect presque religieux.

Pour les paisibles habitans du village, Wilhelmine personnifiait la poésie du passé ; elle était fille de ces farouches guerriers dont les exploits, les violences, les histoires lugubres défrayaient depuis plusieurs siècles les traditions du pays. Elle était comme une preuve vivante de ces légendes que l'on racontait à l'étranger en lui montrant le vieux burg en ruines ; la superstition attachait à sa personne quelque chose du merveilleux dont ces légendes étaient empreintes.

D'ailleurs, Wilhelmine était si gracieuse et si belle ! A défaut d'autre supériorité, elle eût pu revendiquer celle de la beauté. Aussi, parmi ces paysans dont les ancêtres avaient été les oppresseurs, regardait-on mademoiselle de Steinberg comme le représentant visible de la divinité sur la terre. Quant à son frère, on ne parlait de lui qu'en tremblant, comme s'il eût encore été maître de déchaîner sur la contrée les fléaux qui la désolaient au temps des barons défunts.

Mais nous en avons dit assez pour faire comprendre au lecteur les événemens qui se dérouleront sous ses yeux. Sans ajouter ici des détails qui viendront naturellement dans le cours de ce récit, nous allons le transporter tout d'abord au château de Steinberg, sur la plate-forme de la vieille tour, par une triste soirée d'avril.

Cette tour, comme on le sait déjà, s'élevait sur le point culminant du rocher et dominait tout le pays. Elle était de forme carrée, sans fenêtres et sans ornemens, car on ne peut appeler fenêtres les étroites meurtrières qui lézar-

daient sa noire surface, et ornemens ses machicoulis et ses créneaux brisés. Une tourelle ronde, plus élancée et plus légère, était adhérente à la tour principale ; elle projetait sa tête en poivrière un peu au-dessous de la plate-forme.

C'était là, à peu près, tout ce qui restait debout de l'ancien château ; excepté une espèce de pavillon effondré où couchait le fils de Madeleine, les autres parties du manoir avaient roulé en bas du rocher ou jonchaient le sol autour de la cour d'honneur, devenue jardin potager. Un sentier se glissait à travers les décombres, franchissait les débris de la poterne, et descendait en serpentant vers le village ; seul il reliait au présent ce débris vénérable des siècles passés.

Wilhelmine et sa gouvernante se trouvaient en ce moment au sommet de la tour, dont la plate-forme dans la belle saison leur servait à la fois de promenade et de cabinet de travail.

Quelques caisses de bois, destinées à contenir des plantes grimpantes, étaient disposées le long du parapet. Les faibles tiges des volubilis et des capucines commençaient à peine à serpenter le long des vieilles dalles de basalte ; mais les girofflées jaunes, qui fleurissaient naturellement dans les interstices des pierres moussues, répandaient déjà les premières et douces senteurs du printemps.

Dame Madeleine Reutner, assise sur un escabeau, était adossée à un créneau qui la garantissait du vent, assez violent à cette hauteur. Elle avait soixante-dix ans environ ; ses traits étaient graves, calmes, un peu guindés dans leur immobile sérénité. Elle portait le costume des paysannes aisées, jupe courte à larges plis, corsage lacé sur la poitrine, coiffe ample et de forme bizarre. Elle tricotait des bas de laine pour son fils.

A la manière lente et compassée avec laquelle la bonne dame ajoutait maille sur maille, son peloton dans sa poche et une de ses aiguilles placée dans sa cornette, on reconnaissait un de ces types si lourds d'esprit et d'allures dont la vieille Allemagne est toujours bien pourvue. Le corps raide, la tête droite, elle tricotait comme le soldat fait l'exercice, des mains seulement, sans déranger l'équilibre des épaules. Tout en elle annonçait l'obéissance passive, le respect machinal pour ce qu'elle avait appris à respecter depuis son enfance.

Elle s'animait seulement lorsqu'il s'agissait de la splendeur passée des Steinberg, des anciennes histoires qui se rattachaient au château. Sur ce chapitre, Madeleine possédait des richesses inépuisables ; à la moindre sollicitation, elle devenait d'une loquacité merveilleuse ; sa voix, son geste, son regard, prenaient une expression vraiment éloquente. Hors de là, elle retombait dans sa tristesse pensive et solennelle.

Madeleine semblait, malgré son attachement profond pour ses jeunes maîtres, se survivre à elle-même ; elle n'appartenait plus à notre siècle prosaïque ; elle eût dû mourir le jour où le dernier baron de Steinberg avait essayé d'arrêter une armée française devant cette bicoque en ruines.

II

Wilhelmine formait un contraste frappant avec cet échantillon suranné de la vieille race teutonique, froide, crédule et gourmée. Wilhelmine de Steinberg était blonde, d'une taille un peu au-dessus de la moyenne. Toute sa personne avait une légère tendance à l'embonpoint ; cependant ses pieds et ses mains étaient d'une petitesse vraiment extravagante. Sa figure ronde, fraîche, aux lèvres vermeilles, aux yeux fendus en amande, était encadrée de longs cheveux châtains retombant en double natte sur ses épaules, à la mode des Suissesses.

Son costume, des plus simples, consistait en une robe de laine noire collée exactement sur le buste et flottant en longs plis jusqu'à terre. Ainsi vêtue, la fille des farouches barons de Steinberg, avec sa figure rose, brillante de santé, ses lèvres appétissantes qui appelaient le baiser, eût été la plus ravissante *jungfrau* qui ait jamais traîné vingt étudians à sa suite dans les rues de Halle ou de Iéna ; mais à certains signes on n'eût pu méconnaître la haute origine de Wilhelmine. Son air de dignité, ses manières nobles, trahissaient la descendante de ces burgraves indomptables qui avaient su maintenir leur farouche indépendance contre l'Allemagne en armes, en même temps que la douce rêverie répandue sur son visage, l'expression vague et pour ainsi dire vaporeuse de son regard, rappelaient les créations poétiques de Gœthe ou de Schiller.

Il y avait en effet une âme chaleureuse sous cette gracieuse enveloppe ; et cette frêle organisation pouvait, dans un moment donné, manifester toute l'énergie dévorante que la passion est capable d'inspirer.

Wilhelmine, debout contre le parapet, promenait son regard sur l'immense paysage qui s'étendait au-dessous d'elle. Son visage exprimait la mélancolie ; la main appuyée contre un créneau, le corps un peu penché en avant, elle restait dans une immobilité complète.

Tout autour d'elle avait des teintes sombres. A ses pieds coulait le Rhin, large, majestueux, aux eaux glauques et profondes. Les rochers qui longent les rives du fleuve n'étaient pas encore, à cette époque de l'année, tapissés de pampres verts ; ils se dressaient çà et là, gris, secs, arides ou ornés seulement de quelques touffes de gazon. Le ciel était couvert de nuages ; un vent du sud assez violent, soufflant par intervalles, soulevait de petites lames blanches sur le Rhin.

Mais ce tableau mouvant était trop familier à la jeune baronne pour occuper exclusivement son attention. Vainement d'immenses trains de bois, montés de deux cents rameurs, glissaient-ils, par le triple effort du vent, du courant et des bras humains, sur la surface du fleuve ; vainement des barques aux voiles blanches se montraient-elles au loin, ou des bateaux-flèches, remplis de joyeux pêcheurs, faisaient-ils entendre des chants harmonieux ; elle ne détournait pas les yeux d'un groupe de maisons délabrées qui formait un petit village au pied du rocher.

Ces maisons étaient couvertes en ardoises, et leur façade blanche semblait comme bariolée de poutres de diverses couleurs. Elles devaient être exclusivement habitées par des familles de pêcheurs, à en juger par cinq ou six barques amarrées dans une crique du fleuve, et surtout aux vastes filets en forme de toile d'araignée qui séchaient sur le rivage.

Madeleine attendait dans un respectueux silence que sa jeune maîtresse lui adressât la parole. Enfin Wilhelmine sortit de sa contemplation, et s'avança lentement vers sa gouvernante :

— Voilà un temps bien triste, Madeleine, dit-elle avec mélancolie ; le ciel est noir, le vent froid ; jamais ce vieux château ne m'a paru si lugubre... J'ai le cœur serré comme si un malheur était près de m'arriver. Eh bien ! et toi, pourquoi ne me parles-tu pas ? tu es triste comme le ciel, comme le vent, comme cette tour en ruines !

— La tristesse convient aux fidèles serviteurs du Steinberg, répondit la vieille femme, surtout quand ils comparent le présent au passé.

— Pourquoi songer au passé, ma bonne Madeleine ? Quant à moi, mes pensées se tournent toujours vers l'avenir.

— C'est notre rôle à l'une et à l'autre de regarder, vous en avant, moi en arrière, car vous êtes jeune et moi je suis vieille... Vos yeux n'ont pas vu ce que les miens ont vu... il y a bien longtemps.

— Et qu'ont-ils donc vu, Madeleine ? demanda distraitement mademoiselle Steinberg.

La vieille Reutner se redressa avec effort, déposa son ou-

vrage sur le parapet de pierre, et, étendant son bras sur les ruines, elle répondit avec une douleur solennelle :

— J'ai vu ces murailles debout ; j'ai vu ces champs et ces vignes cultivées par les vassaux de vos ancêtres ; j'ai vu ce château plein de mouvement et de bruit ; j'ai vu votre grand-père, entouré de ses cinq fils et de quarante serviteurs bien armés, se préparer à défendre son manoir contre les ennemis de l'Allemagne... J'ai entendu les cris des meutes, le son des cors, les hennissemens des chevaux, là où tout est silence... J'ai vu de beaux jeunes hommes, de joyeuses jeunes filles, de vaillans seigneurs là où tout est solitude... Que reste-t-il de cette puissance ? des pierres noircies, du lierre, et sur les débris une jeune fille pour interroger, une vieille femme pour répondre.

Elle poussa un profond soupir. Le front blanc et pur de Wilhelmine se couvrit comme d'un nuage.

— Bonne Madeleine, dit-elle avec un sourire forcé, je n'étais que triste, et tu me désoles ; je souffrais de souffrances imaginaires, et tu m'en donnes de réelles.

— Ce n'est pas la faute de l'hirondelle si, en volant à la surface du Rhin, elle annonce l'orage.

— Allons, allons, ma bonne, te voilà encore retombée dans tes idées noires. Tu te lamentes sans cesse parce que nous sommes moins riches qu'autrefois... Pourquoi désespérer ? Tu verras peut-être un jour notre maison plus florissante que jamais.

Madeleine sourit à son tour avec amertume, et, poussant de son doigt ridé un fragment de pierre détaché d'un créneau, elle le précipita dans l'abîme.

— Regardez, enfant, dit-elle, d'une voix sourde, suivez des yeux ce caillou dans l'air... un faible effort a suffi pour le mettre en mouvement ; croyez-vous qu'aucun pouvoir puisse maintenant l'empêcher de se perdre dans le fleuve ?

— Une saillie du rocher, une motte de terre, un brin d'herbe suffit pour l'arrêter avant qu'il y soit parvenu.

Sans répondre, la vieille Allemande indiquait du doigt la marche du projectile : la pierre, tombant au pied de la tour, rebondit contre le sol, puis elle ricocha sur le flanc du rocher, hésita deux ou trois fois, et, repartant de nouveau, finit par s'engloutir dans le Rhin.

— Ainsi d'une maison qui s'écroule, dit la vieille femme sans rien ajouter à sa démonstration : nul ne peut l'arrêter quand l'élan est donné.

Elle soupira encore et alla reprendre son ouvrage.

III

Wilhelmine redevint un instant rêveuse.

— J'attendais des consolations, et je suis obligée d'en donner, dit-elle enfin avec un enjouement affecté. En vérité, ma pauvre Madeleine, la solitude te tourne entièrement la tête... Voyons, pourquoi tant s'effrayer de notre avenir, à mon frère et à moi ? Trouverais-tu dans la conduite d'Henri...

— Il ne m'appartient pas de juger la conduite de monseigneur le baron, répliqua Madeleine d'un ton laconique.

— Je le sais, ma bonne Reutner, les plus affreuses tortures ne t'arracheraient pas un mot outrageant contre mon frère ; mais j'ai deviné qu'au fond du cœur tu lui reproches sa vie de plaisirs à Berlin et le long silence qu'il garde avec moi depuis quelque temps. Pauvre frère ! il ne faut pas trop le blâmer, Madeleine ; il s'est déjà imposé tant de privations pour que je ne manque de rien ici ! Pourquoi ne se livrerait-il pas un peu aux distractions de son âge ?... D'ailleurs, veux-tu que je te dise ma pensée, Reutner ? ce long silence me fait espérer que nous ne tarderons pas à recevoir sa visite. Hélas ! ajouta-t-elle tout bas, je désire son arrivée autant que je la crains...

— Vous la craignez, Wilhelmine ? dit la vieille femme d'une voix sourde ; vous avez en effet sujet de la craindre...

— Allons! ta mauvaise humeur se tourne contre moi maintenant? reprit mademoiselle de Steinberg avec un accent boudeur. Voyons, Madeleine, continua-t-elle en rougissant avec embarras après un moment de silence, abordons franchement ce qui nous occupe l'une et l'autre en secret : douterais-tu que mon frère vît avec plaisir monsieur Frantz... cet étudiant d'Heidelberg que nous avons reçu souvent ici depuis le dernier voyage du major?

— Je ne doute pas, je suis sûre, dit sèchement Madeleine; mais c'est à vous de commander, à moi d'obéir.

— Ainsi donc, toi aussi tu me blâmes d'avoir souffert que monsieur Frantz vînt quelquefois dans ces ruines égayer notre ennui?... Mais souviens-toi, chère Madeleine, comment notre connaissance a commencé, quel service m'a rendu ce généreux jeune homme !... Un jour, vers la fin de l'automne dernier, je me promenais seule, assez loin du château ; des étudians ivres descendaient le Rhin dans une barque ; ils m'aperçurent, sautèrent sur le rivage et coururent à moi. L'un de ces insolens voulut m'embrasser ; je poussai des cris perçans et je pris la fuite. Ils me poursuivirent ; au moment où ils allaient m'atteindre, un jeune chasseur qui se trouvait dans le voisinage accourut à mon secours. Il était étudiant comme eux, aussi ne s'effrayèrent-ils pas d'abord de sa présence ; mais il leur parla impérieusement, il les menaça. J'étais mourante de frayeur, cependant j'entendis des paroles de défi, un rendez-vous fut donné... Les agresseurs se retirèrent, et Frantz me reconduisit au château. Il me parla peu pendant le trajet, mais ses paroles étaient si prévenantes, si respectueuses ! Le lendemain, il quitta le village, où il était venu se reposer de ses travaux scientifiques. Il reparut au Steinberg un mois après ; il était pâle et portait un bras en écharpe. Il avait vengé mon injure : l'un de mes agresseurs était mort... Dites, Madeleine, mon frère lui-même n'approuverait-il pas cette courageuse action?

— Dans les temps anciens, les barons de Steinberg, pour venger une pareille injure faite à une dame de leur sang, eussent brûlé la ville ou pendu tous les étudians d'Heidelberg aux arbres de la promenade publique... Enfin, j'en conviens, ce jeune étudiant, suivant les idées actuelles, méritait des remerciemens; mais était-ce une raison pour accueillir ici un homme de basse condition peut-être? L'honneur d'avoir rendu service à une baronne de Steinberg ne devait-il pas lui suffire pour sa récompense?

— Tu l'exagères beaucoup cet avantage, ma pauvre Madeleine ; les Steinberg, comme les autres, ne peuvent pas être affranchis de la reconnaissance... Aussi, quand monsieur Frantz, qui paraissait triste et malheureux, est venu se loger là-bas, à l'auberge du village, pour rétablir sa santé et pour chercher le calme qu'il ne trouvait pas à Heidelberg, au milieu de ses bruyans camarades, n'aije pu refuser de le voir quelquefois en ta présence. Il m'apportait des livres, il causait avec nous de l'histoire de notre famille; tu lui racontais nos vieilles légendes; tu l'aimais alors, Madeleine; tu l'aimais comme un fils, t'en souviens-tu? tu disais...

— Ne me rappelez pas cela, car j'ai commis peut-être une grande faute! Oui, monsieur Frantz me plaisait, il me plait encore... mais depuis qu'il vient si fréquemment à la tour, depuis que j'ai remarqué votre tristesse en son absence, votre joie à son arrivée, je me suis effrayée de cette liaison. Peut-il y avoir quelque chose de commun entre la baronne de Steinberg et un pauvre diable dont vos ancêtres n'eussent pas voulu pour garde-noble?

— Mes ancêtres dorment dans leur tombe depuis bien longtemps Madeleine, et leur fille n'a plus rien de leur puissance... Pourquoi, dans mon abandon, me priver de la société de ce jeune homme? Il donne tant de charmes à ma solitude!... Je ne m'en cache pas : quand je reste un jour sans le voir, mon cœur se serre, j'éprouve comme un besoin de pleurer...

— Et voilà pourquoi tout à l'heure vous étiez si triste?

— Oh! il viendra... il va venir...

Elle s'arrêta tout à coup et rougit avec confusion.

Madeleine se leva et s'avança vers elle d'un pas grave, cadencé, puis saisissant la main tremblante de la jeune fille, elle la regarda fixement.

— Dites-moi tout, murmura-t-elle; mes soupçons me rendraient folle... ce jeune homme a eu l'audace de vous aimer?

— Eh bien ! oui, oui, il m'aime! répondit mademoiselle de Steinberg avec exaltation.

— Et vous, vous l'aimez aussi?

Wilhelmine baissa les yeux en silence.

— Vous, du moins, vous n'avez pas avoué à monsieur Frantz...

— Pourquoi non, Madeleine, puisque c'était vrai?

Cette réponse naïve fit pâlir la vieille femme. Elle recula d'un pas.

— Wilhelmine... baronne de Steinberg, demanda-t-elle avec désespoir, qu'espérez-vous d'un pareil amour?

— Frantz m'épousera, Madeleine, et nous serons heureux.

Madeleine Reutner leva les yeux et les mains au ciel.

— Seigneur mon Dieu! murmura-t-elle, m'avez-vous donc laissé vivre si longtemps pour entendre une Steinberg accepter un pareil sort!

— Madeleine, reprit Wilhelmine avec un peu d'impatience, oublie le passé pour un moment, et regarde seulement la réalité présente. Pauvre, sans amis, à charge aux autres et à moi-même, suis-je en droit de repousser un homme beau, loyal et brave qui m'a donné son amour? Frantz est instruit, il peut se faire un nom dans les sciences ou dans les arts; sans être riche, il jouit d'une fortune indépendante ; il refuse de s'expliquer au sujet de sa famille, c'est vrai, mais j'en suis sûre, elle est honorable. Nous vivrons obscurs, oubliés... je l'aime tant!

La gouvernante semblait frappée de stupeur; ses yeux étaient fixes et hagards.

— Que dira monseigneur, balbutia-t-elle, lui si impétueux et si fier?

— Mon frère ne s'opposera pas sérieusement à ce projet. Ignores-tu quels embarras je cause à Henri? n'as-tu pas compris combien il est las de veiller sur une jeune sœur dont ses devoirs et ses plaisirs l'éloignent sans cesse? Peut-on interpréter autrement la rareté de ses lettres et de ses visites? Il aime l'indépendance ; la responsabilité de mon sort lui pèse... Oui, oui, crois-moi, il me permettra sans scrupule d'écouter les sentimens de mon cœur. Si quelqu'un doit relever la maison de Steinberg, c'est lui, et non pas moi... Il poursuivra donc sa brillante carrière, et peu lui importera que dans un coin inconnu du monde une femme de son sang se cache sous un nom obscur. Si je suis heureuse, mon bonheur absoudra sa conscience de tout reproche.

Madeleine réfléchit un moment, puis elle hocha la tête et alla se rasseoir en silence.

Wilhelmine suivit des yeux sa vieille gouvernante, elle semblait vouloir prolonger l'entretien ; mais en voyant la sombre tristesse de la pauvre Reutner, elle se tut, et, s'accoudant à un créneau, elle retomba dans une profonde rêverie.

On n'entendait d'autre bruit que le gémissement du vent sur la plate-forme; le ciel gris s'assombrissait de plus en plus, car le soleil descendait rapidement vers l'horizon. Mademoiselle de Steinberg laissait son regard errer au hasard sur le paysage mélancolique qui s'étendait au-dessous d'elle, quand elle aperçut de l'autre côté du Rhin une petite barque luttant avec effort contre le courant.

Cette barque, montée par un seul rameur, semblait se diriger vers le château.

Homme et bateau étaient à peine distincts dans les vapeurs répandues sur le fleuve aux approches du soir. Cependant le visage frais de Wilhelmine s'empourpra tout à coup, ses yeux s'animèrent, elle eut peine à retenir un cri de joie. Elle se retourna vers la gouvernante, comme pour lui communiquer une agréable nouvelle, mais madame Reutner elle-même semblait absorbée en ce moment par une préoccupation extraordinaire.

Elle avait laissé tomber son ouvrage à ses pieds; debout, le cou tendu, elle contemplait fixement un point de l'horizon du côté du midi.

En suivant la direction de son regard, Wilhelmine distingua dans les airs une troupe d'oiseaux voyageurs qui s'avançaient lentement au milieu des nuages. Ne comprenant pas ce qu'un pareil spectacle pouvait avoir d'attrayant pour la vieille femme, Wilhelmine l'appela doucement. Madeleine, sans tourner la tête, éleva la main vers le ciel, en murmurant d'une voix étouffée et avec une sorte de terreur religieuse :

— Les cigognes ! les cigognes !...

Wilhelmine connaissait le caractère superstitieux de la gouvernante; les cigognes figuraient dans les armoiries de sa famille, et elle ne douta pas que leur apparition ne se rattachât à quelqu'une de ces anciennes légendes dont Madeleine Reutner était le vivant répertoire. Haussant les épaules, elle se mit de nouveau à examiner avec intérêt le bateau qui traversait le Rhin.

— Oui, ce sont les cigognes, disait Madeleine sans perdre de vue la bande voyageuse ; elles arrivent du midi et elles annoncent le retour du printemps... Le lieu où elles s'abattront sera béni de Dieu ; le toit qui leur donnera un asile sera visité par l'abondance et la joie... Mais le château de Steinberg n'est plus leur retraite chérie; elles passent sans s'arrêter sur ces misérables débris, elles laissent cette masure aux corbeaux et aux chats-huants !

De grosses larmes coulaient sur ses joues ridées; mais elle suivait toujours du regard la marche lente des oiseaux dans le ciel sombre.

Tout à coup elle poussa un cri perçant qui fit tressaillir Wilhelmine. La troupe voyageuse des cigognes, après avoir plané majestueusement dans les airs, au-dessus du Rhin, se dirigeait vers les ruines du vieux manoir. Bientôt on put apercevoir distinctement leurs corps blancs aux longues ailes, leurs pattes rouges rejetées en arrière, leurs cols, aux plumes flottantes, gracieusement recourbés, leurs becs de corail.

Elles observaient dans leur vol un ordre régulier. Quand elles se trouvèrent au-dessus du Steinberg, elles parurent hésiter un moment. Enfin deux des plus robustes oiseaux se détachèrent de la bande et s'abaissèrent rapidement vers la tour, tandis que les autres, reprenant leur voyage, se lançaient de nouveau dans l'espace, poussés vers le nord par le vent orageux.

IV

C'était cet événement, si simple en lui-même, qui avait arraché un cri à Madeleine; mais ce cri fut le seul. Elle redevint muette et attentive, observant avec anxiété les mouvemens de ces magnifiques oiseaux, qui semblaient vouloir demander au Steinberg l'hospitalité.

Son attente ne fut pas longue : les cigognes s'approchèrent assez de la tour pour que leur aile rasât l'extrémité des créneaux. Sans se laisser effrayer par la présence des femmes, elles voltigèrent deux ou trois fois autour de la plate-forme en faisant claquer leur bec, ce qui, dit-on, chez ces oiseaux est le signe de la joie ; puis, s'abattant brusquement, elles vinrent se poser sur un massif de maçonnerie, entre la tourelle et la tour principale, à quelques pieds seulement de mademoiselle de Steinberg.

Rien ne saurait peindre le ravissement de la vieille Reutner en ce moment. Son visage était rayonnant : elle semblait rajeunie. Elle s'avança vers sa maîtresse avec précaution, afin de ne pas effaroucher les voyageuses, et, la serrant dans ses bras, elle lui dit avec émotion :

— Rien n'est perdu encore... elles sont revenues !... Elles ont repris leur poste ordinaire auprès du donjon...

Que Dieu soit loué ! La maison de Steinberg peut connaître encore de beaux jours !

Wilhelmine sourit avec mélancolie.

— En vérité, ma bonne Reutner, dit-elle d'un ton distrait, je ne vois pas comment l'arrivée de ces pauvres oiseaux peut influer sur le sort de notre famille, dont tu désespérais tout à l'heure.

— Les cigognes portent bonheur au logis sur lequel elles s'arrêtent. Ces oiseaux sont en particulier d'un présage favorable pour les barons de Steinberg, je vous l'ai dit bien des fois. — Un nouveau sourire d'incrédulité fut la réponse de Wilhelmine. — De temps immémorial, continua Madeleine emportée par ses souvenirs, depuis un événement que je pourrais vous conter si vous étiez moins incrédule au sujet de nos anciennes traditions, les cigognes se sont établies à l'endroit où vous les voyez, là, sur le massif qui joint la tourelle à la grosse tour... Pendant des siècles, elles ont fait leur nid , de génération en génération, au même endroit. Leur disparition, hors le temps de leurs émigrations annuelles, a toujours été un signe de malheur pour le Steinberg et pour ses habitans. Elles ont quitté le château depuis l'année 1795, où votre grand-père, colonel d'un régiment prussien, se trouvant ici par suite des événemens de la guerre, entreprit d'arrêter un corps de troupes françaises devant le château. Les cigognes, effrayées par la canonnade, disparurent alors; elles abandonnèrent aussi tout à fait ce petit vallon que vous voyez au-dessous de nous, et qui leur servait autrefois de lieu de rendez-vous général, au moment de leur départ, à la fin de l'été... A la suite de ce déplorable siège, le Steinberg éprouva toutes sortes de maux. Le château fut brûlé en partie ; votre grand-père fut emmené prisonnier en France, où il mourut ; de ses cinq fils, quatre périrent dans diverses batailles ; votre père seul survécut pour épouser la noble dame votre mère...

— En vérité, Madeleine, je n'aurais eu garde de penser que les malheurs de ma famille pouvaient être imputés à ces oiseaux, je l'avoue.

— Vous plaisantez, mademoiselle, reprit la bonne femme en secouant la tête; mais ces croyances ne semblaient nullement absurdes à votre père. Il regarda comme un grand malheur la disparition étrange des cigognes de Steinberg... Monseigneur le baron Henri, votre frère, s'est informé lui-même bien des fois si, en son absence, elles étaient revenues à leur place accoutumée.

— Mon frère est un peu joueur, Madeleine; en cette qualité il doit être superstitieux... Eh bien ! pourquoi m'obstinerais-je à repousser ce favorable présage? Pourquoi n'ouvrirais-je pas mon cœur à l'espérance comme tu lui ouvres le tien? Oui, je veux croire aussi, Madeleine, continua-t-elle avec exaltation, je veux croire au bonheur, quel que soit le messager qui l'annonce ! J'ai tant besoin d'être heureuse ! — Puis, se penchant vers le parapet au-dessus des deux cigognes, elle dit avec un accent de mélancolie enfantine et naïve : — Génies familiers du foyer de mes pères, protecteurs ailés du Steinberg, soyez les bienvenus !

— Oh ! vous avez bien fait, murmura Madeleine, de ne pas renier ces traditions; pendant des siècles elles se sont perpétuées dans votre famille. Si dans ce temps d'incrédulité et d'orgueil le monde entier refusait d'y croire, vous et moi devrions encore les respecter : vous, la noble descendante des Steinberg ; moi, leur pauvre servante. D'ailleurs, ne songez-vous pas que ces oiseaux ont pu assister aux grands événemens dont ces lieux ont été le théâtre ? Ils ont peut-être reçu les caresses de votre grand-père, de ce bon seigneur Hermann.

— La chose serait-elle possible, ma chère Madeleine?

— Et pourquoi non, mademoiselle? On dit la vie des cigognes plus longue que la vie humaine... Mais que Dieu nous protége! continua-t-elle avec précipitation ; mademoiselle, vos jeunes yeux sont meilleurs que les miens; ne voyez-vous rien autour du cou de l'oiseau le plus rapproché de nous?

— En effet, répliqua Wilhelmine avec étonnement, on dirait d'un collier... Une bande de parchemin, une plaque de plomb est suspendue au cou de la cigogne; ceci est merveilleux.

— Et, dites-moi, mademoiselle, reprit la gouvernante avec une agitation toute croissante, la patte sur laquelle s'appuie l'oiseau n'est-elle pas un peu renflée vers le milieu, comme si elle eût été brisée et guérie il y a bien longtemps?

— En effet, je crois reconnaître le signe dont tu parles, mais...

— C'est le *hinkende* (le boiteux)! s'écria la gouvernante en frappant des mains.

— Et qu'est-ce que le hinkende, Madeleine?

— Le baron Hermann avait donné ce nom à une jeune cigogne qui, en voulant essayer ses ailes, était tombée du nid et s'était cassé la patte. Le baron avait hérité de ses ancêtres une grande vénération pour ces oiseaux; il soigna lui-même le hinkende, le guérit et lui rendit la liberté... J'étais bien jeune alors, mais je crois voir encore le hinkende suivant votre aïeul sur les tours et les remparts, le caressant de son long col soyeux... A la catastrophe de 95, le hinkende partit avec les autres cigognes; depuis il n'avait pas reparu... Quel pouvoir secret l'a retenu si longtemps loin de nous? Dieu seul le sait; mais croyez-moi, mademoiselle, ma noble maîtresse, le retour de ce pauvre oiseau doit vous inspirer du courage.

— Oui, oui, Madeleine, dit la jeune fille avec un sourire tout à la fois ironique et joyeux, tu as raison, je ne dois plus conserver d'inquiétude... le ciel lui-même s'est prononcé... je serai heureuse.

— Au nom de Dieu! mademoiselle, que voulez-vous dire? demanda la vieille gouvernante avec empressement.

— Tu le sauras bientôt... Mais écoute... C'est lui, mon Dieu, c'est lui!

Un bruit de pas retentissait dans l'escalier de la tour.

— Mais, mademoiselle...

— C'est lui, te dis-je! répéta la jeune fille en s'élançant vers la guérite de pierre qui protégeait l'escalier.

Une forme svelte et gracieuse se dessina dans l'ombre.

— Wilhelmine! cria une voix mâle.

— Frantz!

Un beau jeune homme s'élança impétueusement vers mademoiselle de Steinberg, lui prit la main et la pressa contre ses lèvres avec une ardeur irrésistible. Wilhelmine retira sa main en rougissant, puis désignant Madeleine, que ce transport avait frappée de stupeur, elle dit à demi-voix:

— Frantz! Frantz! oubliez-vous donc qu'elle ne sait rien encore?

V

Frantz était un des types les plus beaux et les plus complets de la jeunesse allemande. Mince et vigoureux à la fois, il avait une imagination pleine de fraîcheur et une volonté pleine d'énergie. Ses traits un peu pâles étaient doux et délicats, comme ceux d'une femme, mais ses grands yeux bleus brillaient d'une ardeur toute virile. Une légère moustache blonde ombrageait sa lèvre supérieure; ses cheveux châtains flottaient en longues boucles sur ses épaules.

Son costume avait un peu de l'excentricité pittoresque à la mode parmi les étudians de l'université d'Heidelberg et en général de toutes les universités allemandes. Il portait une petite redingote de velours noir boutonnée sur la poitrine, et une toque élégante de même étoffe; un ceinturon de cuir serrait sa taille fine et élancée. Dans ce modeste équipage, Frantz conservait un air de noblesse et de dignité qui l'eût fait distinguer de ses camarades fumeurs et buveurs de bière.

Les paroles de Wilhelmine n'avaient pu refouler entiè-rement les sentimens impétueux auxquels il avait obéi d'abord en revoyant mademoiselle de Steinberg. Cependant il s'éloigna un peu, et, attachant sur elle son regard limpide, il lui dit d'une voix pénétrante:

— Il est vrai, Wilhelmine... j'oublie tout ce qui n'est pas vous... Seule vous remplissez mon cœur et ma pensée; le reste du monde n'existe pas pour moi.

La jeune fille sourit avec orgueil. Frantz se retournait enfin vers Madeleine pour lui adresser un salut bienveillant, lorsqu'une espèce de grondement sourd se fit entendre à l'autre extrémité de la plate-forme. Une grosse tête carrée et une face barbue s'élevèrent dans l'enfoncement de la logette de pierre qui couvrait l'escalier de la tour.

— Ah! ah! dit Frantz avec une gaieté mêlée d'un peu de dédain, monsieur Fritz m'aurait-il poursuivi jusqu'ici?... En vérité, ma bonne madame Reutner, votre fils est trop honnête garçon pour jouer le rôle d'un dogue hargneux toujours prêt à déchirer les visiteurs... Il ne voulait pas me laisser passer tout à l'heure, et j'ai été obligé de le pousser un peu rudement... j'avais tant d'impatience me trouver ici!

Et son regard s'attacha encore avec amour sur Wilhelmine.

— Terteifle! grommela une voix rauque dans l'escalier.

Depuis l'arrivée de Frantz, les traits de la vieille Madeleine avaient repris leur expression de tristesse accoutumée.

— Un dogue! répéta-t-elle; oui, le dernier serviteur des Steinberg est comme un chien fidèle qui veille encore sur le seuil en ruines... Eh bien! ce dogue, ce gardien vigilant, ne doit-il pas écarter du logis ceux qui peuvent y apporter le trouble et le chagrin?

Frantz fit un geste d'étonnement.

— Est-ce de moi que vous parlez ainsi, Madeleine? est-ce à moi que l'on devrait refuser l'entrée de ce château?

— Je suis une humble servante... Ceux que la dame de Steinberg admet chez elle doivent être les bienvenus pour moi et pour mon fils.

— Et la dame de Steinberg, demanda Frantz avec un gracieux sourire adressé à Wilhelmine, est-elle en effet importunée de ma présence? Dois-je m'abstenir de venir à la tour?

— Vous, Frantz! vous? dit la jeune fille à voix basse, mais d'un ton d'exaltation. Ah! puisse le sort ne nous séparer jamais d'un seul instant!

Madeleine les observait en silence.

— Retire-toi, Fritz, dit-elle enfin avec accablement; ni toi ni moi ne pouvons empêcher ce que Dieu a permis... Redescends à la loge, mon pauvre Fritz, il faut que le sort s'accomplisse!... Me serais-je trop hâtée de croire aux heureux présages?

Un second *terteifle* fut la réponse. Au même instant la tête carrée et la figure barbue disparurent. Fritz, exercé par sa mère à l'obéissance passive, et d'ailleurs peu raisonneur par nature, n'en demanda pas davantage; l'on entendit son pas lourd résonner et se perdre dans les profondeurs de la tour.

Le jeune étudiant et Wilhelmine ne songeaient plus ni à lui ni à sa mère. Leurs mains étaient entrelacées; ils se regardaient avec ravissement.

— Frantz, Frantz, disait la jeune fille avec un accent de reproche, comment êtes-vous resté une journée entière sans venir? J'attendais de vous plus d'impatience après...

— J'avais un devoir à remplir, ma Wilhelmine bien-aimée; j'avais à mettre à l'abri de toute atteinte l'homme généreux qui vient d'exaucer nos vœux... Maintenant il est en sûreté sur le territoire étranger... Notre bonheur ne coûtera rien à personne, et je ne vous quitterai plus.

— Frantz, et si l'on nous sépare?

— Quelle puissance à présent, Wilhelmine, pourrait me séparer de toi? dit l'étudiant avec énergie, en la pressant contre son cœur; je défierais l'univers entier...

Madeleine se dressa comme un fantôme devant les deux jeunes gens; ils s'éloignèrent brusquement l'un de l'autre. La douleur, la pitié, l'indignation, se mêlaient sur le visage vénérable de madame Reutner.

— Êtes-vous la fille des barons de Steinberg? dit-elle à Wilhelmine avec véhémence; est-ce la pure Wilhelmine que je vois écouter sans rougir les propos galans d'un jeune débauché des écoles?... Par respect pour votre nom, mademoiselle, par pitié pour vous-même, ne me déchirez pas le cœur en me montrant où est tombée l'héritière d'une illustre maison!

Les jeunes gens restèrent un moment interdits par cette vive apostrophe.

— Eh bien! vous le voyez, monsieur Frantz, dit Wilhelmine avec confusion; vous n'avez pas tenu votre promesse, vous n'avez pas su vous taire.

— Il faut lui apprendre la vérité, reprit Frantz avec résolution; j'aurais cru que vous ne pourriez la lui cacher si longtemps.

— Mon Dieu! toute la journée j'ai voulu lui faire cet aveu; je n'en ai pas eu le courage.

— De quoi s'agit-il donc? demanda Madeleine tremblante.

L'étudiant prit une main de mademoiselle Steinberg, tandis que son autre bras entourait la taille souple de la jeune fille.

— Madeleine, dit-il avec noblesse, ne soyez ni surprise ni scandalisée de cette douce familiarité... Ces mains, j'ai le droit de les presser contre ma bouche; cette âme, j'ai le droit de la réclamer comme mienne. Depuis quelques heures nous sommes mariés; Wilhelmine est ma femme.

— Madame Reutner resta immobile et ne répondit pas; seulement ses yeux exprimaient autant d'indignation que d'incrédulité. — Vous n'ajoutez pas foi à mes paroles, reprit l'étudiant; il vous semble impossible que votre vigilance ait été mise en défaut à ce point... Mais votre sommeil était bien profond la nuit dernière, Madeleine, et Fritz, notre dogue de tout à l'heure, n'a pas su aboyer au moment où l'on dérobait le trésor confié à sa garde. Pendant que vous rêviez l'un et l'autre, vous aux lutins et aux farfadets du voisinage, Fritz à son pot de bière et à son bœuf fumé, votre charmante maîtresse s'échappait de la tour au milieu de la nuit. Je l'attendais dans une barque, au pied du Steinberg, avec deux amis, deux étudians comme moi, qui devaient me servir de témoins. Nous avons traversé le Rhin en silence, au milieu de l'obscurité... Vous étiez bien émue et bien tremblante, ma chère Wilhelmine!... Là-bas, de l'autre côté du fleuve, au village de Selzbach, un prêtre nous attendait dans sa modeste église. Dieu a reçu nos sermens; nous ne craindrons pas de les avouer à la face des hommes.

Ce récit ne semblait admettre la possibilité d'aucun doute. Cependant la gouvernante se tourna vers Wilhelmine.

— Baronne de Steinberg, dit-elle, c'est vous... vous seule que je veux croire... cela est faux, n'est-ce pas? vous n'avez pas eu la folle témérité...

— Tout cela est vrai, répliqua la jeune fille avec candeur.

— Mais ce mariage n'est valable ni devant Dieu ni devant les hommes! s'écria Madeleine; malheureuse enfant, vous avez été dupe de quelque abominable fourberie; on a voulu vous abuser par un mariage simulé!

— Ce mariage n'est pas simulé, dame Reutner; il a été accompli suivant tous les rites du culte catholique, auquel Wilhelmine et moi nous nous glorifions d'appartenir. Le prêtre qui l'a béni, les témoins qui nous ont assisté dans cette cérémonie pourront, s'il est nécessaire, en attester la réalité.

Madeleine Reutner les regardait tour à tour d'un air égaré.

— Dites, jeune homme, reprit-elle avec une sombre énergie, n'avez-vous pas employé un charme magique pour troubler la raison de cette simple créature? N'êtes-vous pas le génie du mal lui-même, acharné contre les derniers descendans d'une grande famille? L'enfer s'est-il donc aussi ligué contre elle?... Mariée!... mariée à un obscur étudiant, sans nom, sans naissance; elle, la plus pur, le plus beau rejeton de la vieille souche!

Frantz sourit avec mélancolie.

— Malgré mon désir de flatter vos goûts, Madeleine, je ne puis me résigner à passer devant ma charmante amie pour un habitant de l'enfer; je n'ai employé auprès de votre jeune maîtresse d'autre charme qu'un amour profond et dévoué... J'ai une famille aussi, mais elle me repousse, et je la désavoue... Cependant, bonne femme, ajouta-t-il avec un peu de hauteur, sachez-le bien, j'aurais peut-être le droit de porter un nom aussi illustre, aussi ancien que celui de Steinberg.

— Et ce nom, quel est-il? demanda vivement Madeleine.

— Des raisons de la plus haute importance m'obligent à le taire.

— Mais vous, vous, mademoiselle, continua Reutner en s'adressant à la jeune fille, vous devez connaître ce nom? il a tracé près du vôtre dans cet acte de mariage; vous devez savoir s'il est digne...

— Frantz a désiré me cacher son secret, je n'ai pas insisté pour l'apprendre. J'ai signé la première, et je n'ai fait aucune question : Frantz est loyal, et il m'aime de toute son âme; Madeleine, qu'avais-je besoin de savoir autre chose?

L'étudiant pressa dans ses bras sa candide et tendre épouse pour la remercier de cette confiance absolue. Madeleine semblait réfléchir profondément; l'assurance que Frantz était de sang noble avait déjà beaucoup modifié les sentimens de cette femme singulière.

— Je ne comprends pas, dit-elle enfin, quel motif on peut avoir de cacher un nom honorable... mais il n'importe! ce secret, vous le révèlerez sans doute à monseigneur, et si cette alliance n'est pas indigne de lui, il pardonnera peut-être...

— Malheureusement, Madeleine, je n'aurai pas la ressource d'employer ce moyen pour apaiser le baron de Steinberg. Ni lui ni personne n'apprendra de ma bouche le secret de mon nom; c'est un vœu que j'accomplis, un serment que je tiens. Il devra se résigner à ne voir en moi que l'étudiant Frantz.

— Et s'il ne se résigne pas? Le baron a du crédit, il est violent dans ses colères...

— Pour être l'époux de ma chère Wilhelmine, dit Frantz avec chaleur, je brave des colères plus terribles encore que celle du major de Steinberg. D'autres pourront venir me demander compte de mon bonheur : je les défie tous!

— Mais ignoriez-vous donc à quels dangers vous vous exposiez, malheureux et aveugles enfans, quand vous avez contracté ce funeste mariage?

— Nous les connaissions, ma bonne Madeleine, répliqua Wilhelmine avec un angélique sourire; j'avais dit à Frantz combien j'avais à redouter le caractère hautain de mon frère, et il ne m'avait pas caché que lui-même pouvait être en butte aux poursuites d'une famille puissante dont il s'est séparé pour toujours; ces craintes ne nous ont pas retenus. Nous n'avons pas voulu entendre la voix de la raison, nous n'avons écouté que notre amour. Plus notre projet était difficile à réaliser, plus nous avons été prompts à l'exécuter. Aucun pouvoir humain ne nous eût empêchés d'être l'un à l'autre. Voilà pourquoi, ma chère Madeleine, je ne me suis pas confiée à toi. Je redoutais ton austérité, ta fermeté, ton zèle ardent pour mon bonheur; et maintenant encore, si j'ai fait une faute en me donnant à Frantz, je ne m'en repens pas; je suis résignée à supporter toutes les conséquences de ma conduite; dussé-je mourir, je mourrai sans me plaindre pour mon Frantz bien-aimé!

— Et moi, ma douce Wilhelmine, reprit le jeune homme avec passion, je te défendrai tant qu'il me restera un souffle de vie ! Toi, c'est la famille, c'est la patrie, c'est l'univers !... Si nous devons succomber dans la lutte, nous succomberons ensemble, et nos âmes se retrouveront dans un monde meilleur.

Madeleine contemplait les deux jeunes gens avec une admiration involontaire. Wilhelmine avait passé son bras sous celui de son mari ; la tête penchée sur l'épaule de Frantz, elle écoutait avidement ses paroles.

L'étudiant, debout, dans une attitude fière, le visage rayonnant, une main levée vers le ciel en signe de défi, s'exprimait avec un chaleureux enthousiasme. Il dépassait Wilhelmine de toute la tête. La belle jeune fille semblait s'appuyer sur lui comme sur un protecteur ; leurs cheveux se confondaient au souffle affaibli du vent. L'obscurité, commençant à se répandre autour d'eux, ne laissait entrevoir que leurs gracieuses silhouettes. On eût dit des apparitions célestes effleurant de leurs pieds légers le sommet de cette tour aérienne, prêtes à remonter vers les nuages dont elles étaient descendues.

VI

La vieille Reutner, dont l'imagination avait une tendance si décidée pour le merveilleux, ne put se défendre, en contemplant les jeunes époux, d'une admiration mêlée d'attendrissement.

— Ils sont beaux et fiers comme les amans de nos anciennes légendes, murmura-t-elle en soupirant, ils semblent faits l'un pour l'autre... Oui, on croirait voir les âmes de Bertha de Steinberg, la vierge *aux yeux pers*, et de Carl de Stoffensels, surnommé *le bel écuyer*... Mais quel horrible souvenir vais-je rappeler ! ajouta Madeleine avec une sorte de terreur. Pour les punir de leur amour, le baron Emmanuel les condamna à mourir de faim dans ce souterrain redoutable qui existe encore aujourd'hui sous nos pieds, et que nos chroniques désignent sous le nom de *Flucht-weg* (Chemin de fuite). Pauvres enfans, que Dieu vous préserve du sort de Carl et de Bertha !

Wilhelmine n'avait pas compris le sens de ces paroles ; mais Madeleine pleurait et lui tendait les bras ; la jeune femme s'y précipita.

— Tu m'aimes donc encore, ma chère Madeleine ? s'écria-t-elle avec transport ; tu me pardonnes donc de t'avoir caché mes projets, de m'être défiée de toi ?

— Je n'ai rien à vous pardonner, ma noble maîtresse ; que suis-je pour oser vous adresser un reproche ? Mais il est une autre personne...

— Ne parle pas de mon frère en ce moment, interrompit Wilhelmine avec une vivacité charmante, en posant une de ses jolis doigts sur la bouche de la gouvernante ; laisse-moi tout entière à la joie d'être près de Frantz. Pourquoi tant s'effrayer d'un danger encore éloigné ?... Espérons, chère Madeleine ; as-tu déjà oublié, ajouta-t-elle en souriant, l'augure favorable que tu croyais trouver dans la présence de ces cigognes ?

Prenant Frantz par la main, elle le conduisit au parapet, et lui montra les deux oiseaux endormis sur le massif de la tourelle ; puis, avec une malice assez fine pour ne pas fâcher la bonne dame, elle expliqua au jeune étudiant quelle importance Madeleine attachait à leur retour. Frantz sourit.

— Wilhelmine, répondit-il, je préfère une croyance poétique et gracieuse à une sèche et froide réalité ; d'ailleurs, pourquoi nier aveuglément ce qu'on ne peut comprendre ?... Mais la croyance de madame Reutner se rapporte sans doute à quelqu'un de ces vieux souvenirs dont sa mémoire est remplie..., Eh bien ! Madeleine, ajouta-t-il d'un ton affectueux, la soirée est calme, le vent s'est apaisé ; dites-nous comment les cigognes sont devenues les oiseaux protecteurs des barons de Steinberg ; vous sa-

vez combien je prends plaisir à ces naïfs récits du temps passé ?

Les traits austères de la gouvernante se déridèrent aussitôt.

— C'est ainsi que vous avez endormi la vigilance d'une pauvre vieille femme qui aime à se souvenir et à conter, dit-elle en soupirant ; mais encore cette fois je me rendrai à vos vœux. Ne vous importe-t-il pas maintenant de connaître les traditions de la famille où vous venez d'entrer ?

Frantz et Wilhelmine, pour qui ces récits d'ordinaire étaient une occasion de se trouver près l'un de l'autre et de se contempler sans gêne, s'assirent en face de madame Reutner. Ils se taisaient, mais leurs mains se pressaient toujours et leurs regards se cherchaient dans l'ombre.

La nuit était tout à fait venue ; cependant les nuages, se déchirant çà et là, découvraient quelques parties du ciel bleu marqueté d'étoiles. Par l'échancrure des créneaux on apercevait le Rhin comme au fond d'un abîme ; il présentait en ce moment une vaste et brillante surface à peine ternie par de légères vapeurs. Le plus profond silence régnait partout ; les cris faibles des oiseaux de nuit cachés dans les fentes et les crevasses de la tour retentissaient seuls au-dessus des ruines.

— « Au temps de l'empereur Barberousse, dit Madeleine d'une voix grave, vivait ici le bon seigneur Robert de Steinberg, dont vous pourriez voir encore la statue de pierre mutilée et brisée dans l'ancienne cour d'honneur... Le baron Robert était un brave chevalier, pas pillard et plein de justice. Il n'avait de guerre avec ses voisins que lorsqu'ils lui avaient fait une injure. Alors il montait à cheval, et, suivi de ses gens, il allait se venger à grands coups d'épée et de lance ; il brûlait, saccageait tout, et donnait le butin aux églises, d'où il passait pour un homme sage et craignant Dieu. Aussi était-il redouté de ses ennemis et chéri des siens ; les barons de Stoffensels, seigneurs d'un manoir en ruines situé en face du Steinberg, de l'autre côté du Rhin, n'osaient venir l'attaquer, quoiqu'ils en eussent bonne envie.

» Robert aimait beaucoup la chasse au faucon, d'où on l'avait nommé *l'Oiseleur*, comme un empereur de l'ancien temps. Il s'y livrait sans cesse, en toutes saisons ; pour rien au monde il n'eût manqué de satisfaire cette passion dominante. Accompagné seulement de son fauconnier, il parcourait souvent à cheval une grande partie du pays, ce qui n'était pas sûr, car il y avait alors de grandes guerres, et des bandes de malfaiteurs infestaient le Palatinat.

» Un jour, le bon chevalier partit, selon sa coutume, avec son fauconnier et une couple de chiens pour rabattre le gibier. La noble dame Marguerite, son épouse, qui l'adorait, voulut le retenir, car le seigneur de Stoffensels, furieux de ses précédentes défaites, comptait, disait-on, profiter de l'absence du baron pour surprendre le Steinberg. Mais Robert ne s'inquiéta pas ; il laissait la garde du manoir à son vieux sénéchal et à une bonne garnison ; aussi ne fit-il que rire des terreurs de sa femme. Après l'avoir embrassée et lui avoir recommandé de prier saint Hubert, il quitta le château en annonçant qu'il reviendrait le lendemain.

» Le baron et son fauconnier chevauchèrent toute la journée, mais si malheureusement qu'ils ne rencontrèrent pas une seule pièce de gibier. Le pays avait été ravagé par des armées de bandits ; les arbres avaient été coupés par le pied, les maisons brûlées ; partout la solitude et la désolation. Les oiseaux comme les hommes avaient fui cette terre maudite. Cependant la nuit approchait, et les chasseurs, mourant de faim, s'inquiétaient fort d'un gîte et d'un souper.

» Enfin ils arrivèrent sur les bords du Neckar, dans un endroit où croissaient d'épais roseaux.

» — Par les trois rois de Cologne ! fauconnier, dit Robert à son compagnon, voici le moment de montrer **ton** adresse... il doit y avoir poule d'eau, bécasse ou héron dans ce marais... Or çà ! prépare tes faucons ; moi, je vais lancer mes chiens pour battre les roseaux... Vrai Dieu ! nous aurons de quoi souper.

» — Ainsi soit, monseigneur, répliqua le fauconnier.

» Et il se tint prêt à donner l'essor aux oiseaux qu'il portait sur le poing.

» Les chiens, bien dressés, fouillèrent longtemps le marécage, mais inutilement. Les chasseurs commençaient à croire que leurs recherches seraient vaines encore une fois, lorsqu'une cigogne partit tout à coup avec un grand bruit. Le fauconnier déchaperonna ses faucons, les lança en l'air, et se mit à les encourager du geste et de la voix.

» Mais le bon chevalier avait une grande vénération pour les cigognes, oiseaux bienfaisants et de mœurs douces. En voyant celle-ci harcelée par les faucons, il dit à son serviteur :

» — Rappelle tes faucons, compagnon ; je ne souffrirai pas qu'ils donnent la mort à cette innocente créature.

» — Mais, monseigneur, comment souperons-nous ?

» — Nous ne souperons pas... ça nous porterait malheur si une benoîte cigogne était déchirée par ces sanguinaires oiseaux.

» — Mais, monseigneur, les faucons ne m'écoutent plus, ils sont acharnés sur leur proie, et ils refusent d'obéir.

» — Attends, dit le baron.

» Il prit un petit arc suspendu à sa selle, et, comme il était habile archer, les faucons tombèrent percés de deux flèches au moment où ils allaient atteindre la pauvre cigogne. Celle-ci reprit son vol, monta dans les airs et disparut.

» Le fauconnier était fort mécontent que son maître eût ainsi mis à mort les deux plus beaux oiseaux du perchoir de Steinberg. Cependant il ne dit rien, et comme il n'y avait pas de gîte dans le voisinage, les deux chasseurs, après avoir fait leur prière, s'enveloppèrent dans leurs manteaux et se couchèrent au pied d'un arbre.

» Au milieu de la nuit, Robert rêva que la cigogne dont il avait sauvé la vie était devant lui ; il la reconnaissait à une plume noire qu'elle avait sur la tête, contre l'ordinaire de ces oiseaux ; car, vous le savez, leur tête est toujours d'une entière blancheur. La cigogne dit au bon chevalier :

» — Robert, je te remercie ; tu m'as délivrée des griffes de tes faucons, tu en seras récompensé. Lève-toi, prends ton épée, et occis ton méchant fauconnier, qui a reçu de l'argent du baron de Stoffensels pour t'assassiner. Ensuite tu monteras à cheval et tu retourneras bien vite au Steinberg, où l'on a besoin de toi... N'oublie pas de donner une lampe d'argent à la sainte robe de Trèves, en actions de grâce... Adieu, je te protégerai toi et ta race.

» Le baron s'éveilla à demi, doutant encore si ce rêve était une révélation d'en haut ou le fruit de son imagination malade. Il était encore dans cet état de torpeur quand il sentit une main furtive lui retirer doucement son épée, qu'il avait posée près de lui avant de s'endormir. Il entr'ouvrit les yeux avec précaution ; le traître fauconnier, debout devant lui, se préparait à l'égorger. Robert, reconnaissant alors que la cigogne avait dit vrai, reprit l'épée et en perça le scélérat ; puis, le fouilla, et trouva dans sa fauconnière les preuves du crime dont la cigogne l'avait accusé.

» Sans s'occuper davantage du corps du mécréant, Robert sella lui-même son cheval, qui paissait dans la prairie, monta dessus, et se dirigea en toute hâte vers le Steinberg. Il n'arriva qu'au lever du soleil, et fut fort étonné de trouver les environs du château couverts de soldats morts et sanglants. En même temps il entendit de grands cris ; tous les vassaux de Steinberg sortirent au-devant de lui, précédés par le vieux sénéchal, leur capitaine, et par la baronne Marguerite.

» — Soyez le bienvenu, mon bon seigneur, dit la châtelaine en se jetant dans ses bras ; sans un effet de la protection divine, nous ne vous eussions jamais revu. Les gens de Stoffensels ont tenté cette nuit d'assaillir le manoir ; tout dormait, et nous allions peut-être nous laisser surprendre, quand une cigogne est venue frapper de son bec les vitraux de la chambre où reposait le sénéchal. Éveillé par ce bruit, il s'est levé, a regardé dans la cour, et il a aperçu l'ennemi escaladant déjà les remparts ; aussitôt il a donné l'alarme, nos gens sont accourus ; vous voyez quel grand carnage ils ont fait de nos ennemis.

» Comme elle parlait encore, le baron leva la tête : une cigogne blanche à tête noire s'était posée à l'endroit où vous voyez maintenant ces deux oiseaux. Il raconta alors ce qui lui était arrivé, et tout le monde reconnut le doigt de Dieu dans cette aventure miraculeuse. Robert envoya une lampe d'argent à la sainte robe de Trèves, et depuis ce moment les cigognes ont été les oiseaux protecteurs du manoir.

» En mémoire de cet événement, les barons de Steinberg ont pris pour armoiries une cigogne d'argent sur champ d'azur, et je pourrais vous citer bien des cas où vous voyez maintenant ces deux oiseaux. Il raconta alors rieux à l'apparition ou à la disparition de ces oiseaux... Mais, interrompit la vieille femme en secouant la tête tristement, la jeunesse est incrédule et railleuse ; vous ne voudriez pas croire à ces influences inexplicables... »

— Et pourquoi non, ma bonne dame ? répliqua Frantz, dont un fin sourire éclairait le visage pâle ; quant à moi, je crois à la cigogne à plume noire qui a parlé au baron Robert l'Oiseleur, comme aux *cigognes d'Ibicus*, dont Hérodote, et après lui notre immortel Schiller, nous ont conté l'histoire.

La pensée du jeune étudiant était trop subtile pour être comprise de Madeleine. Cependant la gouvernante sentit que Frantz ne partageait pas tout à fait son opinion au sujet de la légende du baron Robert l'Oiseleur.

— Libre à vous, monsieur, dit-elle un peu sèchement, de révoquer en doute la protection efficace de ces oiseaux bienfaisants sur le Steinberg ; cependant suivez la rive du fleuve, et voyez combien de châteaux plus renommés ont péri sans presque laisser de traces. Rheinberg, Lahneck, Okenfels, n'existent aujourd'hui que de nom, tandis que cette vieille tour, battue par les vents, minée par la guerre, rongée par le feu, ravagée par les boulets, se tient encore debout, et de jeunes rejetons de l'ancienne race fleurissent encore sur ses ruines... Pour moi, j'attribue cette miraculeuse conservation de la demeure et de la famille de Robert l'Oiseleur, à Dieu d'abord, et puis...

— Silence ! de grâce, interrompit Wilhelmine en étendant la main vers la campagne, j'ai entendu du bruit dans le chemin creux... Qui pourrait venir ici à pareille heure ?

— Que nous importe ! dit Frantz avec l'égoïsme du bonheur.

Cependant tous les trois firent silence et se penchèrent sur le parapet. On entendit distinctement les sabots de deux chevaux résonner sur le basalte, au milieu du calme de la nuit. Bientôt les cavaliers eux-mêmes devinrent visibles, en bas du rocher, dans un endroit où le chemin se divisait en deux parties ; l'une montait directement au château, l'autre conduisait au petit village de pêcheurs dont nous avons parlé. Au point d'intersection, les voyageurs s'arrêtèrent un instant ; après avoir échangé quelques paroles, l'un d'eux se dirigea vers le village, l'autre se mit à gravir de toute la vitesse de son cheval fatigué la pente rapide du Steinberg.

Wilhelmine pâlit.

— C'est mon frère ! murmura-t-elle éperdue.

— Oui, c'est monseigneur ! reprit la vieille femme avec épouvante ; fuyez, monsieur Frantz ; que dirait-il s'il vous rencontrait ici ?

— N'ai-je pas le droit de l'attendre ? répliqua Frantz

avec fierté : mais est-ce bien le major de Steinberg qui arrive ainsi à l'improviste?

— Oui, oui, c'est lui, dit Madeleine.

VII

En effet, on pouvait reconnaître à la clarté de la lune, qui se levait en ce moment, l'uniforme bleu galonné d'argent, adopté alors par les troupes prussiennes. Wilhelmine était muette de terreur ; Frantz sentait la main de la jeune fille trembler dans la sienne.

— Rassurez-vous, ma charmante enfant, dit-il d'un ton affectueux; eh bien ! si c'est le baron de Steinberg, je n'en suis pas fâché... j'aurai sur-le-champ une explication avec lui ; je lui dirai la vérité, et je saurai enfin s'il prétend s'opposer...

— Non, non, ce n'est pas ainsi qu'il doit apprendre mes torts envers lui, interrompit la jeune fille avec angoisses; laissez-moi le temps de le prévenir, de le préparer à cette nouvelle... Qu'il ne vous voie pas en ce moment!... Oh! de grâce, partez, partez !

— Il est trop tard, dit Frantz en prêtant l'oreille, je rencontrerais inévitablement le major sur mon chemin.

En effet, le cavalier avait pénétré dans la cour en ruines qui servait de jardin, et on l'entendit appeler d'une voix impatiente. Fritz Reutner accourut tout effaré ; le voyageur lui jeta la bride de son cheval et pénétra dans le château.

— Mon Dieu! s'il montait ici ! murmura Wilhelmine.

— Après une longue traite à cheval, il ne lui prendra pas fantaisie sans doute de franchir deux cents marches... Allons plutôt au-devant de lui.

— Non, pas vous, Frantz, je vous supplie; ne vous montrez pas en ce moment.

— Pourquoi donc attendre? le major ne doit-il pas apprendre tôt ou tard... Mais dites-moi, Wilhelmine, vous ou Madeleine, soupçonnez-vous qui peut être ce compagnon de route dont il s'est séparé là-bas près du village?

— Non: le baron vient toujours seul ici... Il occupe la seule chambre qui, avec celle de Wilhelmine, soit habitable au château.

— Et il n'oserait, continua la jeune fille avec tristesse, exposer un de ses riches amis de Berlin à notre hospitalité misérable... Mais j'entends du bruit dans l'escalier... Frantz, cachez-vous !

— Peureuse enfant! N'avez-vous pas reconnu le pas lourd de monsieur Fritz Reutner?

Fritz parut sur la plate-forme de la tour. Le pauvre garçon était monté si vite, qu'il soufflait comme un bœuf et ne pouvait parler.

— Mon frère me demande, dit Wilhelmine en prévenant son idée ; je descends à l'instant.

— Que lui dirai-je? murmura Madeleine avec égarement ; de quel front supporterai-je ses regards? Mais il n'importe! puisse sa colère tomber sur moi seule !... Allons, Fritz, allons rejoindre notre seigneur ; il ne doit pas s'apercevoir que ses domestiques sont moins nombreux qu'au temps de son père !

— Mais non ! mais non ! dit Fritz avec difficulté, en faisant signe aux deux femmes de rester; monseigneur ne veut voir personne en ce moment.

— Que signifie ?...

— Comment! mon frère, après être resté près d'un an loin de moi...

— Monseigneur en arrivant ici est monté à la chambre voûtée qu'il occupe d'ordinaire; je suis allé l'y rejoindre après avoir conduit son cheval dans l'étable. Quand je suis entré, monseigneur avait la tête dans ses mains; il semblait bien triste ou bien en colère. Je lui ai demandé s'il voulait souper, il m'a répondu brusquement qu'il n'avait

pas faim, et il m'a envoyé au diable. Je lui ai demandé alors s'il fallait vous prévenir de son arrivée ; il est resté un instant sans répondre. puis il m'a dit d'un ton bourru : « Ma sœur me verra toujours assez tôt ! Annonce-lui que » je ne peux lui parler ce soir... Je suis fatigué, malade... » Seulement, elle doit se préparer à quitter le château de- » main matin ; je l'emmène... et toi, va-t-en. » Il m'a poussé par les épaules, il a fermé la porte sur moi, et je suis venu vous avertir.

Ce récit extraordinaire frappa d'étonnement Wilhelmine et sa gouvernante ; ni l'une ni l'autre ne voulait d'abord y croire. Cette conduite si peu naturelle du baron de Steinberg, l'ordre de départ qu'il avait envoyé à sa sœur sans lui en expliquer les motifs, cette affectation à rester dans la solitude après une si longue absence, tout contribuait à jeter la jeune fille dans de mortelles angoisses.

— Mon Dieu ! disait-elle, saurait-il déjà la vérité ?

— Y pensez-vous, Wilhelmine ! reprit Frantz ; qui lui aurait révélé notre secret? Je suis sûr de la discrétion de nos amis; d'ailleurs le major arrive de Berlin, il ne peut avoir encore connaissance de ce qui s'est passé ici la nuit dernière... Non, non, il y a là-dessous un mystère qui menace notre bonheur ; on veut nous séparer, Wilhelmine, voilà tout ce que je comprends dans ces événemens... On n'y réussira pas.

— Oh! non, non, jamais! soupira Wilhelmine ; mon Frantz, nous ne nous quitterons plus ; je saurai bien résister, s'il le faut, aux volontés de mon frère... Mais retirez-vous, Frantz, il est temps ; Henri peut se raviser, et s'il vous voyait avec moi...

— Wilhelmine, oubliez-vous que vous devez partir demain ?

— Je ne partirai pas.

— Cependant... si on employait la force...

— Alors j'invoquerais votre appui... Mais, de grâce, ne prolongez pas mon anxiété...

— Soit donc, reprit le jeune homme tristement, je vous obéirai, ma chère Wilhelmine ; je retourne au village, où mes camarades Albert et Sigismond m'attendent... De là, nous surveillerons le château ; rien n'en sortira sans que nous soyons avertis. Demain matin, j'accourrai ici, je révélerai tout au major, et...

— Eh bien! puisque les circonstances n'admettent pas de retard, j'y consens... Mais dans cette entrevue, Frantz, n'oubliez pas qu'il est mon frère... le vôtre !

— Je ne l'oublierai pas, Wilhelmine, je vous le promets, quoi qu'il doive m'en coûter.

— Cela ne me suffit pas, Frantz; jurez-moi que vous ne répondrez à aucune provocation.

— Whilelmine !

— Jurez, Frantz, jurez...

— Recevez donc mon serment... Pour vous plaire, j'accepterais même la honte... Adieu.

Il déposa un baiser sur le front de sa jeune épouse, au grand étonnement de Fritz ; il salua Madeleine, se retourna encore une fois pour voir Wilhelmine, et se perdit dans l'obscurité de la tour.

En passant devant la porte de la chambre du baron, il ralentit le pas, de crainte d'être entendu ; quelques gémissemens faibles s'échappaient de cette chambre soigneusement fermée... Un instant après, Frantz était hors du château ; mais il ne s'en éloigna pas encore, et se mit à errer à l'entour avec cette sollicitude de l'avare qui craint de quitter le lieu où il a caché son trésor.

VIII

La principale habitation du hameau qui s'élevait sur le bord du Rhin, au pied du Steinberg, était une auberge de misérable apparence. Des étudians, indifférens aux aises de la vie, pouvaient seuls s'accommoder d'un pareil logis.

La maison était construite en bois, couverte en ardoises ; l'étage supérieur surplombait, comme dans les chalets suisses ; vieille, délabrée, branlante, elle semblait devoir s'écrouler sur les voyageurs assez abandonnés de Dieu et des hommes pour s'y arrêter.

C'était là cependant que Frantz vivait habituellement depuis plusieurs mois ; c'était là que ses amis, Albert et Sigismond, l'attendaient le soir du jour où commence cette histoire.

La trompe lugubre du veilleur de nuit venait d'annoncer l'heure du couvre-feu aux paisibles habitans du village. Dans une salle basse ou *stubé*, garnie seulement de tables et de bancs boiteux, à peine éclairée par une vieille lampe, les deux étudians charmaient leurs loisirs en fumant et en buvant de la bière, ces occupations favorites de tout bon Allemand.

Assis en face l'un de l'autre, devant une table chargée de pots et de chopes vides de pain et de sacs à tabac fraternellement confondus, ils faisaient jaillir de leurs grosses pipes de meerschaum des tourbillons de vapeur. Les coudes appuyés sur la table et le menton dans leurs mains, ils gardaient un silence nonchalant.

Tous les deux portaient le costume alors adopté dans les écoles : redingote boutonnée, ceinture de cuir, casquette plate de dimensions microscopiques. Tous les deux avaient aussi ces cheveux blonds, ces yeux bleus, ces têtes larges, signes indélébiles de la race germanique.

Cependant leurs traits présentaient certaines différences tranchées qui s'étendaient aussi à leurs caractères. Sigismond Muller, le plus âgé, était un grand jeune homme robuste et bien fait. Son visage régulier eût été froid et sec si une certaine vivacité dans le regard ne fût venue l'animer par momens. Cette vivacité, il est vrai, semblait uniquement concentrée dans ses yeux, car il souriait rarement, et les muscles raides de sa figure n'exprimaient jamais la malice et la gaieté. Cependant Sigismond passait à l'université d'Heidelberg pour le *lustig* le plus enjoué du landsmannschaft, et sa réputation était méritée. Il jouissait de cette faculté, plus commune dans sa patrie que partout ailleurs, de dire et de faire des choses plaisantes avec un sérieux imperturbable ; sa gravité même était un piquant assaisonnement de ses railleries. Du reste, ami sûr et dévoué, plein de sens et de tact, il était le favori de Frantz, qui avait éprouvé plus d'une fois ses solides qualités.

Son compagnon Albert lui était inférieur sous tous les rapports. Albert était l'étudiant pur sang, querelleur, débauché, bruyant. A l'Université, il s'occupait constamment à jouer de mauvais tours aux *philistins* (les bourgeois de la ville), ou à expliquer le *Comment*, ce code des écoliers modernes, aux camarades récemment débarqués. Il recherchait les costumes les plus ridicules. Ses cheveux et sa barbe étaient d'une longueur démesurée ; ses maigres jambes se perdaient dans d'énormes bottes à l'écuyère. Au cabaret, personne ne parlait plus haut de la liberté de l'Allemagne et ne chantait les hymnes patriotiques avec une plus belle voix de basse.

Malgré tous ces avantages, Albert Schwartz craignait et respectait Sigismond ; en toutes circonstances il lui manifestait une grande déférence, souvent même une obéissance aveugle. Nous en saurons bientôt les motifs.

Les deux amis avaient déjà tourné plusieurs fois les yeux vers la porte extérieure avec quelque impatience. Albert Schwartz, rejetant en arrière, d'un brusque mouvement de tête, ses longs cheveux qui l'aveuglaient, dit enfin à son compagnon avec une gravité fanfaronne :

— De par le *codex palatinus*, que nous avons repris à ces *vils esclaves* de Français, et que nous avons réintégré bel et bien dans notre bibliothèque de Heidelberg, je veux, ami Sigismond, te communiquer une idée qui m'est venue.

— Communique, dit gravement Muller.

— Eh bien ! Frantz se moque de nous, aussi sûrement que l'Allemagne sera libre un jour et que je vais boire

cette chope de bière. Et il vida son verre d'un trait. Sigismond, habitué aux paroles creuses de son compagnon, resta impassible comme s'il n'eût rien entendu. Albert reprit, en posant bruyamment sa chope sur la table :

— Je dis qu'il se moque de nous et j'argumente ainsi : Pourquoi nous a-t-il fait venir dans ce trou de campagne où il n'y a pas de philistins à molester, et où la perruque de notre proviseur, le docteur Olken, est aussi inconnue que la dernière comète télescopique ?... Voilà mon premier point. Pourquoi, après cette cérémonie papiste de la nuit dernière, où ni toi ni moi, bons protestans s'il en fut, n'avons rien compris, ne nous a-t-il pas laissé retourner à Heidelberg, au lieu de nous claquemurer dans cette taverne de village ? Voilà mon second point. Et comme je ne trouve pas de réponse à ces deux argumens, je conclus... ce qu'il fallait démontrer.—Il avait prononcé ces paroles avec la gravité pédantesque d'un professeur dans sa chaire ; ce bavardage scolastique glissa encore sur l'imperturbable Muller, et ne dérangea même pas la périodicité de ses *peuh! peuh!* Encouragé par ce silence, l'étudiant continua ses folles observations : — Car enfin, reprit-il avec emphase, on peut se demander, ami Sigismond, comment toi et moi, les flambeaux de l'Université, nous nous sommes éclipsés sur un simple appel de notre camarade Frantz. Certainement, un de ces jours, il y aura vacarme dans les rues d'Heidelberg à cause de toi ; on réclamera Sigismond, ce héros glorieux, ce savant représentant de la jeune Allemagne, emprisonné sans doute par les ennemis de nos libertés... Quant à moi, c'est bien autre chose : pendant mon absence, je le parierais, il n'y aura pas un seul cours de magnétisme, d'anatomie et de métaphysique à l'Université.

— Bah ! répliqua gravement Sigismond.

— Je le dis et je le prouve. Je sais que ces trois cours sont faits par le docteur Sersertius, homme d'habitude et maniaque au dernier point. Il ne pourra prononcer un mot s'il ne me voit pas, comme à l'ordinaire, sur le premier banc à gauche, en face de sa chaire... Il connaît ma vieille redingote verte, trouée au coude, et chaque jour, avant de commencer ses cours, il la cherche des yeux dans la foule. S'il n'aperçoit pas la redingote et le trou au coude, il se trouble, balbutie, et la leçon s'en va au diable ; j'en ai déjà fait l'expérience bien des fois.

— On pourra mettre à ta place un mannequin revêtu de tes habits, dit son compagnon avec le même flegme ; le docteur s'y méprendra.

Albert eut envie de se fâcher ; mais, avant de répondre à ce sarcasme, il avala lentement un nouveau verre de bière ; quand il le déposa sur la table, sa colère était passée.

— Je ne sais pas, reprit-il froidement, si d'après notre code d'honneur, le *Comment*, cette expression de *mannequin* est une injure grave, car certainement elle ne s'y trouve pas consignée ; aussi n'essayerai-je pas cette fois de *prendre mes avantages* (1) contre un ami... Mais, pour revenir au camarade Frantz, je ne vois pas pourquoi, toi et moi, la fine fleur des landsmannschaften, nous tournons ainsi à tous ses caprices. Tu dois avoir tes raisons pour te laisser dominer par lui ; mais tu ne m'as jamais dit ni qui il est, ni d'où il vient. Il est tombé un beau jour à Heidelberg sans être connu de personne et sans connaître qui que ce fût... Il s'est mis à suivre les cours universitaires, se tenant à l'écart jusqu'au jour où il s'est fait recevoir parmi les landsmannschaften. Ses duels n'ont jamais eu grand retentissement ; excepté ces deux camarades qu'il a blessés ou tués, je crois, l'automne dernier, il n'a pas eu d'affaire d'éclat, son *schlæger* doit se rouiller s'il ne lui donne pas plus d'occupation... Cepen-

(1) Les étudians allemands appellent *prendre ses avantages* répliquer à une injure par une injure plus grave, jusqu'à ce que l'un des deux adversaires traite l'autre d'*imbécile*. C'est là, d'après le *Comment*, l'expression la plus outrageante dont on puisse se servir, et il faut du sang pour l'effacer.

30

dant tu t'es engoué de lui au point de le suivre partout, de te sacrifier pour lui en toutes circonstances. Écoute donc, camarade, il a manqué de confiance avec nous dans l'affaire de son mariage secret : il ne nous a pas dit...

— Qu'importe !

— Eh bien ! il m'importe beaucoup à moi. Je ne veux plus rester ici, à moins qu'on ne m'apprenne...

— On ne l'apprendra rien et tu resteras.

— Je n'obéirai pas, à moins que je ne sache...

— Tu ne sauras rien et tu obéiras.

— Mais enfin, dit Schwartz en se révolte, je suis un homme libre, moi, et je hais la tyrannie !

Sigismond sortit enfin de son apathie ; il se redressa, posa sa pipe sur la table, et, jetant un regard rapide autour de lui, il dit d'une voix basse et sombre :

— As-tu donc oublié, camarade, qu'il *faut veiller sans cesse, car nul ne sait quand viendront le jour et l'heure ?*

En entendant ces paroles mystérieuses, Albert tressaillit et devint légèrement pâle. Muller, satisfait de l'impression qu'il avait produite, reprit sa pipe et retomba dans sa gravité asiatique.

— Oui, oui, je comprends, dit enfin Schwartz en essayant de sourire, c'est encore une épreuve, n'est-ce pas ?... Je sais que je dois obéir aveuglément à quiconque prononce ces paroles sacrées ; je mériterai ainsi d'être initié tout à fait aux rites redoutables de la société secrète des...

— Téméraire ! interrompit Sigismond en roulant de gros yeux, es-tu donc las de la vie ?

— Personne ne peut nous entendre : Zelter, le vieux luthérien, lit la Bible dans sa chambre, et sa fille Augusta jase avec la servante là-bas dans la cuisine. Pendant que nous sommes seuls, réponds-moi un seul mot : Frantz n'occupe-t-il pas un grade éminent dans cette sacro-sainte société dont tu es un des adeptes, et dont moi je ne suis qu'un humble frère servant, encore soumis à de longues et difficiles épreuves ?

Sigismond garda le silence.

— Réponds-moi, frère, si ton serment ne s'y oppose pas... Je n'hésiterais pas à reconnaître Frantz comme mon supérieur, si j'étais sûr que comme toi il appartient...

— Il est ton supérieur, répliqua laconiquement Muller.

Albert fit un geste de triomphe, comme s'il eût enfin arraché à son taciturne compagnon un secret de la plus haute importance.

— Alors je m'explique tout, dit-il ; les allures mystérieuses de Frantz, cette obstination à cacher son nom, le secret dont il a enveloppé son mariage... C'est un agent, un dignitaire sans doute de cette société terrible qui doit un jour régénérer l'Allemagne ! Oh ! je lui obéirai, je me prosternerai devant lui s'il le faut, je...

— Te tairas-tu ? — dit Sigismond d'une voix sourde. Il reprit bientôt avec un accent solennel : — Quand tu sollicitas de moi la faveur immense d'être admis dans cette société dont le nom sanctifie les lèvres qui le prononcent, souviens-toi de ce qui arriva : je te bandai les yeux, et, par une nuit sombre, je te conduisis à l'endroit où les initiés célébraient leurs mystères. Tes yeux étaient clos, comme symbole des ténèbres qui règnent encore dans ton esprit, mais tes oreilles étaient ouvertes et ta langue était déliée. Te souviens-tu des paroles qui te furent adressées, lorsque, après avoir juré sur un poignard de garder un secret inviolable, une voix sembla sortir des entrailles de la terre.....

— Je m'en souviens, cette voix disait : *Purus esto, sobrius esto, prudens esto !*

— La pureté, la sobriété, la prudence, voilà ce que l'on exige d'abord de l'aspirant à l'initiation ; as-tu rempli toutes ces conditions ?

— Mais je le pense : la pureté... ce n'est pas difficile, et pour cause... la sobriété, je ne crois pas y manquer en vidant un pot de bière comme tout bon étudiant de la plus vieille université germanique... quant à la prudence, je ne vois pas trop comment je pourrais en manquer.

— En parlant toujours de la sainte société, au risque de révéler aux profanes ses redoutables secrets.

— Et quels secrets pourrais-je révéler ? je n'ai rien vu, je ne sais rien. Tu m'as conduit, la nuit, hors de la ville, en plein air ; on m'a posé quelques questions assez... frivoles ; puis on m'a renvoyé en me disant que j'étais admis à commencer mon temps d'épreuves, et que j'aurais à obéir à quiconque prononcerait certaines paroles connues de toi... Depuis ce temps, je me suis fait ton esclave, et je suis partout au moindre signe...

— Et cependant, homme de peu de foi, tu as des doutes... tu demandes des explications !

— Pardonne, frère Sigismond, j'ignorais que Frantz fût initié... Mais à présent, je te le promets, fût-il le malin en personne, épousât-il un secret ou autrement tout le Palatinat, je serai aveugle comme une taupe, muet comme un poisson, docile comme...

— C'est ainsi que tu mériteras d'être admis parmi les élus ! dit Muller d'un air mystique en levant les yeux au ciel.

IX

Il y eut un moment de silence ; peu à peu la gravité solennelle de Sigismond avait glacé la verve fanfaronne d'Albert ; mais celui-ci, quel que fût son désir de se tirer à son honneur de toutes les épreuves imposées par son ami, n'était pas homme à rester longtemps immobile et muet.

— Huzzah pour la liberté ! cria-t-il tout à coup en frappant sur la table ; je crois que nous n'avons plus de bière. Holà ! meinherr Zelter... demoiselle Augusta... un pot bien vite ! un pot grand comme le tonneau d'Heidelberg... ! Nous sommes menacés de périr de soif !

À cet appel bruyant, deux voix répondirent de côtés différens : l'une fraîche et argentine, l'autre grave et chevrotante. En même temps deux personnes entrèrent dans la salle : une grande jeune fille blonde et fraîche, aux cheveux hattés, au jupon rouge, assez court pour laisser voir des bas bleus à coins brodés ; et un vieillard, vêtu de brun, des lunettes de corne sur le nez.

— Vous êtes aussi bruyant que Tophet, dit celui-ci d'un ton habillard ; j'étais absorbé dans une pieuse lecture quand vos cris m'ont tiré de mes méditations ; je croyais encore entendre ces Français, ces enfans de Bélial, qui autrefois envahissaient mon hôtellerie et me faisaient gagner leurs florins de perdition... Eh bien ! jeunes gens, que voulez-vous ?

— De la bière, meinher Zelter, pour boire à la confusion de ces Français et à la liberté de l'Allemagne.

— Un moment, dit le vieux luthérien en comptant les pots vides qui se trouvaient sur la table, vous avez déjà pris à l'excès de cette boisson, et il est écrit : « Tu ne souffriras pas que la créature abuse de mes dons. » D'ailleurs, je n'ai pas encore vu la couleur de votre argent, et...

— Eh bien ! Frantz ne vous a-t-il pas dit qu'il répondait pour nous, maître Zelter ?

— Hem ! hem ! monsieur Frantz lui-même est en retard avec moi, et il est écrit : « Il faut rendre à César ce qui appartient à César. »

Cependant Albert affirma d'un ton pieux que son compagnon et lui étaient mourans de soif, et le vieux luthérien permit à sa nièce de leur servir encore une petite mesure de bière. Sûr que cette prescription serait exécutée à la lettre, il alla retrouver sa Bible dans la pièce voisine.

En effet, Augusta reparut bientôt avec un pot de dimension si modeste, que le contenu devait disparaître aisément dans un seul des vastes gobelets des étudians.

— Le vieux ladre ! dit Schwartz avec indignation, nous

prend-il pour des philistins qui ne savent pas boire, et non pour des membres libres du *burschenleben*? Mais il faut en passer par où il veut... Eh bien, *sapermente!* Augusta payera pour lui.

Et il voulut embrasser la nièce de l'hôte puritain.

— Laissez-moi, monsieur l'étudiant! dit la jeune fille d'un ton niais, sans cependant parler assez haut pour troubler les dévotes lectures de maître Zelter.

La jungfrau se débattait faiblement; Albert allait exécuter sa menace, quand des mains vigoureuses le saisirent par derrière et le rejetèrent au loin. C'était Sigismond, qui, voyant Albert étourdi de cette rude secousse, appliqua sur les joues vermeilles d'Augusta deux gros baisers, après quoi la jeune fille eut la liberté de s'enfuir à sa cuisine. Tout cela s'était fait si rapidement que Schwartz n'avait pas eu le temps de s'y opposer.

— Ah çà mais! camarade, dit-il furieux, tu agis avec une inconvenance...

— *Purus esto,* sois pur! dit Muller en mettant un doigt sur sa bouche.

Et il retourna à sa place. La colère d'Albert tomba aussitôt.

— C'est juste! c'est juste! grommela-t-il en se rasseyant à son tour, c'est encore une épreuve.... Ah! quand une fois je serai initié.... Mais que fais-tu donc? reprit-il en voyant Sigismond verser dans sa chope la petite mesure qu'Augusta venait d'apporter; ne partageons-nous pas, en bons camarades?

Sans s'émouvoir, Muller avala d'un trait la précieuse boisson, s'essuya la moustache du revers de sa manche, reprit sa pipe, et murmura entre deux bouffées:

‹ *Sobrius esto,* sois sobre!

Cette fois Albert ne put retenir un geste d'humeur.

— Sais-tu, dit-il, que ces épreuves continuelles seraient capables de faire perdre patience?.... Si jamais plus tard je suis chargé à mon tour de surveiller la conduite d'un frère servant, je promets bien,...

Il n'acheva pas: un cheval venait de s'arrêter à la porte de l'auberge, et un colloque assez animé s'était élevé entre un voyageur inconnu et maître Zelter.

— Passez votre chemin, disait la voix nasillarde de l'hôte, je ne peux vous loger, ni votre monture.... J'ai ici des réprouvés d'étudians, et eux seuls suffiraient pour remplir une maison trois fois plus grande que la mienne,.... On ne s'entend déjà plus, on n'a pas un instant pour lire tranquillement ses psaumes... Si vous allez à Manheim, prenez la route à droite; si vous allez à Philippsbourg...

— Je ne vais ni à Philippsbourg ni à Manheim, répondit-on d'une voix impérieuse; je viens au Steinberg pour affaires, et comme il n'y a pas d'autre auberge dans ce village, je suis forcé de m'arrêter ici.

En même temps l'on descendit lourdement de cheval.

— Mais, monsieur le voyageur, encore une fois il n'y a pas de place dans mon auberge.

— On se gênera pour moi, je coucherai ici une nuit seulement... Demain matin j'irai au château rejoindre le major de Steinberg, qui n'a pu m'offrir de chambre à la tour..., Allons, dépêche, vieux bonhomme; tu regretterais fort de m'avoir arrêté un instant à la porte de ta baraque, si tu savais qui je suis!

Le nom du baron de Steinberg avait déjà de beaucoup diminué les obstacles que Zelter opposait à l'admission du voyageur. Un grain de curiosité autant qu'un vague sentiment d'inquiétude lui fit demander:

— Eh! qui donc êtes-vous, monsieur?

— Le nouveau maître du château et de la baronnie de Steinberg... et autre chose encore!

Le vieux luthérien fit un geste de surprise. Alors le voyageur lui jeta la bride de son cheval, et entra résolûment dans la salle où se trouvaient les deux étudians.

C'était un homme d'une cinquantaine d'années, au teint blême, aux gros yeux hébétés, au corps maigre et fluet. Il était vêtu de noir, à l'ancienne mode; ses cheveux un peu rares étaient poudrés. Un ruban bariolé décorait sa boutonnière, ce qui, dans certaines parties de l'Allemagne, où les ordres d'honneur sont très nombreux et très répandus, n'est pas toujours un signe de grande distinction. Malgré la manière hautaine avec laquelle il avait traité le cabaretier, il adressa un profond salut et un sourire bienveillant aux jeunes gens en passant devant eux, et il alla s'asseoir modestement à l'extrémité de la salle.

Sigismond et Albert ne se sentirent pas d'abord une grande sympathie pour le nouveau venu. Ils touchèrent à peine leurs casquettes, et le regardèrent de ce regard oblique que les soldats jettent à l'inoffensif bourgeois fourvoyé dans leur cabaret de prédilection. Sans s'inquiéter de cette contenance quasi hostile, le voyageur dit d'un ton obséquieux:

— Pauvre gîte, messieurs,.... misérable auberge..... où l'on ne se serait pas attendu à rencontrer quelques membres de la jeunesse savante de nos écoles... Vous étudiez sans doute à l'université d'Heidelberg?

Albert toisa fièrement cet audacieux qui se permettait de l'interroger; il répondit par un *hem!* assez impertinent, tandis que Sigismond poussait gravement sa fumée vers le plafond. Le voyageur eut l'air de prendre pour une réponse affirmative l'exclamation équivoque de Schwartz.

— Excellente université, messieurs; excellens maîtres, excellens élèves! continua-t-il. Vous devez être fiers, messieurs, d'appartenir à cette belle école, la lumière de l'Allemagne, le foyer de toutes les idées généreuses, le flambeau du vrai patriotisme!... Eh bien! puisque vous habitez Heidelberg, je réclamerai de votre obligeance certains renseignemens que je suis chargé de recueillir; c'est pour moi une bonne fortune de vous rencontrer ici!

Ces flatteries à l'endroit de l'université avaient chatouillé agréablement l'amour-propre des deux étudians, chez qui l'esprit de corps était porté au plus haut degré; mais les dernières paroles de l'étranger réveillèrent leur farouche indépendance.

— Nous ne savons rien! dit brusquement Muller.

— Nous ne sommes pas des espions! ajouta Schwartz de même.

L'inconnu ne semblait pas homme à se laisser décourager par le mauvais vouloir évident de ses auditeurs.

— Ah! je comprends, dit-il en souriant, vous vous défiez de moi?... C'est juste, et je ne vous en veux pas; la prudence est d'autant plus louable chez les jeunes gens qu'elle est plus rare ici... Vous ne pouvez en effet vous attendre à trouver un homme de qualité dans cet obscur village, dans cette ignoble taverne! Je voyage incognito, à cheval et sans domestique. Et cependant, messieurs, malgré ce piètre équipage, je suis chevalier du saint-empire romain, et premier chambellan de Son Altesse Conradin VII, prince souverain d'Hohenzollern.

Cet étalage pompeux de titres produisit quelque effet sur les jeunes gens. Habitués dès l'enfance à un profond respect pour les moindres fonctionnaires, ils regardèrent monsieur le chambellan avec plus de curiosité, sans toutefois se hâter de croire à ses assertions. Le chambellan semblait piqué au jeu.

— Vous ne pouvez comprendre, reprit-il, comment un homme de ma qualité se trouve ici. Je dois à ma dignité, à celle du noble prince que je représente, de vous donner quelques explications... J'ai été chargé par mon gracieux souverain d'une mission importante qui m'oblige à visiter toutes les universités de l'Allemagne. J'ai déjà vu Vienne, Halle, Iéna, Leipsick, et je me rendais à Heidelberg, lorsque hier j'ai fait rencontre à Manheim du major de Steinberg, une ancienne connaissance de Berlin. Il est inutile de vous dire comment je l'ai déterminé à me vendre sa baronnie... Toujours est-il qu'impatient de connaître ma nouvelle acquisition, j'ai laissé ma voiture et mes domestiques à Manheim, et suis venu à cheval avec le major de Steinberg pour prendre possession du château. En approchant d'ici, ce pauvre baron a eu comme des remords : il m'a supplié de lui accorder un répit jusqu'à demain ; il veut sans doute préparer sa jeune sœur à quitter l'habitation de ses ancêtres. J'étais trop délicat pour lui refuser cette satisfaction. D'ailleurs, il m'a fait entendre que le château devait être assez mal fourni de provisions, et je me suis décidé à chercher un gîte dans ce taudis... Voilà comment il se fait, messieurs, que le chevalier Ritter, le chambellan, presque l'ambassadeur de Son Altesse le prince d'Hohenzollern, en est réduit à passer ici la nuit.

Les efforts du voyageur pour éblouir les deux étudians et pour les décider à se montrer plus communicatifs eurent cette fois une espèce de succès. Albert porta la main à sa casquette, prêt à l'ôter au moindre signe de Sigismond, et celui-ci avait retiré sa pipe de sa bouche. Le chevalier Ritter remarqua ces signes imperceptibles d'une réaction prochaine ; il voulut frapper un grand coup.

— Holà ! maître hôtelier, dit-il à Zelter qui entrait en ce moment, en attendant le méchant souper que vous allez me préparer, servez-moi deux flacons de vin du Rhin. Ces braves jeunes gens, qui me paraissent si aimables et si polis, me permettront bien de faire connaissance avec eux en trinquant à la gloire de nos savantes universités.

Pour le coup la glace fut rompue ; les deux casquettes disparurent comme par enchantement ; les pipes furent reléguées toutes pleines encore à l'extrémité de la table, et quand l'hôtelier reparut portant deux bouteilles de forme allongée et trois verres à pied en verre jaunâtre de Bohême, la meilleure intelligence régnait déjà entre le voyageur et les étudians.

La conversation, animée par de fréquentes rasades, ne tarda pas à devenir tout à fait amicale. Le chambellan, avec ses manières flatteuses et insinuantes, paraissait un assez bon diable aux deux jeunes gens. Sigismond s'était enfin départi de sa défiance observatrice, et répondait convenablement aux politesses dont l'accablait le nouveau venu. Quant à Albert, déjà échauffé par les libations de la soirée, il parlait à tort et à travers du magnétisme animal, du vin du Rhin et de l'indépendance de l'Allemagne. A mesure que les jeunes gens devenaient plus expansifs, monsieur Ritter, au contraire, se montrait plus calme et plus circonspect. Sigismond s'en aperçut.

— Te tairas-tu, méchant ivrogne ? dit-il à son compagnon avec colère ; tu empêches cet honorable monsieur de nous dire quelle affaire l'appelle à l'université d'Heidelberg... Il a des renseignemens à nous demander.

— Et il peut s'exprimer en toute liberté, répliqua Albert avec la feinte gravité d'un ivrogne, nous sommes des citoyens libres, et nous avons le droit de produire nos idées en nous conformant aux lois..... Ce vin est excellent! Parlez, monsieur, parlez ; il n'est pas un étudiant dans tout le burschenleben d'Heidelberg dont je ne puisse vous raconter l'histoire. Il y a d'abord Fritz Lieben, un poltron : il n'a eu que deux duels en un mois, et il a été blessé les deux fois ; il y a Guillaume Komer, qui tous les quinze jours fait danser la fille du professeur d'histoire naturelle Miron, au bal de l'Université. Il y a...

— Finiras-tu, stupide animal ! interrompit Sigismond impatienté.

— Stupide animal ! répéta Schwartz ; tu choisis toujours des injures qui ne sont pas prévues dans le Comment. Ne t'y fie pas, pourtant ; malgré tes épreuves et tes paroles magiques, je finirai...

Le regard de Muller devint si menaçant, que son turbulent camarade se tut et baissa les yeux. Le chambellan sourit avec indulgence.

— Je serais désolé, dit-il, d'être cause d'une querelle entre deux amis... Cependant, je profiterai de vos bonnes dispositions...

— A vos ordres, monsieur, dit Sigismond en s'inclinant.

— Nous vous écoutons de toutes nos oreilles, balbutia Albert.

Et il appuya sa tête contre la muraille : depuis qu'il ne pouvait plus crier, il se sentait une violente envie de dormir, et ses yeux se fermaient malgré lui.

X

Le chevalier Ritter hésita ; il semblait chercher à combiner certains élémens de son récit ou à modifier des circonstances dont il ne voulait pas faire un aveu complet.

— Comme je vous l'ai dit, messieurs, reprit-il, je suis chargé par mon souverain, Son Altesse le prince de Hohenzollern, d'une importante mission... Il s'agit de trouver un jeune homme de famille qui a quitté la résidence pour aller vivre indépendant ; on le croit réfugié dans une de nos universités allemandes... J'ai déjà visité la plupart d'entre elles, mais inutilement ; j'espère être plus heureux à Heidelberg, et j'ai compté sur vous pour faciliter mes recherches.

— Je vous servirais volontiers, monsieur, dit Muller avec réserve, mais vous savez quelles lois régissent les associations universitaires : nous nous défendons mutuellement, nous ne pouvons trahir un de nos camarades.....

Monsieur Ritter jeta un regard inquiet sur Albert.

— Il dort enfin ! dit-il à voix basse ; je vous l'avouerai, monsieur, je me défie de votre compagnon ; il est étourdi, léger, et sans doute indiscret... Vous, au contraire, vous êtes un jeune homme convenable, réservé, prudent ; je vous dirai donc franchement quelle est ma position. Si par votre secours j'atteignais le but de ma mission, je me ferais fort d'obtenir pour vous un poste important dans la principauté...

— Je ne suis pas ambitieux, monsieur le chambellan, interrompit Sigismond avec son sang-froid ordinaire ; mais expliquez-vous avec franchise, je suis obligeant.

— Eh bien donc ! reprit le chevalier Ritter en se penchant encore davantage vers son auditeur, le jeune gentilhomme dont je suis chargé de découvrir les traces est le fils cadet de Son Altesse, le jeune comte Frédéric de Hohenzollern...

Il est bon de dire ici que la principauté de Hohenzollern, dont Ritter faisait si grand bruit, est la plus petite de toute la Confédération, puisqu'elle a seulement quelques milles carrés.

Soit qu'il connût cette circonstance, soit tout autre motif, Sigismond ne parut nullement impressionné par le haut rang du jeune homme perdu.

— Et quelle raison, demanda-t-il, a pu décider le comte Frédéric à quitter sa famille ?

— Je ne vous en ferai nul mystère, car aussi bien cette histoire est connue de tout le monde. Le prince régnant a deux fils : l'aîné, le prince Guillaume, qui doit succéder à son père, et le cadet, le comte Frédéric. Il est d'usage antique, dans l'auguste famille de mon souverain, que le second fils soit toujours chanoine du chapitre noble de Munster, jusqu'à ce qu'il se trouve un évêché vacant ; et ce vieil usage, aucun cadet de cette illustre maison n'a jamais songé à s'y soustraire. Le comte Frédéric a donc été destiné au canonical, et il a suivi docilement ses cours de théologie ; mais lorsqu'il a fallu entrer dans les ordres, il s'y est refusé obstinément, malgré les instances de son noble père. On croit que certaines discussions survenues entre le comte et le prince Guillaume ne sont pas étrangères à ce coup de tête ; car, s'il est permis à d'humbles sujets de s'ingérer en de pareilles matières, les deux frères ne s'accordaient pas toujours..... Quoi qu'il en soit, Son Altesse, irritée de la désobéissance de son fils, le chassa de sa présence. Depuis ce temps, le comte Frédéric a disparu sans qu'on ait su précisément le lieu de sa retraite. Cependant, il y a un an environ, l'on recueillit de vagues renseignemens sur lui ; il s'était réfugié dans une université, où, confondu parmi les jeunes gens de son âge, sous un nom supposé, il comptait échapper à toutes les recherches. La vente de ses bijoux, certaines valeurs à lui appartenant qu'il avait emportées, le mettaient à même de vivre modestement dans l'obscurité. En apprenant ces nouvelles, Son Altesse m'a ordonné de me mettre à la recherche de ce fils rebelle...

— Son père a donc l'intention de lui pardonner ?

— Il ne m'appartient pas de pénétrer les secrets de mon souverain... J'ai mes instructions, que j'exécuterai fidèlement... Peut-être Son Altesse craint-elle que son fils ne contracte un mariage indigne de l'illustre maison dont il sort. Enfin j'ai reçu l'ordre, dans le cas où je rencontrerais le jeune comte, de le conduire immédiatement à Munster, et de le mettre en possession de sa prébende. A son refus, je solliciterais un ordre d'extradition contre lui, et je le conduirais à Hohenzollern, de force s'il le fallait.

— Je comprends... Mais, avez-vous vu jamais le comte Frédéric ? Vous serait-il possible de le reconnaître, si vous vous trouviez en sa présence ?

— Je n'oserais l'affirmer ; il était tout enfant lorsque je l'ai vu pour la dernière fois, et dix années, vous ne l'ignorez pas, apportent de grands changemens dans l'extérieur d'un jeune homme.

— Comment alors comptez-vous le reconnaître au milieu de cinq cents étudians de son âge ?

— Cela ne me sera pas bien difficile, surtout si vous m'accordez un peu d'aide..... Vous savez quels sont ceux de ces étudians qui appartiennent à la ville, ou ceux dont le nom et le rang avoués ne donnent prise à aucun soupçon..... Les recherches porteront donc seulement sur un petit nombre de jeunes gens dont l'origine et les allures prêteraient tant soit peu au mystère. Je possède un signalement exact du comte, de le consulter pour distinguer aisément le fils de mon auguste maître.

Sigismond resta un moment pensif et silencieux ; le chambellan le regardait fixement.

— Eh bien ! mon jeune ami, dit-il d'un ton caressant, êtes-vous disposé à reconnaître ma confiance en vous, et à m'aider dans mes recherches ?

— Volontiers, monsieur, et ces recherches ne seront pas longues, je l'espère.

— Quoi ! mon brave jeune homme, s'écria Ritter transporté, vous connaîtriez déjà...

— Je ne puis rien affirmer encore, mais j'ai des soupçons que je compte éclaircir bientôt.

Le chambellan allait se répandre en protestations et en promesses, quand la porte s'ouvrit brusquement ; Frantz, pâle, bouleversé, les vêtemens en désordre, se précipita dans la salle. Il ne s'aperçut pas d'abord que la personne attablée avec Sigismond n'était pas Albert Schwartz.

— Mes amis, mes chers camarades, dit-il avec accablement en se laissant tomber sur un siége, vous ne pouvez partir demain pour Heidelberg, comme nous en étions convenus... Jamais plus qu'en ce moment je n'eus besoin de vos services... Demain, au point du jour, le major de Steinberg va conduire Wilhelmine à Manheim; Fritz Reutner est allé tout à l'heure retenir une barque..... On veut m'enlever Wilhelmine !

Sigismond se leva de table, courut à lui et le prit par la main pour l'entraîner hors de la salle. Frantz se laissait conduire machinalement. Tout à coup, le chevalier Ritter se plaça devant eux, et dit à Muller avec anxiété :

— Quel est ce jeune homme, monsieur ?... Ses traits me rappellent des souvenirs... Je vous ordonne... c'est-à-dire je vous supplie instamment de me dire le nom de ce jeune homme.

Sigismond ne répondait pas ; Frantz regardait d'un air effaré ce personnage inconnu.

— Monsieur, reprit le chambellan de plus en plus ému et agité, je vous somme de me dire...

— Eh pardieu ! messieurs, répliqua Sigismond avec son imperturbable sang-froid, sans lâcher la main de Frantz,

j'ai oublié de vous faire faire connaissance... Frantz, monsieur le chevalier Ritter est le nouveau maître du château de Steinberg... de plus il est chambellan de Son Altesse le prince de Hohenzollern, et il vient ici pour...

A ce seul nom de Hohenzollern, la main de Frantz avait reçu comme une secousse électrique. Sigismond se retourna vivement pour regarder son camarade en face ; Frantz détourna les yeux.

— Mais lui, lui ! son nom ? répéta le chevalier.

— Lui, monsieur le chevalier, il s'appelle Frantz Stoppels, il est le fils d'un des plus riches tonneliers d'Heidelberg.

Le chambellan resta un moment stupéfait, puis il partit d'un éclat de rire dédaigneux.

— Le fils d'un tonnelier ! grommela-t-il en retournant à sa place ; où avais-je donc la tête ?... Voilà une méprise qui me perdrait de réputation si elle était connue de mes ennemis à la résidence.

Les deux jeunes gens avaient disparu.

XI

Les premiers rayons du soleil levant pénétraient à travers les vitres d'une étroite fenêtre dans cette chambre de la tour de Steinberg où le baron avait passé la nuit.

Cette pièce, de forme carrée, froide et sombre, voûtée à sa partie supérieure, ainsi que l'indiquait son nom, conservait encore le caractère fruste des temps barbares où elle avait été construite. La porte, qui s'ouvrait sur un petit escalier en colimaçon pratiqué dans la tourelle voisine, était lourde, massive, garnie de lames de fer ; des dalles usées par le pied de plusieurs générations formaient le plancher. Les murailles étaient si épaisses que la fenêtre semblait percée au fond d'un couloir de six pieds de long. La lumière, resserrée par cette espèce de conduit, affaiblie par des vitres jaunes garnies de plomb, formait comme un faisceau blafard, et laissait une partie de cette chambre dans la pénombre.

On distinguait cependant à cette lueur douteuse quelques meubles antiques en harmonie avec la chambre elle-même. C'étaient un lit en bois de chêne sculpté, des fauteuils à dossiers gigantesques, de grandes armoires et des bahuts de bois noir. Comme ornemens, des trophées d'armes rouillées étaient suspendus aux murailles. Plusieurs panoplies se dressaient dans les angles obscurs, avec leurs visières baissées ; on eût dit les ombres belliqueuses des anciens Steinberg contemplant en silence leur dernier héritier.

Le major se promenait d'un pas lent et mesuré ; il passait et repassait à travers le courant de lumière.

Quoique très jeune, Henri de Steinberg était d'une taille presque colossale. Sa capote militaire, fort juste, faisait encore ressortir les mâles et vigoureuses proportions de toute sa personne. Sa démarche était majestueuse, quoique un peu raide, son geste fier. Ses traits, fortement accusés, ne manquaient pas de noblesse, mais ils étaient durs et sévères ; peu de personnes pouvaient supporter l'éclat de son œil gris, surtout lorsqu'il était irrité. Une grosse moustache rousse, qui cachait en partie sa bouche, et deux épais sourcils qui se rejoignaient sur son front, ajoutaient encore à l'imposante rudesse de sa physionomie.

Il se promenait ainsi depuis longtemps, depuis la veille peut-être, car le lit n'était pas défait ; l'épée et le chapeau galonné du major se trouvait encore sur la vieille courtine jaune où il les avait posés en arrivant ; sur la table une lampe achevait de consumer sa mèche fumeuse sans répandre de lumière.

Malgré tous ces signes d'une solitude profonde, quelqu'un était déjà venu troubler les méditations du baron, car la porte était restée entr'ouverte.

Tout à coup Henri de Steinberg s'arrêta ; il jeta des regards étonnés et farouches autour de lui.

— Il est jour, dit-il d'une voix rauque ; déjà !... Le soleil s'est bien hâté de se lever... Oui, le jour est venu, et ici, tout à l'heure, Fritz Reutner m'a annoncé que la barque était prête... Est-ce que je rêve ? Tout cela est-il possible ?... Oui, que l'enfer me confonde ! cela est vrai ! — Il s'assit, et se couvrit le visage de ses deux mains. — Allons, soyons homme, reprit-il après une pause en se redressant. Qu'est-ce que je perds, après tout ? Une vieille bicoque en ruine, bonne tout au plus à loger les chouettes et les chauves-souris... Mon titre ? c'est un préjugé. Pourra-t-on faire que le sang qui coule dans mes veines ne soit plus le sang des anciens burgraves de Steinberg ?... Et cette petite fille, vais-je aussi me laisser émouvoir par ses plaintes et ses pleurnicheries ?... De par tous les diables je ne les écouterai pas, je ne veux pas les écouter !... Que vient-elle m'importuner de ses cris ? Ne suis-je pas le maître de mon patrimoine ? ne puis-je pas, si je veux, l'aliéner, le vendre... le...

Sa voix s'éteignit, et il retomba dans un profond abattement.

En ce moment, la lourde porte fut poussée lentement, et une jolie tête blonde s'avança dans la chambre ; on regarda timidement, et on parut s'étonner du silence lugubre qui y régnait.

— Henri !... mon frère ! dit la douce voix de Wilhelmine ; puis-je entrer ? puis-je enfin vous embrasser ?

Le major fit un mouvement brusque ; il répondit avec effort en raffermissant sa voix :

— Oui, oui, entrez... puisqu'il le faut !

La jeune fille, souple et svelte comme une jeune chatte, se glissa dans l'étroite ouverture de la porte.

Elle était vêtue d'une robe légère dont les plis gracieux lui donnaient quelque chose d'aérien. Elle s'élança vers le major, et, se suspendant à son cou, elle appuya ses lèvres roses contre le visage bronzé de son frère.

— Henri, mon cher Henri ! disait-elle avec transport ; pourquoi m'avez-vous privée toute une nuit du bonheur de vous voir, de vous exprimer ma joie de votre retour ?... Avez-vous donc quelque motif de colère contre votre petite Wilhelmine qui vous aime tant ?

Le baron de Steinberg, malgré son farouche désespoir, ne parut pas insensible à ces touchantes et naïves caresses.

— Non, non, ma sœur, à Dieu ne plaise ! répliqua-t-il avec embarras, en déposant un baiser sur le front pur de la jeune fille ; mais, voyez-vous, il est des momens où un homme éprouve le besoin d'être seul. Les gémissemens et les pleurs irritent, impatientent... J'ai voulu, pour vous comme pour moi, retarder une explication pénible.

Wilhelmine, sans desserrer ses mains, qui formaient un collier gracieux au major, éloigna un peu son visage, et attacha, sur son frère ses grands yeux bleus, où la fierté brillait à travers les larmes :

— Et pourquoi mon cher Henri doute-t-il de mon courage ? dit-elle d'un ton de reproche ; ne suis-je pas du même sang que lui ? pourquoi ne saurais-je pas aussi supporter noblement l'adversité ?

Le baron tourna la tête.

— Si vous avez du courage, tant mieux ! dit-il avec émotion en se dégageant des étreintes de Wilhelmine ; vous allez en avoir besoin... On vous a dit sans doute que nous devions quitter le château aujourd'hui même.

— On m'a parlé en effet d'un départ... mais, Henri, je ne pensais pas qu'il dût avoir lieu sitôt.

— Il aura lieu tout à l'heure ; faites vos préparatifs.

— Henri, s'il vous était possible de m'accorder seulement quelques jours ?...

— Croyez-vous qu'on m'accordera, à moi, un seul jour, une seule heure de grâce ?... D'ailleurs, je n'en veux pas ; je ne m'abaisserai pas à solliciter une pareille faveur... Écoutez, Wilhelmine, dans quelques instans un homme va se présenter ici ; je le mettrai moi-même en possession de

cette vieille tour, de ce pauvre rocher ; puis nous n'aurons plus qu'à saluer pour la dernière fois le seuil du Steinberg, et à oublier jusqu'au nom que nous avons porté.

Il parlait d'une voix brève et saccadée ; la jeune fille était frappée de stupeur.

— Que Dieu vous pardonne, mon frère, dit-elle avec un accent plaintif en fondant en larmes ; vous avez vendu le Steinberg !

Le major ne s'attendait pas à ce calme mélancolique.

— Eh bien ! dit-il d'un ton sec et dur, vous ne m'accablez pas de reproches ?... vous ne remplissez pas la tour de vos lamentations ? Mais je vois qu'il faut vous dire la vérité une fois pour toutes... Ma sœur, le Steinberg n'a pas été vendu, il a été joué.

— Joué ! s'écria Wilhelmine en reculant d'un pas.

— Oui, joué... et perdu... Comprenez-vous bien, ma sœur ? J'ai joué cette masure vénérable, mon seul bien, votre seul asile ; j'ai joué les souvenirs de ma race, mon écusson à la cigogne d'argent, la pierre funéraire d'Hildebrand, chef de notre famille, la statue mutilée de Robert l'Oiseleur... Vous et moi, enfans déshérités de tant de braves chevaliers, de tant d'orgueilleux seigneurs, nous n'avons plus rien, vous que votre vertu d'ange, moi que mon épée de soldat... Et ces pauvres débris, dont nous étions si vains, passeront entre les mains d'un plat courtisan aux ordres du plus petit prince de l'Allemagne... Wilhelmine, Wilhelmine, je vous dis que vous avez raison de me maudire !

Il y eut un moment de silence ; Wilhelmine pleurait, le major avait repris sa promenade. Enfin la jeune fille releva la tête, et elle dit à son frère avec un accent de suave bonté :

— Pauvre Henri ! comme vous devez souffrir ! combien de fois vous êtes-vous reproché cette funeste passion du jeu qui devait amener un résultat si funeste !... Eh bien ! mon frère, sachons donc renoncer, puisqu'il le faut, à l'orgueil du rang ; résignons-nous à vivre pauvres ; pour moi, je ne me plaindrai pas si vous m'aimez toujours.

Ce généreux stoïcisme frappa d'admiration le farouche major ; il s'arrêta et serra la taille souple de Wilhelmine avec précaution, comme s'il eût craint de la briser.

— Vous êtes une bonne fille, ma sœur, dit-il d'une voix altérée ; oui, sur mon âme ! vous êtes une douce et sainte créature. Pas un mot de plainte ou de colère, pas un reproche, pas un regret !... Eh bien ! de mon côté, je remplirai mon devoir envers vous, Wilhelmine, je veillerai sur votre sort avec sollicitude, je vous protégerai.

— Mon frère, j'ai été trop longtemps pour vous un sujet d'inquiétude, une gêne...

— Je ne m'en suis jamais plaint, ma sœur.

— C'est vrai, mon cher Henri ; mais, je le sais, votre âge, vos goûts, votre genre de vie, ne vous permettent pas d'être le mentor d'une jeune fille comme moi ; convenez-en, mon frère, dans les circonstances présentes, vous bénîriez celui qui vous débarrassant, d'une responsabilité importune, assurerait le bonheur de votre pauvre Wilhelmine.

Le baron de Steinberg fronça ses gros sourcils.

— Qui vous parle de tout cela ? dit-il brusquement.

— Vous avez été trop généreux, Henri, pour m'avouer vos embarras, mais je les ai devinés. Aussi peut-être le temps est-il venu de fixer mon sort et de...

— Et de vous chercher un mari, n'est-ce pas cela ? interrompit le major, qui, malgré ses tristes préoccupations, ne put s'empêcher de sourire. Peste soit de ces petites filles pour penser ainsi au mariage ! Mais je suis charmé de vous voir dans ces idées, Wilhelmine, car ce sont aussi les miennes... Oui, oui, je vais m'occuper activement de vous trouver un parti convenable ; en attendant, je vous conduirai à Manheim, dans ce couvent où vous avez été élevée.

— Quoi ! mon frère, dans cette triste maison où il y a des grilles et des verrous, où l'on manque d'air et de lumière !... J'y mourrais de chagrin !

— Où donc voulez-vous aller ? dit Henri avec dureté ; nous n'avons pas de parens qui puissent vous offrir un asile.

— Je vous en supplie, Henri, ne vous fâchez pas, mais il serait possible...

Wilhelmine, toute tremblante, allait peut-être laisser échapper son secret, lorsqu'un bruit de voix et de pas se fit entendre dans l'escalier obscur de la tourelle. Elle s'arrêta ; le major frappa du pied avec fureur.

— C'est lui !... lui murmura-t-il en tendant vers la porte son poing fermé ; allons, du courage... un dernier effort !

Il passa la main sur son visage, comme pour effacer les contractions légères de ses muscles ; au même instant Ritter entra.

XII

Le chambellan portait à peu près le même costume que la veille ; ses traits exprimaient un vif mécontentement, et cette mauvaise humeur parut augmenter encore quand, en entrant dans la chambre, il eut jeté autour de lui un regard rapide. Néanmoins il salua poliment le baron Henri et Wilhelmine.

— Chevalier Ritter, dit le major d'un ton grave en saluant à son tour le nouveau venu d'un simple signe de tête, je suis prêt à tenir mes engagemens ; je vais vous mettre moi-même en possession du château et des terres de Steinberg. En homme de loi régularisera tout cela... plus tard. En attendant, si vous voulez examiner en détail ce qui vous appartient désormais...

— Laissez une liberté que j'ai déjà prise, mon cher major, dit le chambellan d'un ton maussade, et franchement vous me voyez surpris, très surpris de ce que je vois. Je me représentais la baronnie de Steinberg bien différente de ce qu'elle est. On parlait de terres, de château... Les terres sont un peu d'humus transporté à bras dans le creux d'un rocher, et sur lequel on a planté deux ou trois ceps de vigne ; le château est un donjon croulant qui menace d'écraser ses habitans !

— Je ne vous ai pas trompé, Ritter, dit Henri d'un air sombre ; vous ne me citerez pas un mot de moi qui ait tendu à exagérer la valeur de mon pauvre domaine ; non, je ne vous ai pas trompé, même quand je vous priais à mains jointes de jouer cette dernière partie où j'espérais prendre ma revanche et où j'ai été ruiné.

A ce souvenir le baron se remit à se promener rapidement dans la chambre.

— Je ne vous adresse pas de reproches, major, dit le chambellan avec empressement, néanmoins vous comprenez que ces mots de terres, de château, m'avaient ébloui. L'imagination court la campagne, la tête se monte, et, quand la réalité arrive, on est cruellement désappointé. Hier soir, au crépuscule, le Steinberg offrait encore un aspect assez imposant ; mais ce matin, au soleil, les choses ont changé de face... La pensée que mademoiselle de Steinberg occupait encore la tour avec ses gens m'avait fait espérer que cette tour était au moins plus habitable.

Wilhelmine quitta le coin obscur où elle s'était retirée à l'arrivée de Ritter.

— Vous ne songiez pas, monsieur, dit-elle avec mélancolie, que mademoiselle de Steinberg devait trouver, dans les souvenirs dont cette tour est rempli pour elle, des compensations à quelques privations de bien-être... Au prix même des plus grandes privations encore, j'eusse été heureuse de passer ma vie dans cette pauvre masure que vous dédaignez.

En ce moment elle se trouvait en face de la fenêtre, et le chevalier Ritter pouvait la contempler à loisir ; il fut ébloui de sa beauté. La taille mignonne de la jeune fille,

l'ovale gracieux de son visage, les tresses flottantes et dorées de sa longue chevelure, se dessinaient vivement dans un rayon de soleil : on eût dit d'une Vierge du Corrége dans son auréole. Le chambellan s'inclina profondément devant elle.

— Mademoiselle, dit-il de ce ton mignard en usage au dernier siècle parmi les faiseurs de madrigaux, vous devez embellir tous les lieux que vous habitez... mais vous allez quitter le Steinberg, et il aura perdu son seul charme à mes yeux.

Wilhelmine se détourna sans répondre.

Le baron reprit d'un ton résolu.

— Allons, Ritter, finissons... Ma force et mon courage s'épuisent à ces pénibles détails. Je vous laisse maître de tout ce qui reste de l'héritage de mes pères, et vous pourrez rendre témoignage que, si je suis joueur déraisonnable, je suis au moins beau joueur. Mais c'est assez ; Wilhelmine, la barque nous attend ; partons, partons, ma sœur.

Wilhelmine sanglotait ; le baron s'avança pour prendre son chapeau et son épée. Ritter, qui était devenu pensif depuis un moment, le retint par le bras.

— Major de Steinberg, dit-il avec l'apparence de la cordialité, votre situation et celle de cette charmante fille me touchent vivement. Je vois combien, elle et vous, tenez à ce coin de terre et à cette masure qu'on appelle la baronnie de Steinberg. Moi, de mon côté, je l'avoue, je n'aurais pas en la cédant un sacrifice bien pénible à faire. Écoutez, vous avez évalué l'ensemble du Steinberg à trente mille florins, c'est d'après cette base que j'ai dû déposer mes enjeux. Donnez-moi des sûretés pour la somme de vingt mille florins, et vous rentrerez dans l'intégrité de vos droits sur le Steinberg.

Le baron parut vivement ému de cette proposition.

— Je resterais propriétaire de ma vieille tour héréditaire ! s'écria-t-il avec exaltation ; je n'en serais pas réduit à m'enfuir, comme un mendiant, avec ma jeune sœur ! je pourrais... Mais non, continua-t-il aussitôt avec tristesse, si minime que soit cette somme, chevalier, il ne me serait pas possible de réunir vingt mille florins... ma fâcheuse réputation de joueur ne me permettrait pas de m'adresser aux juifs ; je n'oserais puiser à la bourse de quelques amis aussi pauvres que moi... Merci de votre bonne volonté, monsieur le chambellan, mais je n'en profiterai pas. Que le destin s'accomplisse !

Il y eut un nouveau silence ; Wilhelmine continuait à sangloter, tandis que le baron faisait lentement ses préparatifs de départ. Le chevalier Ritter, debout au milieu de la chambre, les examinait tour à tour d'un air d'embarras et d'hésitation. Enfin, se décidant tout à coup, il entraîna Henri dans l'embrasure de la fenêtre.

— Monsieur le baron, dit-il à voix basse, il y aurait peut-être un autre moyen de tout concilier... et vous resteriez maître et seigneur de Steinberg.

— Expliquez-vous.

— Vous me trouverez peut-être bien hardi et bien prompt dans mes déterminations, reprit le chambellan d'un ton cauteleux ; mais les circonstances n'admettent pas de retard ; mon désir de vous être agréable excusera une précipitation peut-être inconvenante. — Henri fit un signe d'impatience et de colère. — C'est que ma résolution a été si subite... Enfin, je n'abuserai pas de votre patience... Regardez-moi, baron ; je suis jeune encore, ma personne n'a rien de repoussant. De plus, je suis riche, et la faveur de Son Altesse le prince de Hohenzollern, mon maître, me promet un brillant avenir. Je suis chargé en ce moment d'une mission toute confidentielle par mon auguste souverain. Grâce à une rencontre que j'ai faite ici la nuit dernière, cette mission doit certainement réussir ; ma récompense sera belle ; je serai certainement nommé député à la diète, peut-être... Dans tous les cas, ma femme, si je me mariais, aurait un rang fort honorable à la résidence d'Hohenzollern, et une jeune fille de condition n'aurait pas à rougir de m'avoir accordé sa main.

Il s'arrêta pour juger de l'effet de ses paroles ; le major était pensif, ce qui parut de bon augure au chambellan.

— Je connais trop votre délicatesse et votre fierté, reprit-il avec un sourire mielleux, pour oser vous proposer quelque chose qui aurait l'air d'une restitution ; mais des arrangemens sont faciles entre frères. — Le major se taisait toujours ; Ritter, encouragé par ce silence, s'exprima plus clairement : — Votre sœur est charmante, et je suis assuré qu'elle aurait le plus grand succès à la résidence d'Hohenzollern, où l'on manque un peu de jeunes et jolies femmes... Elle m'a séduit au premier coup d'œil, comme dans les romans et les madrigaux... Si donc elle n'avait pas conçu d'injustes préventions contre moi...

Henri de Steinberg lui serra le bras avec force.

— Je vous entends, dit-il brusquement ; eh bien ! pourquoi pas ?... Vous êtes noble, sans doute ?

— Personne ne m'a jamais contesté ce titre.

— Il suffit, chevalier Ritter ; j'accepte.

— Quoi ! sans consulter celle...

— Elle est habituée à m'obéir ; au reste, je ne vous ferai pas languir longtemps.

Il appela Wilhelmine d'une voix brève.

<h3 style="text-align:center">XIII</h3>

La jeune fille, qui rêvait en ce moment au moyen d'apprendre au baron le secret de son amour pour Frantz, se leva en tressaillant.

— Quoi ! murmura le chambellan à l'oreille d'Henri, vous voulez en ma présence, sans l'avoir prévenue...

— Laissez, interrompit brusquement le baron ; ma sœur n'est pas une de vos petites maîtresses de la cour, c'est une simple créature élevée à la campagne ; j'ai l'habitude de lui parler avec la franchise qui nous caractérise, nous autres militaires. Je lui dirai rondement de quoi il s'agit, et elle me répondra de même... Wilhelmine, vous me paraissiez disposée tout à l'heure à vous marier, afin d'avoir un protecteur plus soigneux que moi... Voici le chevalier Ritter qui sollicite votre main.

Le chambellan s'inclina jusqu'à terre.

— Lui ! s'écria la jeune fille en pâlissant.

— Mademoiselle, reprit Ritter, il ne m'a pas été permis de choisir les circonstances de cette présentation... je les eusse désirées un peu différentes... mais croyez que mon profond respect...

— Au diable ! interrompit le major, laissez ce jargon de cour, et parlez sans phrases. Ma sœur, je n'ai pas besoin de vous dire de quelle importance sera votre décision ; j'ai commis de grandes fautes, vous pouvez m'aider à les réparer. Le chevalier Ritter se montre animé des intentions les plus généreuses...

— Lui ! lui ! balbutia Wilhelmine épouvantée, et sachant à peine ce qu'elle disait, un joueur !

— Craignez-vous donc qu'il dissipe votre dot ? s'écria Henri avec un sourire amer ; mais rassurez-vous à ce sujet, ma sœur : le chevalier n'est joueur que par circonstance. C'est un homme prudent, calme ; il n'est pas comme moi sujet à des accès de fièvre et d'exaltation... Il m'a fallu presque employer la violence pour le décider à jouer ce jeu excessif qui m'a été si fatal... Ne craignez rien de lui, vous dis-je ; il ne hasardera jamais sur un coup de carto ou de de la possession de ce vieux manoir, qui, tout misérable qu'il est, peut encore devenir mon orgueil et ma joie. Bien plus, les droits de Ritter sur le Steinberg me préserveront désormais de l'horrible tentation à laquelle j'ai succombé une seconde fois. Comprenez-vous, ma sœur ? il y va de l'honneur, de l'existence de notre famille... Oui, oui, il le faut ! Je suis votre protecteur naturel, votre maître... vous obéirez, je le veux !

Le chambellan ne disait mot, car rien ne pouvait produire plus d'effet sur la jeune fille que les instances et les

ordres de son frère. Wilhelmine, les yeux baignés de larmes, paraissait en proie à une grande agitation.

— Non, non, Henri, s'écria-t-elle enfin, ne me demandez pas cela... c'est impossible !

— Et pourquoi impossible ?... Ne m'avez-vous pas dit vous-même, ici, tout à l'heure, que vous étiez prête à accepter un mari digne de vous ?

— Il est vrai, mais... Oh ! mon frère, ne m'accablez pas de votre colère, ne me haïssez pas !... Mon choix est déjà fait.

— Quelque amourette de village, répliqua le major avec dédain ; et vous croyez que, dans une conjoncture aussi grave, nous nous arrêterons à des folies de jeune fille ?

— Mon frère, si c'est une folie, elle est plus grande que vous ne pensez... Je ne puis donner ma main à monsieur le chevalier ; elle appartient à un autre...

— Que voulez-vous dire ?

— Je suis... dussiez-vous me tuer... je suis mariée !

Et la pauvre enfant, épuisée par cet effort, tomba mourante sur un siège.

Les pierres des ruines du Steinberg se levant d'elles-mêmes pour se remettre à la place qu'elles occupaient trois siècles auparavant, n'eussent pas causé au major une aussi profonde stupéfaction que ces mots : « Je suis mariée, » sortant de la bouche de Wilhelmine. Il resta comme pétrifié ; puis se tournant vers le chambellan, tout étourdi lui-même de cette révélation inattendue, il lui dit d'un air de tristesse :

— L'entendez-vous ? La raison de la pauvre enfant s'est égarée à la suite des malheurs qui accablent notre maison... Elle délire !

— Monsieur le major, reprit le chevalier Ritter, en hochant la tête, je croirais plutôt...

— Mariée ! répéta le baron d'une voix tonnante. Eh ! qui oserait soutenir un pareil mensonge ?.. Mariée sans mon consentement à moi, son frère, son tuteur, le chef de sa famille ! Quel prêtre aurait osé consacrer cette union ? quel témoin aurait osé y assister ? Comment les serviteurs qui sont ici, et qui me sont dévoués, ne m'auraient-ils pas averti d'une pareille monstruosité ?... Tenez, j'ai honte de traiter sérieusement ce risible mensonge... Mariée ! Mais où aurait-elle vu un homme dans cette solitude ? Qui aurait pu aspirer à sa main, se faire aimer d'elle, la décider à braver ma colère ?.. Par Dieu ! c'est là une plaisante excuse de cette petite fille, et j'en ris de tout mon cœur.

Il fit entendre en effet un rire convulsif. Wilhelmine se leva ; le courage lui était revenu ; un léger incarnat reparaissait sur ses joues.

— Mon frère, reprit-elle, je vous ai dit la vérité... Vous expliquer comment j'ai eu le courage de braver votre colère, hélas ! cela me serait impossible. Je sais seulement que ma volonté n'est plus à moi ; elle est soumise à un autre. Je pourrais commander, et je suis heureuse d'obéir... Mais je suis mariée, je vous le jure, je suis mariée !

Des sentimens tumultueux grondaient dans le cœur de l'impétueux Henri ; cependant il les contenait énergiquement. Il dit avec une amère ironie :

— Le fait est assez curieux, ma sœur, pour nécessiter quelques explications. Vous voyez, je suis calme, très-calme... Je vous prie donc de conter votre joli roman ; j'en suis convaincu, monsieur le chevalier Ritter y prendra plaisir autant que moi-même.

Wilhelmine exposa rapidement et d'une voix tremblante les circonstances de sa liaison avec Frantz, et de son mariage secret. Pendant ce récit, le visage mâle du baron réflétait les passions les plus violentes ; toute sa robuste organisation frémissait de rage.

— Mais le nom de cet homme ! s'écria-t-il avec force ; vous ne m'avez pas encore dit quel est son nom, quel est son rang ?

— Il s'appelle Frantz, mon frère, répliqua Wilhelmine, avec une simplicité qui était sublime en présence du major irrité; je ne sais rien de lui, sinon qu'il est beau, brave, généreux, et que je l'aime !

— Misérable créature ! s'écria le major au paroxysme de la colère en levant la main sur elle, tu oses te vanter en ma présence... !

— Mon frère, dit la jeune fille avec une douceur angélique, sans s'effrayer de ce geste menaçant, si je ne l'aimais pas, ne serai-je pas plus coupable ?

Le major laissa retomber sa main.

— Que puis-je attendre d'elle ? dit-il d'une voix sourde en reprenant sa promenade ; ce n'est pas sur elle d'abord que doit éclater ma vengeance !.. Mais l'autre... l'autre, qui est fort, qui est brave, où est-il ? où se cache-t-il ? Je veux voir cet homme, ce séducteur d'enfer !.. C'est lui, lui surtout qui doit me rendre compte de cette exécrable intrigue !

— Le voici, major de Steinberg, dit une voix grave et sonore du côté de la porte ; le voici prêt à vous répondre de tous ses actes, de tous ses torts, s'il est coupable.

En même temps, Frantz entra dans la chambre, suivi de ses deux amis Albert et Sigismond.

En le voyant, Wilhelmine poussa un cri, et s'élança vers lui comme pour le défendre contre son redoutable frère. Mais Frantz lui adressa un sourire, et, écartant doucement la jeune femme tremblante, il s'avança seul vers le major.

Celui-ci avait montré d'abord quelque surprise à l'arrivée subite de ces trois personnes inconnues ; mais ce sentiment fut absorbé aussitôt dans une ardente curiosité.

Il s'était porté en face de Frantz ; il attachait sur lui ce regard terrible dont si peu de personnes pouvaient supporter l'effrayante énergie.

En ce moment, ses prunelles lançaient des jets de feu ; ses narines semblaient se gonfler comme celles du cheval de bataille dans la mêlée, son visage brun était sillonné de rides profondes. Avec sa taille athlétique, sa contenance provocante, il personnifiait la vigueur physique, les passions brutales, tandis que Frantz, mince et pâle, beau et souriant, reproduisait le type le plus poétique de l'énergie morale.

Le baron l'examina près d'une minute en silence : tel était l'effet de la colère sur cette puissante nature, qu'il ne pouvait parler.

— C'est donc vous ? balbutia-t-il enfin ; vous êtes...

— Je suis le mari de Wilhelmine, répliqua Frantz avec une dignité calme ; baron de Steinberg, je suis votre frère !

Le major bondit en arrière.

— Mon épée ! s'écria-t-il d'une voix rauque ; où est mon épée ?

XIV

Frantz ne s'émut pas plus qu'auparavant de cette démonstration menaçante.

— Laissez votre épée, monsieur le major, reprit-il avec un geste plein de noblesse ; avant d'en faire usage, je crois qu'un homme de cœur doit écouter le langage de la raison et de la vérité... Je vous prie donc de m'accorder un moment d'attention.

— Moi ! que je parle froidement du déshonneur de ma famille ! s'écria le baron en fureur ; que je discute avec un inventurier inconnu !.. Mais pourquoi non ? poursuivit-il avec effort ; je veux, je dois l'écouter... Je modérerai un instant mon indignation, un seul instant, et puis... Mais ceux-ci, continua-t-il en tournant vers Albert et Sigismond son œil farouche, que font-ils ici ? que veulent-ils ?

Les deux jeunes gens, révoltés de cette grossière apostrophe, allaient répondre sur le même ton ; Frantz leur imposa silence d'un geste suppliant.

ROMANS CHOISIS.

— Monsieur le major, reprit-il, c'est à moi d'expliquer la présence de mes amis au Steinberg. L'un et l'autre m'ont assisté comme témoins dans la cérémonie du mariage qui a eu lieu l'avant-dernière nuit dans l'église catholique de Selzbach, à quelques milles d'ici ; ils ont signé l'acte légal... J'ai cru devoir les amener pour affirmer un fait qui peut vous paraître étrange.

— Bien étrange, en effet ! répliqua le baron avec amertume ; mais ne saurais-je voir ce prétendu acte...

— Je ne pourrais, monsieur, vous le montrer sans vous révéler en même temps un secret que je voudrais dérober au monde entier ; le prêtre qui l'a dressé s'est décidé déjà, sur mes instantes prières, à quitter le pays pour sa sûreté et pour mon repos... Je vous prie donc de vous contenter de mes assertions et de celles de mes amis.

Le major resta un moment sans répondre.

— Est-ce tout ? bégaya-t-il enfin ; est-ce tout ce que vous avez à me dire ?

— J'ai encore à vous dire, major, que ni cette pauvre Wilhelmine ni moi nous n'avons mérité votre mépris et votre haine ; nous aurions droit plutôt à votre indulgence, à votre pitié. Ni elle ni moi nous n'avons rien prémédité ; nous avons suivi seulement l'impulsion irrésistible de nos cœurs. En voyant Wilhelmine comme abandonnée dans la solitude, j'ai su à peine qu'elle avait un frère dont elle dépendait ; j'ai désiré devenir son protecteur, son appui... Maintenant, je vous demande humblement de vouloir, comme chef de famille, ratifier un engagement peut-être précipité ; permettez-moi de travailler de tout mon pouvoir au bonheur de cette chère enfant... Dans l'obscurité modeste où nous comptons vivre l'un et l'autre, nous saurons nous suffire avec les ressources dont je dispose ; il ne nous manque plus que votre pardon, votre bienveillance. Major de Steinberg, je m'humilie en votre présence autant qu'un homme d'honneur peut s'humilier devant un autre qu'il a gravement offensé... Pardonnez à Wilhelmine, pardonnez-moi !

Ce mélange de dignité et de douceur eût produit un grand effet sur un homme d'un caractère moins bouillant et moins fier que le major de Steinberg ; mais pendant que Frantz parlait, il fronçait ses sourcils et mordait son épaisse moustache d'un air de sombre impatience.

— A merveille ! reprit-il avec la même ironie ; maintenant, je le suppose, il ne me reste plus qu'à livrer ma sœur, une fille de l'ancienne maison des Steinberg, à monsieur l'étudiant, pour qu'il la mène où il voudra, et à leur souhaiter toutes sortes de prospérités. N'est-ce pas ce que demande cette créature éhontée ?

— N'insultez pas Wilhelmine ! s'écria Frantz avec véhémence ; major de Steinberg, je me suis mis à votre merci, j'ai consenti à m'abaisser devant vous, mais respectez cette angélique enfant ; je la défendrai, même contre son frère !

— Sans doute en vertu du droit que vous donne ce beau mariage, monsieur l'étudiant ?

— Je ne sais, monsieur le baron, si la valeur de ce mariage est contestable aux yeux des hommes, mais elle est réelle aux yeux de Dieu, aux yeux de Wilhelmine et aux miens, et cela nous suffit. Quant à vous...

— Je vous en conjure, Frantz, s'écria Wilhelmine; pas de discussion avec mon frère ; vous ne feriez que l'aigrir ; son orgueil se révolterait, il ne nous pardonnerait plus, et j'ai tant besoin qu'il nous pardonne... Henri, continua-t-elle d'un ton suppliant, ne soyez pas impitoyable, de grâce ! réfléchissez au funeste abandon où vous m'aviez laissée ; je le suis coupable, n'avez-vous pas aussi une part dans ma faute ? J'étais sans conseil, sans appui ; la solitude, la tristesse, me rendaient la vie insupportable, vous sembliez m'avoir oubliée...

Le major se leva d'un bond.

— L'entendez-vous ! s'écria-t-il en frappant du pied ; elle veut rejeter sur moi la honte de sa faute ! Par l'âme de mes ancêtres ! suis-je donc cause si elle est devenue la proie du premier étudiant vagabond qui est venu mendier à la porte du Steinberg ?

31

— Mendier ! s'écria Frantz ; monsieur le major, je m'explique votre juste colère, mais je ne saurais souffrir plus longtemps d'être traité avec une pareille indignité... Le sang qui coule dans mes veines est aussi chaud, aussi fier que le vôtre, et mon nom...

Il s'arrêta tout à coup.

— Eh bien ! s'écria le major, ce nom, allez-vous le faire connaître enfin ?

Frantz garde le silence.

— Pardieu ! mon cher baron, dit le chevalier Ritter en se levant, j'ai pitié de l'embarras où je vous vois... Quoique étranger à ce pays, je sais déjà le nom de ce jeune homme, et je regrette pour vous qu'il ne soit pas très brillant.

— Vous ne me connaissez pas, murmura Frantz avec quiétude.

— Allons donc ! votre ami qui est là derrière vous, reprit le chambellan en ricanant, ne vous a-t-il pas présenté à moi, hier au soir, avec vos noms et vos titres ?... Jeune homme, vous n'êtes pas le premier fils de bourgeois et d'artisan qui ait tenté de se faire passer pour noble !

— Ainsi donc, il est...

— Il s'appelle Frantz Stoppel... Il est, m'a-t-on dit, fils d'un tonnelier d'Heidelberg.

Les joues du major prirent une teinte livide à cette révélation. Wilhelmine elle-même tressaillit ; mais Albert Schwartz s'écria étourdiment :

— Par la liberté de l'Allemagne ! qui a dit que Frantz était le fils...

— Silence ! interrompit Sigismond.

— M'aurait-on trompé hier sur le rang de ce jeune homme ? demanda le chambellan d'un ton soupçonneux.

— Je ne vous ai pas trompé, répondit Sigismond avec fermeté. Frantz est bien ce que je vous ai annoncé, et je suis sûr, continua-t-il en jetant un regard significatif sur l'époux de Wilhelmine, qu'il ne cherchera pas à cacher plus longtemps la vérité.

— En effet, dit Frantz d'une voix presque inintelligible, un sot amour-propre, la crainte d'être méprisé de Wilhelmine...

— Sa famille est bien connue à Heidelberg, reprit Sigismond, et cette tête folle d'Albert, ajouta-t-il d'un ton sévère, devrait la connaître aussi... Mais il oublie sans doute qu'il doit veiller toujours, car nul ne sait quand viendront le jour et l'heure. »

Ces paroles sacramentelles produisirent sur Schwartz leur effet ordinaire.

— Oui, oui, Sigismond, a raison... J'oubliais, en effet... Comment donc ! le père de Frantz a construit, la saison dernière, un foudre sculpté pour le grand-duc, et... Muller lui imposa silence par un geste impérieux, et Albert se retira dans un coin de la chambre en murmurant :

— C'est une épreuve... encore une épreuve !... Du diable si je sais quel intérêt la société redoutable des illuminés peut avoir à tout ceci !

Cependant Frantz observait avec une anxiété singulière les mouvements de Wilhelmine. La jeune fille, en apprenant la basse extraction de son fiancé, avait montré une sorte de consternation. Peut-être le préjugé aristocratique, si puissant dans la noblesse allemande, s'était-il éveillé un instant au fond de son cœur. Quoi qu'il en fût, ce sentiment passa rapide comme l'éclair. Après avoir payé ce tribut à la faiblesse humaine, l'héroïque jeune fille leva sur Frantz ses yeux pleins de tendresse.

— Pourquoi m'avoir caché cette obscure origine, Frantz ? dit-elle ; je suis aussi fière de votre amour que si vous étiez né sur les marches d'un trône.

Le visage de Frantz resplendit d'une félicité suprême.

— Et maintenant seulement je suis sûr qu'elle me préfère à l'univers entier ! s'écria-t-il avec enthousiasme ; elle m'a sacrifié jusqu'à l'orgueil de sa race.

Wilhelmine allait répondre, quand le major, croisant ses bras sur sa poitrine, dit d'une voix terrible :

— Ah çà ! de par tous les démons de l'enfer, ne crai-

gnez-vous de lasser ma patience ? ai-je assez prêté l'oreille à vos ridicules explications, à vos sottes doléances ? J'ai été calme, j'ai été clément, et maintenant que je vous ai entendus jusqu'au bout l'un et l'autre, je m'en vais vous juger.

XV

Un profond silence s'établit dans la chambre voûtée ; le major semblait se recueillir pour donner plus de solennité à ses paroles.

— Wilhelmine de Steinberg, ma sœur déshonorée, fille coupable de plusieurs générations de héros, je vais vous conduire dans un couvent de l'ordre le plus sévère : vous n'en sortirez plus et vous ne me reverrez jamais.

— Je ne souffrirai pas qu'on me sépare d'elle ! s'écria Frantz ; je ne le souffrirai pas, tant qu'il me restera un souffle de vie !

— Quant à vous, misérable aventurier, continua le baron avec un accent de rage mêlé d'ironie, ne vous aurez pas invoqué en vain ce titre de frère que vous vous êtes donné vous-même... Vous êtes étudiant, vous savez manier une épée, nous nous battrons, monsieur, et à mort !

Wilhelmine poussa un cri perçant.

— Henri, mon frère ! s'écria-t-elle éperdue, tournez toute votre colère contre moi ; par pitié, ne vous armez pas l'un contre l'autre... ! Oh ! mon Dieu, mon Dieu ! voilà ce que je craignais ! Henri, ce serait un crime... Et vous, Frantz, souvenez-vous de votre promesse, de votre serment.

— Je m'en souviens, Wilhelmine, dit l'étudiant ; votre calme ; votre frère pourra m'assassiner, mais il ne me forcera jamais à diriger la pointe d'une épée contre sa poitrine.

— Oh ! merci, Frantz ! vous êtes sage et généreux, vous !

— Comment ! s'écria le major en grinçant des dents, le misérable fils du tonnelier d'Heidelberg refuserait l'honneur de se mesurer avec le baron de Steinberg ?

— Monsieur le baron, le fils d'un pauvre artisan, s'il est honnête et loyal, serait un adversaire trop élevé encore pour un baron orgueilleux qui a joué le nom et l'héritage de ses pères.

Steinberg sauta sur son épée et la tira du fourreau. Wilhelmine le retint par ses vêtements en poussant des cris de désespoir.

Ritter et Schwartz parlaient à la fois, mais sans s'approcher, comme si la vue de l'épée nue les eût frappés d'épouvante. Frantz seul restait impassible en face du major.

— Vous pouvez me tuer, dit-il avec fermeté, mais je ne me défendrai pas contre vous.

— Les choses ne doivent pas se passer ainsi, criait d'un autre côté Albert Schwartz ; le Comment ordonne en pareil cas...

Au milieu de ce tumulte, Sigismond s'était élancé vers un de ces trophées qui décoraient la chambre ; il en avait tiré une dague de forme antique.

— À moi, monsieur de Steinberg, dit-il en brandissant son arme encore acérée ; des scrupules honorables empêchent mon ami Frantz de se battre contre vous ; je vous demande raison de vos insolences envers lui et envers moi.

— Je vous défie tous ! s'écria le baron, qui traînait toujours après lui la malheureuse Wilhelmine.

Mais Frantz, en voyant l'intention du brave Muller, sortit tout à coup de son immobilité. Il courut à lui et tenta de le désarmer.

— Non, Sigismond, mon brave camarade, disait-il ; tu ne feras pas ce que je ne saurais faire moi-même... Le baron de Steinberg doit être sacré pour moi, pour mes amis... Je l'ai juré à Wilhelmine, je tiendrai à mon serment !

— Frantz, cet homme t'a gravement insulté, il serait indigne de toi...

— Il serait indigne de moi de souffrir qu'un autre se battît pour ma querelle... Sigismond, au nom de notre vieille amitié, reste calme.

Il lui arracha la dague.

En ce moment, le baron venait de se débarrasser des étreintes convulsives de Wilhelmine. Il aperçut Frantz l'épée à la main, et dit avec une joie féroce :

— Ah ! tu t'es donc ravisé à la fin ?... Allons ! défends-toi, infâme aventurier... Et vous autres, continua-t-il en s'adressant aux assistans, débarrassez-moi de cette femme !

Frantz, voyant le baron venir sur lui, l'épée nue, releva vivement son arme par un mouvement machinal, et parut prêt à se défendre ; mais presque aussitôt sa détermination l'emporta sur la colère. Il laissa tomber la dague, et, posant le pied dessus afin que personne ne pût s'en emparer, il dit avec force :

— Baron de Steinberg, jamais je ne me battrai contre vous.

— Eh bien donc ! s'écria le major dans un inexprimable accès de frénésie, si tu ne veux te battre comme un brave, meurs donc comme un chien !

Et il porta au jeune homme un violent coup d'épée ; mais, prompt comme la pensée, quelqu'un s'était élancé au-devant du coup ; des cris perçans se firent entendre... Wilhelmine venait de tomber sanglante aux pieds de son frère.

Le baron, immobile, contemplait d'un œil fixe le sang qui jaillissait en filets rouges de la poitrine de la jeune fille. Schwartz, Ritter, Sigismond, s'approchèrent en frémissant ; personne ne parlait, et ce silence lugubre ajoutait encore à l'horreur de cette scène. Frantz semblait atteint du même coup que sa jeune épouse ; pâle et glacé, il était en proie à un saisissement plus effrayant que la mort même.

La voix faible de Wilhelmine se fit entendre la première :

— Fuyez, Frantz, fuyez ! balbutia-t-elle ; profitez de ce moment... Nous nous reverrons, sinon ici-bas, du moins au ciel.

Au son de cette voix chérie, Frantz tressaillit ; il se baissa, ramassa la dague avec une vivacité extraordinaire, et s'élança sur le baron en murmurant :

— La venger ! la venger !

Steinberg se mit en garde ; mais presque aussitôt le malheureux Frantz laissa échapper son arme, chancela, et, succombant à la violence de ses émotions, tomba évanoui à côté de sa chère Wilhelmine.

Telle était la frénésie du baron, qu'en voyant son ennemi renversé, sans défense, il voulut encore le percer de son épée ; mais tous les assistans, se jetant sur lui à la fois, parvinrent à le contenir et à le désarmer. Il rugissait comme un forcené.

Une heure après cette catastrophe, Madeleine Reutner veillait seule auprès du lit sur lequel on avait transporté Wilhelmine. Elle était à genoux, arrosant de ses larmes la main froide et décolorée de la mourante ; elle restait morne, absorbée dans sa douleur silencieuse.

Des formes blanches passaient et repassaient rapidement devant la fenêtre étroite qui éclairait la chambre ; c'étaient les cigognes, qui commençaient à construire leur nid au sommet de la tour.

Madeleine se souleva lentement.

— Oiseaux protecteurs de Steinberg, dit-elle avec un accent de reproche et de désespoir, en étendant la main sur la jeune fille presque inanimée, était-ce donc là le bonheur que vous apportiez aux derniers rejetons de cette noble famille ?

XVI

Après la catastrophe qui avait eu lieu à la tour de Steinberg, Frantz avait été transporté par ses deux amis à l'auberge de Zelter.

Là on lui prodigua de prompts secours, et il reprit ses sens ; mais presque aussitôt une fièvre violente s'empara de lui ; pendant plusieurs semaines on désespéra de ses jours. Dans son délire, l'image sanglante de Wilhelmine se représentait sans cesse à son imagination ; il lui parlait, il lui prodiguait les noms les plus doux, puis il se répandait en menaces et en imprécations contre le major, dont la figure sinistre apparaissait aussi dans ses rêves. Parfois il avait des momens lucides, mais alors le souvenir d'une poignante réalité, des angoisses, des terreurs nouvelles ne tardaient pas à causer des rechutes pires que les premières atteintes du mal.

Ses deux compagnons, Sigismond surtout, le soignaient avec zèle et affection. Quand la tête du malade s'exaltait, quand ses paroles incohérentes attestaient le dérangement de ses facultés, Muller, sous différens prétextes, éloignait tous les assistans et Schwartz lui-même ; il semblait craindre de laisser entendre à des indiscrets les propos étranges échappés à son malheureux ami. Du reste, Albert, dont le caractère frivole était peu susceptible d'attachement vif, et qui regrettait la vie turbulente de l'Université, ne restait au Steinberg que pour obéir à l'influence mystérieuse de Muller ; il profitait avec empressement de toutes les occasions d'aller folâtrer à la cuisine avec la fille de l'hôte, ou de s'embarquer sur le Rhin pour pêcher le saumon avec les bateliers du voisinage.

Enfin, grâce aux efforts d'un habile médecin que l'on fit venir de Manheim, la force de la maladie diminua peu à peu, et, un mois environ après les événemens que nous avons racontés, Frantz était en pleine convalescence.

Pendant ce long espace de temps, le plus profond mystère avait enveloppé tout ce qui se passait à la tour. On avait appris du chevalier Ritter, quand il était revenu à l'auberge, le jour même de la catastrophe, que le chirurgien mandé par le baron conservait quelque espoir de sauver Wilhelmine ; mais Ritter était parti le lendemain, après une conversation longue et confidentielle avec Sigismond ; depuis ce temps on n'avait aucune nouvelle du château.

Le major s'était enfermé avec Wilhelmine, madame Reutner et Fritz Reutner dans la vieille tour ; personne ne savait ce qui pouvait se passer derrière ces épaisses et sombres murailles.

Sigismond comprenait combien cette cruelle incertitude serait fatale à Frantz, lorsque le malade recouvrerait la raison ; aussi avait-il essayé plusieurs fois d'apprendre quelque chose de positif sur le sort de la pauvre Wilhelmine ; mais ses tentatives avaient toujours été infructueuses.

Les paysans du voisinage n'avaient même pas connaissance de la blessure de la jeune fille ; voyant le château fermé, ils croyaient mademoiselle Steinberg partie avec son frère pour quelque ville voisine.

N'espérant plus rien de ce côté, Muller épia le moment où le chirurgien qui soignait Wilhelmine sortait du château pour regagner une bourgade voisine. Mais cet homme, assez grossier du reste, et à peine supérieur aux chirurgiens-barbiers de village, refusa obstinément de répondre à ses questions ; il paraissait très effrayé de la démarche que l'on faisait vis-à-vis de lui, comme si de terribles menaces eussent encore été présentes à sa pensée.

Albert Schwartz voulut tenter l'aventure ; il fut encore plus malheureux. Au premier mot qu'il prononça pour s'informer poliment de mademoiselle Steinberg, le chirurgien tira un pistolet de sa poche et ordonna à l'étudiant de lui livrer passage. Albert n'avait rien à répondre à un pareil argument, et il s'éloigna, non toutefois sans exercer sa langue contre ce personnage si peu communicatif. Du reste, à partir de ce moment, soit qu'il se rendît de nuit au Steinberg, soit qu'il eût cessé ses visites, le chirurgien ne reparut plus.

Une autre personne encore eût pu donner des nouvelles du château : c'était Fritz Reutner. Il venait chaque jour au village chercher les provisions nécessaires aux habitans de la tour. Mais ruses, supplications, menaces échouèrent contre l'opiniâtreté taciturne de Fritz. A toutes les questions, à toutes les instances il ne répondait rien ; c'était l'impassibilité du soldat russe exécutant une consigne barbare, l'entêtement stupide de la bête de somme qui refuse d'avancer. Sans doute on lui avait fait aussi des menaces terribles ; mais la ponctualité rigide de son caractère croyait être le mobile de sa conduite plutôt que la crainte du châtiment.

Souvent Sigismond, les larmes aux yeux et les mains jointes, l'avait supplié pendant une demi-heure de lui dire si Wilhelmine était hors de danger, et quand le brave étudiant croyait l'avoir attendri par ses prières ou corrompu par ses promesses, l'autre, lui tournant brusquement le dos, regagnait le château sans prononcer une parole. Sigismond, malgré sa froideur apparente, éprouvait des accès de rage contre le fils de Madeleine, et Albert parlait sérieusement de l'assommer; mais comme Fritz Reutner était un gaillard vigoureusement bâti, le prudent Schwartz avait toujours retardé l'exécution de sa menace.

Cependant les momens lucides de Frantz devenaient de plus en plus fréquens, et quand il avait conscience de lui-même, il interrogeait son ami avec anxiété au sujet de Wilhelmine.

Enfin, Sigismond résolut de tenter une épreuve décisive en se présentant hardiment au château de Steinberg. L'humeur farouche du baron, les précautions dont il s'entourait pour empêcher qu'on ne troublât sa solitude, ne laissaient aucune place à l'illusion quant à la réception probable. Cependant Muller espérait surprendre quelque circonstance indifférente en apparence, recueillir un mot consolant, entrevoir peut-être Wilhelmine ou entendre le son de sa voix; c'en était assez pour lui faire braver les sombres fureurs d'Henri de Steinberg. Qu'il pût dire seulement à Frantz, en revenant : « Wilhelmine existe, elle vous aime toujours, » et le généreux camarade n'eût pas regretté d'avoir exposé sa vie même pour obtenir cette satisfaction.

Un jour donc que le malade semblait sommeiller paisiblement, Sigismond s'achemina vers le Steinberg. Il était midi; le soleil ruisselait sur la vieille tour et sur la roche grise qui lui servait de base. La plus profonde solitude régnait à l'entour; aucun promeneur dans le sentier, aucun travailleur dans la petite vigne qui s'étendait sur le versant méridional et dont les ceps commençaient à se couvrir de jeunes pousses. Château et dépendances semblaient abandonnés; aucun bruit ne se faisait entendre, excepté le frôlement des lézards dans les herbes sèches.

L'étudiant leva les yeux vers la plate-forme de la tour, il espérait apercevoir par l'embrasure des créneaux la forme gracieuse de Wilhelmine, ou même la mâle silhouette du major; mais il ne vit rien que les herbes des ruines se balançant à la brise du Rhin, et les cigognes aux longues ailes planant sur la tourelle où elles avaient placé leur nid.

Sigismond, tout préoccupé de l'entrevue qu'il allait avoir avec le baron, s'avança précipitamment vers l'entrée principale du château; il fut arrêté par un obstacle inattendu.

Autrefois on entrait librement dans la cour devenue jardin potager; à travers les ruines et les décombres on atteignait sans difficultés la porte toujours ouverte de la tour. Maintenant des poutres et des planches épaisses barricadaient l'entrée du jardin; une espèce de guichet, pratiqué dans cette clôture grossière, était solidement fermé.

Cette nouvelle preuve de la défiance du major ne présageait rien de bon à l'étudiant pour le succès de sa démarche. Cependant il résolut de pénétrer à tous risques dans cette demeure en apparence si peu hospitalière. Mais comment? Ni sonnette ni marteau ne fournissait les moyens de se faire entendre à la tour, dont il était séparé par le jardin. A moins d'être muni du cor avec lequel les chevaliers du temps passé sonnaient des fanfares en pareilles circonstances, il n'y avait aucune probabilité de prévenir les habitans du Steinberg qu'un étranger demandait à être admis.

Enfin il allait, à défaut de cor, appeler de toute la force de sa voix, quand un bruit de ferraille retentit de l'autre côté de la porte qui s'ouvrit brusquement; Muller se trouva face à face avec le baron.

Henri de Steinberg eût été méconnaissable pour ceux qui l'auraient vu trois mois auparavant. Il était maigre, efflanqué, hideux; ses yeux, enfoncés dans leurs orbites, avaient une expression de férocité et d'égarement. Sa barbe, qu'il laissait croître depuis son arrivée au Steinberg, lui couvrait la moitié de la figure; il ressemblait ainsi à l'un de ces sauvages lansquenets auxquels son pays avait autrefois donné naissance. Son vieil uniforme, sale et usé, était débraillé sur la poitrine; toute sa personne trahissait cet abandon de soi-même, signe d'un profond désespoir. Une de ses mains était armée d'un fusil de chasse; de l'autre il tenait la porte, afin que Muller ne pût même jeter un regard dans l'enceinte du château.

Sigismond, surpris de cette brusque apparition, contemplait le major en silence; il avait peine à reconnaître, dans ce campagnard effrayant et sordide, cet Henri de Steinberg qui, naguère encore, passait pour l'officier le plus beau et le mieux fait de toute l'armée prussienne.

Le baron à son tour attacha sur lui son œil hagard :

— Je vous ai vu gravir le rocher, jeune homme, dit-il d'une voix rauque et gutturale, et je sais ce qui vous amène... Il est donc guéri de ce... maladie? Il est donc capable de se tenir debout? C'est bon, c'est bon! je l'attendais avec impatience... Ce sera une maigre vengeance, mais le démon ne veut pas m'en laisser d'autre!

L'étonnement de Sigismond redoubla en entendant ces paroles, qui témoignaient d'un certain dérangement d'intelligence.

XVII

— Je ne vous comprends pas, monsieur, répondit Sigismond, j'étais venu pour m'informer... mademoiselle Wilhelmine...

— Tais-toi, ne prononce pas ce nom! dit le fougueux baron en frappant du pied : mais vous ne venez donc pas m'apporter un cartel de la part de ce... de cet aventurier? Serait-il mort, par hasard? Ce serait là un mauvais tour que m'aurait joué le diable, mon ennemi!

— Si vous voulez parler de monsieur Frantz, major, il ne peut encore se battre contre personne ; et, fût-il en état de le faire, je doute qu'il acceptât un duel contre vous.

— Alors il faudra trouver un autre moyen... nous le trouverons. J'y pense nuit et jour ; c'est ce qui me donne cette maudite fièvre... Mais puisque vous n'avez rien de plus à me dire, allez-vous-en... adieu !

Il voulut fermer la porte ; Sigismond, rappelé à lui-même, la retint de toute sa force.

— Monsieur le major, cria-t-il, je vous supplie instamment de m'entendre... Par respect pour vous-même, par pitié, par humanité, dites-moi si mademoiselle de Steinberg est hors de danger!

Les lèvres flétries du baron se serrèrent.

— Hors de danger! répéta-t-il. Écoutez, jeune homme,

et répétez exactement mes paroles à celui qui vous envoie : la fille deshonorée des Steinberg serait plus en sûreté si elle était suspendue par un fil au sommet du munster de Strasbourg, qu'elle ne l'est en ce moment dans le manoir de ses ancêtres.

Sigismond ne put s'empêcher de frissonner.

— Monsieur de Steinberg, dit-il d'un ton ému, vous seriez incapable, j'espère, d'exercer quelque nouvelle vengeance sur votre malheureuse sœur? Elle est déjà blessée, mourante peut-être...

— Dites à votre ami de venir la défendre! répliqua le baron avec une ardente énergie; oh! qu'il vienne! qu'il vienne! Pour l'avoir en mon pouvoir, je donnerais mon âme; c'est tout ce qui me reste... Mais il viendra, j'en suis sûr, il viendra; je saurai bien l'attirer ici.

Muller ne savait que répondre à ces paroles obscures.

— Je le vois avec peine, monsieur de Steinberg, reprit-il après une pause, votre fâcheuse exaltation n'a pas diminué depuis le moment terrible où il semble qu'elle eût dû tomber d'elle-même... Vous réfléchirez cependant qu'un acte de violence, soit contre votre sœur, soit contre toute autre personne, pourrait attirer sur vous les châtimens de la justice. Un militaire, un homme d'honneur...

— Partez! interrompit le baron d'un ton dur.

L'étudiant vit bien qu'il n'obtiendrait rien par prières ou par menaces de cet homme exalté jusqu'à la frénésie. Il essaya d'un autre moyen.

— Monsieur le baron, un mot... Votre colère est fondée sur une erreur; cette erreur, je suis maintenant en mesure de la rectifier. Mon ami Frantz...

— Ne prononcez pas son nom, ou je vous tuerai, gronda le major en brandissant convulsivement sa carabine.

— Vos menaces ne m'empêcheront pas d'accomplir un devoir, répliqua courageusement Sigismond; Frantz n'est pas d'une naissance roturière et obscure, comme il l'a affirmé lui-même; j'ai des raisons de penser...

— Fût-il prince de sang royal, dit le major, dont les yeux reflétèrent un moment quelque intelligence, l'injure serait toujours la même, je la ressentirais avec la même amertume... Je tombe dans l'abîme, je veux entraîner avec moi celui qui l'a creusé sous mes pas... Mais c'est assez, jeune homme, continua-t-il d'un ton d'autorité; éloignez-vous, et prenez soin de ne pas reparaître ici désormais. Une tentative pour me voir et me parler serait inutile; prenez garde d'approcher de la tour à portée de cette carabine... Laissez s'accomplir ce qui arrivera. Satan conduit tout, et Satan est le maître... Adieu!

En même temps il referma la porte, et Sigismond entendit le bruit de ses bottes militaires résonner sur les pierres des ruines.

Cette entrevue produisit sur l'étudiant une impression de véritable terreur. Évidemment le baron, aigri par les souffrances et par la solitude, nourrissait de sinistres projets. L'égarement de ses discours semblait être le résultat de la fièvre qui le dévorait à la suite de tant de secousses; cependant Sigismond croyait reconnaître à de certains signes que le malheureux Henri de Steinberg était déjà dans un état voisin de la démence. Or, n'y avait-il pas de quoi trembler de savoir Wilhelmine enfermée avec ce géant féroce, privé de raison, harcelé incessamment par les plus effrayantes passions de la nature humaine?

Muller se garda bien de communiquer ses craintes au pauvre Frantz ou même à Schwartz, dont il redoutait la légèreté; mais il se promit de surveiller, autant que ses devoirs auprès du malade le lui permettraient, les mystères de la vieille tour du Steinberg.

Quelques jours s'écoulèrent encore, et, comme nous l'avons dit, Frantz, à la grande joie de Sigismond, finit par se rétablir tout à fait; il lui resta seulement de ses souffrances passées un peu de faiblesse, qui devait céder bientôt à la puissante vitalité de la jeunesse.

Un matin, Frantz, appuyé sur le bras de Muller, essayait ses forces en se promenant dans sa modeste chambre.

Albert était parti pour aller pêcher avec un batelier du voisinage; les deux amis pouvaient causer en toute liberté.

La fenêtre donnait sur un balcon de bois en saillie, d'où l'on apercevait la large nappe du Rhin, et une partie de la tour du Steinberg. Elle était ouverte en ce moment, et laissait pénétrer dans la chambre un air balsamique et pur. Cette atmosphère parfumée semblait réjouir le malade, et rafraîchir son sang brûlé par la fièvre; une légère rougeur revenait sur ses joues creuses.

— Je suis guéri, je suis bien maintenant, dit-il en refusant l'appui de son ami; merci de tes soins, mon cher Sigismond, mon bon camarade, mais ils me deviennent inutiles désormais... Nous ne devons plus nous occuper que de Wilhelmine... Oh! il faut que je la voie, je veux la voir à tout prix!

— Allons donc! sois raisonnable, mon pauvre Frantz. Comment! si faible encore...

— Ne pensons plus à moi, te dis-je, répliqua le jeune homme avec impatience; mon mal le plus dangereux est cette horrible inquiétude qui me dévore. Je n'y peux plus tenir; mon amour me donnera de la vigueur. Sigismond, quand ce féroce Steinberg devrait me tuer, je veux pénétrer sans retard jusqu'à Wilhelmine... Mon Dieu! mon Dieu! si elle avait succombé...

À cette pensée, il parut près de s'évanouir.

— Tu vas trop loin, Frantz, répliqua Muller; on a tout lieu de croire, au contraire, que sa blessure est en voie de guérison complète. Fritz Reutner est toujours taciturne, impénétrable; mais on remarque depuis peu que les provisions dont il fait emplette à l'auberge sont choisies et délicates, comme il conviendrait pour une convalescente; cette circonstance donne lieu de penser que la malheureuse enfant est hors de danger... Non! non! ce n'est plus l'état de santé de Wilhelmine qui excite mes alarmes.

— Tes alarmes! tu en éprouves donc aussi?.. Et moi je resterais calme quand Wilhelmine a besoin peut-être de secours, quand je lui dois mon appui, ma protection! Ami, il faut que je voie Wilhelmine, ou que je meure... Je la verrai, te dis-je, je la verrai ce soir même.

Sigismond resta un moment silencieux; son front se pencha tristement, et il parut se livrer à une méditation profonde.

— Frantz, reprit-il enfin avec mélancolie, au lieu de et raidir contre des obstacles insurmontables, peut-être ne vrais-tu céder pour un moment à la nécessité... Tu es sûr de l'amour de Wilhelmine comme elle est sûre du tien; attendez l'un et l'autre un temps plus favorable pour vous rapprocher; sachez vous courber sous une inexorable fatalité.

— Moi l'abandonner!.. s'écria impétueusement Frantz. Mais je comprends, ajouta-t-il avec un peu d'aigreur en regardant Muller, tu es las de vivre dans cette solitude, de te sacrifier sans cesse à un ami malheureux... C'est juste, je n'ai pas le droit de me plaindre, tu m'as montré un dévouement, une abnégation que je n'aurais pu attendre de personne. Oui, abandonne-moi; retourne avec Albert à vos études, à votre joyeuse existence d'Heidelberg. Laissez-moi lutter seul contre ma destinée. Aussi bien je suis maudit et je porte malheur à tout ce qui m'approche.

Sigismond lui prit la main et la serra avec force.

— Frantz, Frantz! dit-il avec un accent de reproche, c'est de l'ingratitude. Après t'avoir donné tant de preuves d'affection, devais-je attendre de toi une pareille injure?

Il pleurait, Frantz l'attira contre sa poitrine.

XVIII

— Pardonne-moi, mon généreux ami, dit Frantz avec une émotion touchante; le chagrin, la maladie, m'ont rendu injuste; pardonne-moi.. C'est que tu ne sais pas, tu ne peux pas savoir combien, malgré ma jeunesse, j'ai déjà ressenti les atteintes de la douleur. Mais je te prouverai ma confiance en toi, mon affection... A toi seul je révélerai mon secret...

— Je l'ai deviné, ami, murmura Muller; je sais maintenant votre nom.. comte Frédéric de Hohenzollern !

Un vif étonnement se peignit sur les traits de Frantz.

— Tu connais mon secret et tu as eu l'ingénieuse délicatesse de n'y faire aucune allusion jusqu'à ce moment ! dit-il avec un accent d'admiration. Merci de cette réserve si digne de ton âme noble et belle !... Eh bien ! Sigismond, ce nom seul a dû t'instruire de mes malheurs.. Maudit par mon père parce que je me sentais incapable d'obéir à des exigences absurdes, en proie aux jalousies d'un aîné orgueilleux qui m'accusait de vouloir le supplanter dans l'avenir, j'ai dû renoncer à ma famille, à ma patrie, et jusqu'à mon nom. Je me suis enfui de la maison paternelle, je me suis résigné à l'obscurité, à la pauvreté, pour vivre dans l'indépendance de mes pensées. Mais comment as-tu appris...

— Les explications si précises du chevalier Ritter ne m'avaient laissé aucun doute, comte Frédéric. D'ailleurs, les paroles sans suite que vous prononciez dans vos accès de délire...

— Pourquoi ne me parles-tu plus comme à ton égal? Sigismond, sois l'ami du comte Frédéric de Hohenzollern comme tu l'étais de Frantz l'étudiant.. Hélas ! je ne suis rien de plus, en effet, qu'un pauvre et obscur étudiant ! Wilhelmine elle-même ignore à quel rang j'aurais pu la faire monter. A quoi bon éveiller ses regrets? D'ailleurs, j'ai voulu être aimé pour moi-même, et je me suis contenté de lui dire que j'étais d'origine noble comme elle. Plus tard, il nous a fallu encore démentir cette assertion en sa présence; mais je l'avouerai, ami, quand Ritter et le baron me raillèrent devant elle de cette basse origine que tu m'avais attribuée, je fus sur le point...

— Tu te fusses perdu sans autre résultat; le major te reproche moins d'être d'une basse naissance que d'avoir dérangé ses orgueilleux projets; j'en acquis la certitude lors de ma dernière entrevue avec lui. Ainsi, mon cher Frantz, il serait imprudent désormais de te faire connaître au baron de Steinberg; cet aveu accroîtrait encore tes dangers... J'ai pu, jusqu'ici, te soustraire aux recherches de ce chambellan, propriétaire actuel du Steinberg, mais d'un moment à l'autre il va revenir et me sommer de tenir ma promesse.

— Quelle promesse, Sigismond ?

— Je m'étais engagé à diriger ses recherches parmi les étudians d'Heidelberg; j'avais pour but de détourner les soupçons qui pouvaient s'attacher à toi; peut-être aussi comptais-je m'égayer un peu aux dépens de ce sot personnage... Le jour du funeste événement, le chevalier Ritter vint me trouver ici; ne jugeant pas à propos de faire valoir ses droits immédiatement sur le Steinberg, en raison de l'événement tragique dont le château avait été le théâtre en sa présence, il comptait mettre à profit ses loisirs pour se rendre à Heidelberg. Il me demanda les renseignemens que je lui avais promis pour l'accomplissement de sa mission. Tu étais malade; mourant ; je n'avais guère le loisir de réfléchir; cependant je compris que si Ritter se rendait à Heidelberg, il ne lui serait pas difficile de pénétrer ton secret, malgré tes précautions pour rester inconnu. Bien des indices pouvaient lui faire reconnaître le comte Frédéric dans l'étudiant Frantz. Je m'engageai donc à lui désigner plus tard le fils de son souverain, s'il voulait ajourner ses recherches personnelles, car elles pouvaient, lui disais-je, donner l'éveil au fugitif et faire manquer l'entreprise. J'eus l'air d'avoir une grâce à demander au prince de Hohenzollern, pour prix de mes services; je remis à l'époque de ton rétablissement l'exécution de ma promesse. Ritter accepta ces conditions. Après m'avoir annoncé qu'il reviendrait au bout d'un mois, afin de prendre définitivement possession du château, il partit pour Bade, où il devait solliciter un ordre du grand-duc. Or, il va re-

venir incessamment, et je ne sais, cette fois, comment me débarrasser de lui. J'avais espéré qu'avant son retour tu aurais quitté le pays, déjoué ses recherches; mais ton amour pour Wilhelmine et d'autres obstacles encore...

— Oh ! je ne veux pas, je ne dois pas quitter le voisinage du Steinberg avant d'être assuré que Wilhelmine ne court aucun danger, interrompit Frantz avec chaleur; je réclamerai mes droits sur elle jusqu'à mon dernier soupir. Mais de quels autres obstacles parles-tu? Sigismond, je ne t'ai pas compris.

— Hélas ! d'obstacles bien vulgaires et bien bas pour le fils du prince régnant de Hohenzollern... Frantz, tu le sais, toi, Albert et moi, nous faisons depuis longtemps bourse commune... La modeste pension que son père, gros corroyeur de Blenheim, envoie chaque mois à Albert suffit à peine pour payer ses dépenses de taverne : quant à moi, mes ressources sont plus modestes encore... Eh bien ! les dépenses de ta maladie, les folies d'Albert, mes prodigalités peut-être, ont épuisé nos ressources; bref, notre hôtelier, malgré son puritanisme, ne se soucie plus de nous accorder crédit.

Frantz sourit tristement.

— N'est-ce que cela, ami Sigismond ? cet obstacle peut aisément être levé.. Un banquier juif de Manheim a reçu en dépôt une somme de quarante mille florins, toute ma fortune... elle est à toi et à Albert.

— Quarante mille florins ! répéta Sigismond d'un air pensif, on pourrait avec cette somme... Oui, oui, cette idée est peut-être une inspiration d'en haut ; je verrai Ritter, je... Frantz, dit-il, il faut aller à l'instant chercher cet argent à Manheim. Tu es assez fort pour entreprendre cette courte excursion; je vais louer une barque avec deux rameurs, et...

— Je ne bougerai pas d'ici, je ne perdrai pas un instant de vue cette vieille tour qui renferme tout ce que j'aime ! s'écria Frantz. Sigismond, mon fidèle camarade, encore cette preuve d'amitié ! Charge-toi de toucher cette somme; le titre que voici est au porteur; on te remettra les fonds sans aucune formalité.

Et il lui tendit un papier qu'il tira de son portefeuille. Sigismond hésitait à le prendre.

— Soit, dit-il enfin; je vais partir,.. mais à une condition.

— Laquelle, mon bon Muller?

— C'est que, pendant mon absence, tu ne feras aucune tentative désespérée pour pénétrer au château de Steinberg, pour voir Wilhelmine.

— Mais, Sigismond, s'il survenait quelque événement, si j'apprenais...

— Je serai de retour demain; d'ailleurs, s'il faut te le dire, j'ai conçu un projet qui rendrait inutiles désormais toutes tes téméraires entreprises.

— Inutiles ! tu veux donc soustraire Wilhelmine aux vengeances de son terrible frère?

— J'ai l'espoir d'amener le baron à reconnaître volontairement ton mariage avec sa sœur... pourvu toutefois que Dieu lui ait conservé encore un peu d'intelligence.

— Serait-il possible, Muller? Explique-moi...

— Le temps me presse, et puis j'ai encore à mûrir mon plan avant de l'exécuter. Aie confiance en moi ; bientôt, demain peut-être, toutes tes mortelles angoisses auront cessé.

— Fais cela, Sigismond, et je te devrai plus que la vie.

— Ainsi donc, j'ai ta parole... Tu renonceras à toute démarche téméraire en mon absence ?

— Je la donne, ami. Hélas ! que pourrais-je sans toi ?

— Bon courage donc ! reprit Sigismond en se levant d'un air résolu. Prie le ciel de bénir mes efforts, et il y aura encore du bonheur pour toi sur la terre.

Les deux amis s'embrassèrent avec effusion. Sigismond apprit à Frantz les paroles sacramentelles qu'il devait prononcer en cas de besoin, pour se faire obéir d'Albert Schwartz; puis, après avoir de nouveau recommandé la prudence au mari de Wilhelmine, il sortit précipitamment.

Peu d'instans après, il partait pour Manheim dans une barque manœuvrée par deux vigoureux rameurs. Frantz, debout sur le balcon, la suivit longtemps des yeux : mais c'était une de ces embarcations longues et étroites qui sont renommées pour leur vitesse. Secondée par le courant, elle n'apparut bientôt plus comme un point noir sur la surface bleuâtre du Rhin. Au moment où elle tourna un coude du fleuve dans l'éloignement, Frantz crut voir encore son ami, debout à l'arrière, lui montrer du doigt le ciel, en signe d'espérance.

XIX

Longtemps encore Frantz tint ses regards fixés sur cette partie de l'horizon où la barque venait de disparaître, mais peu à peu ils se détournèrent des splendeurs du fleuve pour s'élever vers le château du Steinberg.

Quelques nuages blancs traversaient le ciel, au zénith, et faisaient ressortir encore la sombre silhouette de la vieille tour; les dentelures de ses créneaux se dessinaient vivement sur ces masses brillantes. Frantz, accoudé sur le balcon de bois, examinait tristement ces épaisses murailles qui renfermaient toutes ses affections; mais l'inexorable et lugubre édifice gardait le secret des événemens dont en ce moment même peut-être il était le théâtre. Aucun visage ne se montrait aux meurtrières qui servaient de fenêtres du côté de la campagne; aucune forme ne se dessinait derrière les créneaux. Toujours même silence, même immobilité au Steinberg et aux environs; seulement les cigognes planaient encore dans les airs au faîte de la tour.

L'étudiant suivait machinalement des yeux leurs évolutions. Tantôt elles se laissaient tomber vers la terre avec la rapidité d'une flèche, tantôt elles s'élevaient de manière à se confondre avec les nuages; par momens elles se posaient en se jouant sur les cheminées, sur les tours, sur les toits de plomb du Steinberg.

— Heureux oiseaux! disait Frantz en soupirant, l'extrémité de leur aile vient de frapper peut-être la fenêtre de la chambre où est Wilhelmine; ils ont pu entendre un soupir de sa bouche, un son de sa douce voix... Que n'ai-je des ailes aussi pour arriver jusqu'à Wilhelmine! — Et des larmes silencieuses roulaient sur son visage. — Comme les présages sont menteurs! reprit-il après une pause; quand ces oiseaux de favorable augure ont reparu au vieux manoir, après vingt-cinq ans d'absence, les amis de cette famille ont annoncé que sa prospérité allait renaître... moi-même un instant j'ai pu me croire l'instrument dont Dieu se servirait pour relever une ancienne maison... Vaines croyances, ridicules superstitions, dignes de la pauvre vieille femme qui en a conservé la mémoire!

Comme il parlait encore, une forme humaine se montra tout à coup derrière les créneaux de la tour : à sa haute taille, à ses traits vigoureusement accusés, il était facile, même à la distance où se trouvait Frantz, de reconnaître le baron de Steinberg. Henri tenait à la main un fusil, qu'il mit rapidement en joue.

Le bruit de l'explosion ne put être entendu, mais un tourbillon de fumée grise s'élevant vers le ciel annonça qu'il avait fait feu. Au même instant, l'une des cigognes qui planaient au-dessus de la tête du baron abaissa son vol en longues spirales; elle était blessée.

Dans la situation d'esprit où se trouvait Frantz, cet événement, si simple en apparence, lui causa une vive émotion.

— Ainsi donc, reprit-il d'une voix sourde, cet homme impitoyable a compris aussi que ces oiseaux de favorable augure avaient menti à sa fortune! Il a voulu se venger de leur insolente joie... et cependant, fallait-il punir la bête inintelligente des fautes de la destinée?

La cigogne abaissait toujours son vol. Penché sur le parapet de pierre, le baron semblait observer avec anxiété l'effet de son acte cruel.

L'oiseau essaya de se poser sur le couronnement de la tour, puis sur le massif de maçonnerie où était son nid, mais, ses forces s'affaiblissant de plus en plus, il ne put atteindre cet appui.

L'autre cigogne voltigeait éperdue autour de sa compagne, se glissant parfois au-dessous d'elle, comme pour l'arrêter dans sa chute incertaine; efforts inutiles! le malheureux oiseau descendait, descendait encore, soutenu plutôt que porté par ses plumes ensanglantées.

Bientôt il atteignit la base de la tour; mais là, comme s'il eût voulu s'éloigner davantage de cet édifice devenu inhospitalier, il donna un dernier et vigoureux coup d'aile; alors, filant parallèlement à la surface raboteuse du roc, il vint s'abattre dans les roseaux touffus qui croissaient au bord du Rhin.

Henri de Steinberg n'avait pas quitté son poste élevé; mais une saillie du rocher lui avait caché l'oiseau au-dessous de la base de la tour. Il se pencha donc à droite et à gauche pour reconnaître l'endroit où était tombée la pauvre cigogne, puis il se retourna et fit un signe de la main.

Un autre homme, que Frantz reconnut aussitôt pour Fritz Reutner, accourut près de lui. Le major désigna du doigt les roseaux, puis tous les deux disparurent; la plate-forme redevint solitaire comme auparavant.

Frantz, de son côté, n'avait pas détourné les yeux de l'innocente victime du baron de Steinberg. Accroupi à l'angle du balcon, afin de ne pas être aperçu du château, il vit la cigogne blessée se débattre dans les roseaux et s'avancer rapidement de son côté, comme pour lui demander assistance. Certainement Fritz, peut-être le major lui-même, allait venir pour s'emparer d'elle; et, bien que cet acharnement contre une pauvre bête inutile fût inexplicable, elle ne pouvait échapper aux poursuites de ses ennemis.

En ce moment Frantz se souvint que Wilhelmine, sans partager complètement les croyances naïves de sa gouvernante, avait manifesté une sorte de vénération pour les cigognes; il conçut la pensée de secourir une faible créature aimée de Wilhelmine.

Poussé par ce sentiment généreux, il s'élança vers la porte de sa chambre, traversa la salle commune de l'auberge, alors déserte, et, courant le long du rivage, il atteignit l'endroit où se trouvait la cigogne.

Il l'aperçut bientôt; elle s'agitait dans les roseaux, à quelques pieds du rivage, fouettant de ses pennes blanches les eaux endormies. Frantz n'hésita pas à entrer dans le fleuve jusqu'à mi-jambe pour s'emparer d'elle; étourdie par sa chute ou affaiblie par sa blessure, elle n'essaya pas de se défendre ou de s'enfuir. L'étudiant la prit dans ses bras avec précaution, et regagna rapidement sa chambre, sans avoir rencontré personne en chemin.

Dès qu'il eut déposé la captive sur le plancher, il accourut au balcon. Le major de Steinberg était dans l'embrasure du créneau; il faisait des signes à Fritz Reutner, qui descendait lentement le rocher en regardant de tous côtés. L'autre cigogne volait tristement autour de Fritz; comme lui, elle semblait chercher des yeux sa fidèle et malheureuse compagne.

Sûr de n'avoir pas été aperçu dans sa courte excursion, l'étudiant s'approcha de l'oiseau blessé. La cigogne n'avait pas quitté la place où il l'avait posée; familière avec l'homme, la vue de Frantz ne semblait pas l'effrayer; on eût dit qu'un instinct secret l'avertissait des bonnes intentions de son protecteur.

Il se pencha vers elle : guidé par les légères taches de sang qui souillaient le plumage de l'innocente bête, il examina ses blessures avec soin. Quelques grains de petit plomb l'avaient atteinte, mais sans pénétrer, du moins en apparence, dans les organes vitaux. Frantz n'eut pas de peine à les extraire, puis il lava les plaies avec un peu d'eau fraîche.

Ce pansement si simple eut un effet merveilleux ; bientôt l'oiseau releva sa tête morne, se dressa sur ses pieds rouges, raidit son cou onduleux, et secoua doucement ses ailes comme pour essayer ses forces. Cependant il ne cherchait nullement à s'enfuir ; il redevint bientôt immobile, et, se posant en face de Frantz, il attacha sur lui un regard fixe et mélancolique.

Alors l'étudiant remarqua, dans les plumes longues et flottantes qui ornaient le cou de la cigogne, une sorte de collier à peine visible.

A ce signe, aussi bien qu'à un certain renflement de la patte, il eût pu reconnaître le hinkende, cet oiseau mystérieux qui avait été le favori du baron Hermann, aïeul du major.

Frantz, obéissant à une irrésistible curiosité, porta la main sur cette espèce d'amulette ; le hinkende, toujours grave et sans mouvement, le laissa faire.

L'amulette consistait en une légère feuille de plomb repliée sur elle-même pour enfermer exactement, sous un petit volume, un fragment de papier ou d'étoffe ; elle était soutenue par une chaînette d'acier que les plumes longues et huileuses de l'oiseau aquatique n'avaient pu garantir entièrement de la rouille, car à peine le jeune homme l'eut-il touchée qu'elle se détacha comme d'elle-même et lui resta dans la main.

Alors il l'examina, non sans une espèce de tremblement nerveux, l'objet tombé en son pouvoir d'une façon si singulière.

Après avoir brisé l'enveloppe de plomb, il trouva un petit carré de parchemin soigneusement roulé ; la capsule métallique l'avait complétement préservé de l'humidité, et les caractères qui s'y trouvaient tracés étaient encore très distincts.

Ce n'était pourtant qu'une espèce de plan grossier évidemment fait à la hâte ; au bas étaient la signature du baron et ces mots écrits de sa main : *le Flucht-veg du Steinberg.*

Frantz réfléchit un instant.

— Le Flucht-veg ! murmura-t-il ; n'est-ce pas ce souterrain mystérieux qui doit exister encore aujourd'hui sous le château de Steinberg, et dont la connaissance était réservée exclusivement au chef de la famille ?... Oui, oui, et Madeleine conte d'affreuses histoires sur ce lieu lugubre, bien qu'elle ignore où il est situé... Je m'explique maintenant la conduite cruelle du major envers ce pauvre oiseau. Monsieur de Steinberg, sachant sans doute par tradition que son aïeul Hermann avait confié au hinkende ce précieux renseignement, aura voulu s'en emparer en tuant la cigogne. Seul au monde je possède maintenant le secret de la famille de Steinberg ! — Pendant qu'il parlait, la cigogne avait conservé cette attitude triste et pour ainsi dire méditative particulière à son espèce ; elle était dans une immobilité parfaite ; on eût pu croire que la vie l'avait abandonnée, mais elle regardait Frantz d'un regard si ardent, si expressif, qu'il ne put s'empêcher de frissonner. L'âme impressionnable de Frantz, éprouvée récemment par de grandes douleurs, était plus accessible qu'une autre aux atteintes de la superstition. — Veux-tu me faire entendre que ce secret m'appartient ? s'écria-t-il avec égarement ; suis-je en présence d'un être surnaturel ou d'un faible instrument aveugle de la volonté divine ?... Dois-je croire que, le chef réel de la famille de Steinberg te poursuivant avec cruauté, tu as voulu me confier ton secret pour le bonheur de cette race antique que tu protéges ? Suis-je donc appelé à la régénérer, à la relever dans l'avenir ?... Hélas ! je ne puis rien pour elle, je ne puis rien pour moi-même !

Frantz était tremblant, ses cheveux se dressaient sur sa tête, son front ruisselait d'une sueur froide, comme en présence d'une apparition. Pâle et haletant, les yeux attachés sur la cigogne, il semblait attendre sa réponse.

Enfin le hinkende sortit de son impassibilité ; il déroula son cou argenté, fit claquer son bec deux ou trois fois, et, se retournant gravement, se dirigea d'un pas lent et majestueux vers la fenêtre ouverte. Il monta sur le balcon, déploya tout à coup ses vastes ailes, et, s'élançant dans les airs, il disparut bientôt.

Peut-être n'y avait-il rien que de fort simple dans cette scène bizarre : l'oiseau était d'abord étourdi, et la facilité avec laquelle il s'était laissé manier pouvait provenir de l'engourdissement causé par sa chute : plus tard, soulagé par les soins de Frantz, ranimé par le repos, ses instincts de liberté s'étaient réveillés, et il avait repris son vol. Mais l'imagination frappée de Frantz ne lui permit pas de voir les événemens sous ce jour tout naturel ; il attribuait à l'intervention d'un pouvoir supérieur le secret qu'il venait d'apprendre ; la cigogne lui semblait avoir obéi à quelque influence surhumaine ; aussi resta-t-il plusieurs minutes sur son siége, les yeux fixes, les bras ballans, doutant encore de la réalité de ce qui venait d'arriver.

Il fut tiré de cette espèce de torpeur par la voix d'Albert Schwartz, qui l'appelait d'une pièce voisine. Frantz s'empressa de cacher le parchemin dont la cigogne semblait lui avoir fait don. Albert entra dans la chambre.

XX

— De par la lame de mon schlœgel ! s'écria-t-il, puisque te voilà debout, tu vas voir un spectacle nouveau.

— Quoi donc, Albert ? demanda Frantz avec distraction.

— Notre voisin, le major de Steinberg, joue aux barres là-haut sur la plate-forme de sa vieille tour... Dieu me pardonne ! j'ai envie d'aller me mettre de la partie.

— Le major ! Que dis-tu du major ?

— Viens voir, reprit l'étudiant en se dirigeant vers le balcon ; depuis plus de cinq minutes il fait le même manége.

Frantz reprit son poste d'observation, dont la cigogne blessée l'avait éloigné. On voyait en effet le baron passer et repasser avec rapidité derrière les créneaux ; ses mouvemens étaient brusques, égarés ; de temps en temps il levait ses poings fermés vers le ciel d'un air de menace et de défi. Tout ce que la rage a de plus énergique se manifestait dans cette pantomime.

— On ne peut l'agiter ainsi ? dit Frantz tout pensif ; ce n'est sans doute pas sa tentative infructueuse contre...

— Ce qui peut l'agiter ainsi ! répéta l'étudiant avec étourderie ; la chose n'est pas facile à deviner, si ce que l'on raconte dans le pays est vrai.

— Et que raconte-t-on, Albert ?

— Le baron de Steinberg est devenu fou... mais fou furieux... Il est, dit-on, très dangereux de l'approcher.

On n'a pas oublié que Sigismond avait caché à Frantz ses craintes au sujet du baron ; aussi Frantz devint-il blême en apprenant cette nouvelle.

— Serait-il possible ! Alors la pauvre Wilhelmine, enfermée avec lui dans ce château inaccessible... Mais bah ! reprit-il, on ne doit pas croire les bavardages des paysans oisifs de ce village ; et toi, Albert, tu as tort de répéter de pareilles absurdités... Le baron peut être exalté par ses passions effrénées, mais sa raison ne saurait être altérée ; il met trop de constance dans ses projets et dans sa haine.

— Libre à toi de ne pas croire cette nouvelle ; cependant cette brute de Fritz Reutner n'est pas muet avec les gens du pays comme avec nous autres ; il a dit à Juncker, le batelier, un ami à moi, que cet enragé de Steinberg les faisait tous trembler à la tour ; il les tient sous clef ; il les surveille nuit et jour qu'ils ne communiquent pas avec le dehors... D'un moment à l'autre, ce forcené pourrait bien avoir la fantaisie de les égorger pour son amusement.

— Et Wilhelmine ? a-t-on parlé de Wilhelmine ?

— Fritz ne veut rien dire sur elle, mais il secoue la tête quand on prononce ce nom, et il fait entendre que le baron, dans un accès de folie furieuse...

— Le major de Steinberg serait donc une bête féroce ! s'écria Frantz avec désespoir. Cependant tu te trompes, Albert, tu dois te tromper ; Wilhelmine ne peut avoir rien à craindre de son frère. Pourquoi lui eût-il fait donner des soins empressés, s'il nourrissait contre elle de mauvais desseins ?... Fritz a exagéré les emportemens de monsieur de Steinberg.

— Regarde ! interrompit Albert avec une sorte d'ironie, en touchant l'épaule de Frantz, tandis que de l'autre main il désignait la tour.

Un nouveau personnage venait de paraître sur la plate-forme : c'était Fritz Reutner.

Fritz avait voulu sans doute rendre compte au baron de ses inutiles recherches ; mais le major, à sa vue, était entré dans une fureur épouvantable. Il se jeta sur le fils de Madeleine, le frappa de ses deux mains fermées, s'acharna sur lui avec une violence inouïe.

Sa colère s'exaltant toujours, il saisit le malheureux domestique, et l'entraîna vers le parapet comme pour le précipiter dans l'abîme.

Fritz se débattait ; mais, soit que dans son dévouement stupide pour son maître il n'osât se servir de toute sa force, soit que la vigueur du major fût doublée par la folie, il perdait du terrain. Bientôt il fut adossé au parapet ; son corps bascula sur la surdalle ; vainement se cramponna-t-il aux créneaux ; rien ne le soutenait plus au-dessus du gouffre, dont la profondeur donnait le vertige, rien que la main convulsivement serrée du farouche Steinberg.

Les deux étudians poussèrent un cri, mais il se perdit sans écho sur l'immensité du Rhin. Frantz détourna les yeux pour ne point voir cette chute mortelle, inévitable.

Madeleine Reutner apparut derrière le baron et courut à lui les cheveux épars, les bras levés. Telle était l'énergie de cette mère au désespoir, que la frayeur retourna la tête et parut hésiter à consommer son crime. Fritz profita de ce moment d'hésitation : par un de ces efforts suprêmes que donne l'instinct de la vie, il saisit la pierre du parapet, s'élança d'un bond par-dessus, puis tous les personnages s'éloignèrent, et la plate-forme resta déserte.

Les deux étudians attendirent encore quelques instans, mais personne ne se montrait plus derrière les créneaux. Frantz essuya son front baigné de sueur.

— Oui, reprit-il, le chagrin d'avoir manqué la cigogne n'a pu pousser le baron de Steinberg à de pareils excès... Il n'y a plus à en douter, son esprit est égaré... Mais alors comment arracher l'infortunée Wilhelmine des mains de ce frénétique ?

— Pardieu ! le cas n'est pas embarrassant... Il faut aller trouver le bourguemestre du canton et lui exposer le cas. La justice s'empressera de se rendre au château ; il ne sera pas difficile de constater l'état du baron, à en juger par ce que nous venons de voir.

Frantz réfléchit.

— Non, dit-il enfin, ce parti entraînerait de longues formalités, et nul ne sait à quelles violences pourrait se porter monsieur de Steinberg contre sa sœur, en voyant sa demeure envahie par l'autorité légale... J'essayerai d'un autre moyen que Dieu m'a fourni miraculeusement. Je pénétrerai cette nuit même dans la tour de Steinberg et j'enlèverai Wilhelmine... Albert, tu m'accompagneras.

— Moi mettre le pied dans cette affreuse masure pour voir ce sorcier de major ? Autant vaudrait me proposer d'aller en enfer pour parler au diable... Ce géant de Steinberg et son vilain sanglier de Fritz ne feraient qu'une bouchée de nous ! Vrai Dieu ! Frantz, tu n'as pas à te plaindre d'avoir trouvé en moi un mauvais camarade et un homme sans cœur. Je t'ai donné assez de preuves de mon dévouement, de mon courage, depuis que nous sommes enfouis, Sigismond et moi, dans cette campagne, laissant l'Université entière dans le deuil. Mais me fourrer

dans ce guêpier de Steinberg, soit de jour, soit de nuit, en y entrant par escalade ou autrement, c'est ce que je ne ferai pas... A moins, continua-t-il plus bas avec hésitation, qu'en ta qualité de supérieur dans l'illustrissime et sacro-sainte société... Je saurai me soumettre aux épreuves prescrites par nos rites redoutables.

Frantz ne parut pas avoir entendu ces dernières paroles.

— Tu as raison, reprit-il d'un ton rêveur, je dois m'exposer seul ; d'ailleurs, le secret que j'ai découvert ne m'appartient pas ; je ne pourrais le révéler même à mon meilleur ami... J'agirai donc sans le secours de personne.

— Que dis-tu ? demanda Albert avec curiosité ; que comptes-tu faire ?

— Rien, rien, répliqua Frantz ; je rêve tout éveillé, mon pauvre Albert ; l'inquiétude me fait délirer... Je ne peux rien pour Wilhelmine, je n'ai plus aucun moyen de la soustraire à la puissance de son redoutable frère... Attendons le retour de Sigismond ; il s'occupe de notre bonheur à tous... Nous devons mettre notre confiance en lui.

Albert n'était pas pourvu d'assez de perspicacité pour reconnaître que l'expression du visage de Frantz, le son de sa voix, démentaient ses paroles ; il dit avec sa légèreté ordinaire :

— Oui, oui, Sigismond est bon pour donner des conseils ; c'est un Ulysse, un éloquent Nestor... Moi, au contraire, je suis un homme d'action, un impétueux Achille... Que l'Allemagne ou un ami ait besoin de mon bras, je suis toujours prêt, sûr et fidèle comme une lame de Klingental... Eh bien ! camarade, je te laisse ; je vais profiter de l'absence de Sigismond pour causer un peu avec Augusta, la fille de notre hôte. Je ne sais comment s'arrange ce coquin de Muller, mais quand il est ici, je ne puis dire un seul mot à la petite Zelter ; il abuse du pouvoir que lui donne son titre d'initié à... tu sais ? Mais, précisément, j'entends Augusta qui chante un psaume à la cuisine... Adieu, nous nous reverrons bientôt.

Le frivole étudiant s'élança hors de la chambre ; un moment après, le bruit d'un vigoureux soufflet prouva qu'il était parvenu à s'approcher de la jeune hôtesse sans craindre l'éternel « purus esto ! » de Sigismond Muller.

Frantz était tombé dans une profonde méditation. Bientôt il tira de sa poche le parchemin, don mystérieux du hinkende, et, s'approchant de la fenêtre, il parut comparer le château et ses alentours avec le plan dressé par le baron Hermann.

Après un minutieux examen, il sortit de la maison et alla rôder dans les rochers qui avoisinaient le Rhin au-dessous du château.

Sa promenade fut longue ; lorsqu'il revint vers l'auberge, le soleil était couché.

Mais sans doute ses investigations avaient été couronnées de succès, car son front rayonnait d'espoir, un sourire de triomphe effleurait ses lèvres.

Comme il atteignait les premières maisons du village, il entendit un caillou rebondir derrière lui sur les flancs du rocher. Il s'arrêta brusquement et se retourna. Une main s'agitait à une des meurtrières de la tour, comme pour lui faire signe d'attendre ; au même instant la pierre dont la chute avait attiré son attention s'arrêtait à ses pieds ; un papier y était attaché.

Frantz s'en empara et voulut le lire, mais la main s'agitait vivement, comme pour lui ordonner de s'éloigner, et disparut aussitôt.

Tremblant de joie et craignant que sa présence ne compromît la personne qui lui adressait cette missive, il se hâta de gagner un endroit moins découvert, où il ne pouvait être aperçu du château. Alors, ouvrant le pli, il lut ces paroles tracées rapidement au crayon par une main peu exercée, sans doute celle de la gouvernante :

« Sauvez ce qui reste de la malheureuse famille de Steinberg. Le baron a perdu la raison, et ses accès de fureur » me font trembler pour Wilhelmine, votre femme ; chaque minute augmente ses dangers et les nôtres. »

32

Frantz fut atterré à la lecture de ce billet.

— Ainsi donc Albert avait raison! dit-il avec désespoir. Eh bien! je n'attendrai pas le retour de Sigismond, comme je l'avais promis; il me pardonnera ce manque de parole, quand il saura combien les circonstances étaient impérieuses. Il n'y a plus à hésiter, je vais aller au secours de Wilhelmine... Oui, je vais exécuter mon projet cette nuit même... Mon Dieu! protégez-la quelques instans de plus, et je la sauverai!

Il se retourna encore au détour du chemin pour jeter un dernier regard sur le Steinberg; on ne voyait plus personne à la meurtrière, le château avait repris son aspect morne et silencieux. Frantz essuya une larme du revers de sa main, et se dirigea vers l'auberge pour faire ses préparatifs.

Mais à peine eut-il franchi le seuil qu'une voix bien connue, la voix aigre et impérieuse du chevalier Ritter, retentit à son oreille:

— Arrêtez encore celui-là, disait-on; cette fois-ci, j'en suis sûr, monsieur le comte Frédéric de Hohenzollern ne m'échappera pas... Ah! messieurs les étudians, vous vous êtes moqués de moi! Je vais prendre ma revanche.

Avant que Frantz eût pu faire aucune résistance, quatre ou cinq estafiers portant le costume bien connu de la police grand-ducale se jetèrent sur lui et le mirent dans l'impuissance de fuir.

XXI

La nuit était venue; dans une chambre de la tour du Steinberg, Wilhelmine et Madeleine causaient tristement.

Cette chambre différait peu de celle où nous avons déjà introduit le lecteur; seulement elle n'était pas voûtée. La partie la plus remarquable était une immense cheminée de pierre chargée de sculptures et d'armoiries; une colossale plaque de fonte, curieusement travaillée, protégeait le foyer.

L'ameublement de cette pièce était plus comfortable que celui de la chambre voûtée; de vieilles tapisseries de haute lice pendaient encore le long des murailles, les siéges étaient en velours d'Utrecht flétri; le lit, frais et blanc, avait tout à fait les formes et les dimensions modernes. Un tableau de l'école d'Holbein, qui représentait un crucifiement, était posé en face du lit, étalant des figures dures et sèches sous une couche de poussière.

Une atmosphère humide et froide régnait dans cette chambre. La fenêtre en ogive, ouverte en ce moment, permettait aux regards d'apercevoir le petit jardin, encombré de ruines, où se jouait un pâle rayon de lune.

Un morne silence régnait dans le château.

Les deux femmes, serrées l'une contre l'autre près d'une modeste lampe, parlaient très bas; une personne placée à quelques pas d'elles n'eût pu les entendre; leurs voix ainsi étouffées éveillaient dans cette pièce vaste et obscure des échos sourds, faibles, semblables à des gémissemens. Souvent elles tressaillaient en craquement de la porte; alors un bouffée de vent agitait les lambeaux de la tapisserie, faisait vaciller la flamme de la lampe, puis tout retombait dans un silence de mort. Les pauvres femmes restaient un moment tremblantes sans oser reprendre leur conversation.

Wilhelmine était assise ou plutôt à demi couchée dans une antique bergère du temps de Louis XV. Son costume trahissait la convalescente encore insouciante de sa mise; la pâleur maladive de son visage, la maigreur diaphane de ses joues et de ses mains, attestaient ses souffrances récentes. Malgré la gêne et l'inquiétude qui semblaient peser sur elle, un léger sourire se jouait sur ses lèvres, son œil bleu s'animait faiblement pendant qu'elle écoutait la vieille Madeleine. Celle-ci au contraire osait à peine res-

pirer; le son même de sa voix paraissait la frapper d'épouvante; elle s'interrompait fréquemment pour regarder autour d'elle.

— Ainsi donc, tu l'as vu ce soir? disait Wilhelmine avec chaleur; tu as vu mon Frantz bien-aimé... Et, dis-moi, t'a-t-il paru entièrement rétabli de sa cruelle maladie? Que faisait-il si près du château? Il cherchait à me voir, n'est-ce pas? Hélas! il m'est défendu de monter sur la plate-forme de la tour... Mais tu lui as écrit, ma bonne Reuttner, tu l'as rassuré sur les suites de ma blessure, il sait...

— Il sait quels dangers vous courez ici, murmura la gouvernante; je l'ai conjuré de venir à votre secours. En lui donnant cet avis, j'ai transgressé les ordres de mon maître; si monseigneur apprenait ma faute, je serais perdue!... mais je ne regrette pas cette désobéissance, la première... il s'agissait de vous sauver.

— Tu as eu tort de t'adresser à Frantz, Madeleine; il va vouloir pénétrer ici, affronter la colère d'Henri... il est si ardent, si téméraire!

— Il est cause de tous nos maux; n'est-ce pas à lui d'y porter remède?

— Madeleine, tu l'exagères, je t'assure, les dangers de ma position. Sauf cette réclusion rigoureuse, mon frère ne m'a fait subir aucun mauvais traitement... Tantôt il est sombre et taciturne: d'autres fois il parle seul et avec une véhémence qui tient de la frénésie; mais jusqu'ici sa conduite ne prouve pas l'existence des projets sinistres que tu lui supposes. Mon frère est bon, Madeleine, et s'il était enfin délivré de cette fièvre qui lui donne le délire...

— S'il avait son bon sens, je ne le craindrais ni pour vous ni pour moi, Wilhelmine, car il a toujours été un frère affectionné, un maître bienveillant... malheureusement il n'y a plus d'illusion possible; ce n'est pas la fièvre seule qui trouble la raison de monseigneur...

— Tu crois donc... Mais que s'est-il passé aujourd'hui, ma bonne Reuttner, pour t'avoir donné cette terrible conviction? J'ai cru entendre sur la plate-forme de la tour un coup de fusil, puis un moment après des cris déchirans.

La gouvernante hésitait à répondre.

— Je ne vous cacherai pas plus longtemps cette triste scène, reprit-elle enfin, si bas qu'on pouvait à peine l'entendre. Monseigneur a donné aujourd'hui des preuves malheureusement irrécusables de sa dangereuse folie. Jusqu'ici il avait à peine remarqué que les cigognes, après tant d'années d'absence, étaient revenues nicher à leur ancienne place; ce matin, pour la première fois, il a paru s'apercevoir de leur retour; il est resté longtemps à les examiner. Enfin il m'a fait appeler; il m'a demandé d'un air préoccupé, en me désignant la cigogne qui portait au cou une sorte de collier:

« — N'est-ce pas là l'oiseau dont le baron Hermann prit soin?

» — Oui, monseigneur, lui ai-je répondu, c'est le hinkende; il était assez privé, du temps du baron Herman pour venir caresser les gens du château; mais...

» — C'est bon, va-t-en! »

» J'ai obéi. Cinq minutes après, comme je descendais l'escalier de la tour pour venir vous joindre, un coup de feu a été tiré... Monseigneur venait de tuer le hinkende, cet oiseau béni, ce favori de votre aïeul... Je tremblais en songeant aux nouveaux malheurs que ce sacrilège allait attirer sur nous, quand Fritz passa près de moi; monseigneur l'envoyait chercher l'oiseau blessé. Fritz revint bientôt sans rien rapporter: le hinkende avait disparu comme par miracle. Tout à coup des cris épouvantables retentirent sur la plate-forme; je distinguai la voix de mon fils, je montai... Que Dieu nous protége! Monseigneur, la bouche écumante, les yeux hors de la tête, avait saisi le pauvre Fritz par le bras, et le tenait suspendu en dehors du parapet, au-dessus de l'abîme... Une seconde plus tard et c'en était fait de mon fils; il eût été brisé sur les rochers du Steinberg!

La bonne femme s'arrêta; la voix lui manquait à ce souvenir.

— Et cependant, Madeleine, Fritz est maintenant sain et sauf?

— Je ne sais pas ce que j'ai fait, ce que j'ai dit, mais monseigneur m'a regardée d'un air farouche, puis il a laissé Fritz. Ah! Wilhelmine, si vous aviez vu votre frère en cet affreux moment, vous trembleriez!

— Je ne crains pas la mort pour moi, Madeleine, mais que deviendrait Frantz si je mourais?... D'ailleurs, ni toi ni ton fils vous ne pouvez rester exposés plus longtemps à des dangers semblables à celui d'aujourd'hui... Eh bien! conseille-moi, Madeleine; que faut-il faire?

— Hélas! que sais-je? Dieu seul peut nous secourir.

— Si nous fuyions du Steinberg?... Je suis assez forte pour marcher maintenant; si nous allions nous mettre sous la sauvegarde de la justice?

— Oui, mais comment sortir d'ici? Nuit et jour monseigneur garde les clefs de la grande porte.

— Ton fils ne pourrait-il nous aider?

— Vous ne connaissez guère Fritz Reutner, dit la gouvernante d'un air d'orgueil; il est mon élève; s'agirait-il du sort de l'Allemagne, il ne désobéirait pas à monseigneur le baron de Steinberg; il renierait Dieu plutôt que son maître légitime. Je l'ai habitué à la soumission dès sa plus tendre enfance. Aujourd'hui, en employant sa vigueur naturelle, il eût pu facilement se tirer des mains du major; il a préféré s'exposer à une mort affreuse que de manquer au respect dû à son seigneur en se défendant contre lui... N'attendez aucun secours de Fritz, Wilhelmine; moi-même j'échouerais à lui conseiller une action qu'il croirait contraire à son devoir.

— Eh bien! donc, il faut implorer des secours du dehors, car véritablement nous ne sommes plus en sûreté ici... Et ce chirurgien qui a pansé ma blessure?

— Monseigneur l'a congédié brusquement depuis quelques jours, il ne doit plus revenir. Wilhelmine, une seule personne peut nous tirer de cette affreuse position, c'est monsieur Frantz, votre mari.

— Oh! non, non, pas lui... que Dieu me préserve de voir renouveler cet épouvantable conflit entre mon frère et Frantz! Cette fois je n'y survivrais pas.

En cet endroit de la conversation, la porte de la chambre tourna lentement sur ses gonds rouillés. Les deux femmes poussèrent un cri d'effroi et se levèrent. Dans l'obscurité de l'escalier, le major de Steinberg venait d'apparaître comme un spectre menaçant.

Sans s'apercevoir de la terreur qu'il inspirait, il entra d'un pas grave et mesuré. Le plus affreux désordre régnait encore dans sa personne et dans ses vêtements. Son teint était livide; ses yeux brillaient comme deux escarboucles. Il était armé d'une manière bizarre; il avait son épée au côté; des pistolets d'arçon étaient passés dans la ceinture de son pantalon; il tenait à la main cette carabine dont il avait fait usage le jour même contre le hinkende.

Il s'avança vers Wilhelmine tremblante; posant à terre la crosse de son fusil, il l'embrassa et lui dit:

— Bonsoir, ma sœur.

La jeune femme tressaillit comme si un fer rouge eût touché son front.

— Bonsoir, Henri, murmura-t-elle avec effort; mais pourquoi ces armes, mon frère? qu'avez-vous à craindre ici?

— Ah! vous ne savez pas? répliqua le baron en souriant et en baissant la voix d'un air confidentiel; je vais avoir maille à partir avec un ennemi redoutable... mais je ne céderai pas; non, sur mon âme, je ne céderai pas!

— Contre qui donc avez-vous à vous défendre?

— Contre le diable, répliqua Steinberg.

— Le diable! répéta la gouvernante.

Et elle recula d'un pas, oubliant qu'elle avait été la première à reconnaître le dérangement d'esprit de son maître.

— Oui, le diable... le démon... le malin esprit, continua

le baron avec impatience; la guerre est déclarée entre nous, il verra ce qu'il en coûte de s'attaquer à un major du régiment de Bavière.

Wilhelmine fondit en larmes.

— Henri, dit-elle en lui prenant les mains, revenez à vous... j'aime mieux encore vous voir irrité contre moi que de vous entendre parler ainsi... Recouvrez votre raison, mon frère, vous n'avez d'autre ennemi que vous-même; les démons qui vous poursuivent, ce sont vos mauvaises pensées...

Le major retira sa main vivement.

— Pauvre folle, dit-il en colère, voudriez-vous en remontrer à votre frère aîné, à votre tuteur, au chef de la famille? Je vous dis que la guerre est déclarée. Autrefois Satan n'osait se montrer à moi et prendre une forme visible; ainsi, il m'a poussé à jouer le Steinberg contre Ritter, et il me l'a fait perdre; ensuite il a tourné mon épée contre vous le jour... le jour où vous fûtes blessée... C'est lui encore qui me tente chaque nuit et me glisse à l'oreille de venir vous étrangler pendant votre sommeil... Il a renoncé enfin à toutes ses ruses, il s'est montré franchement à moi, aujourd'hui; je l'ai vu, entendez-vous, je l'ai vu de mes yeux... il avait pris la forme d'une cigogne.

Les deux femmes se regardèrent en silence.

— Mon frère, dit tristement Wilhelmine, on m'a conté en effet que vous aviez tué une pauvre cigogne, dont on n'avait pu retrouver le corps; mais...

— Oui, l'on n'a pu retrouver son corps. Je l'avais vue pourtant tomber sous mon coup de feu; ses plumes avaient volé en l'air; elle semblait blessée à mort... Oui, j'avais vu tout cela, et cependant l'oiseau est maintenant dans son nid, au haut de la tourelle, avec sa femelle et ses petits.

— Comment! s'écria la gouvernante incapable de se contenir, le hinkende est maintenant dans son nid?

— Il dort, te dis-je; et si j'avais eu des doutes sur son origine infernale, je n'en aurais plus maintenant. Voyez-vous, femmes, ce prétendu oiseau est un lutin... mon aïeul Hermann était parvenu à le soumettre, mais il se révolte aujourd'hui même contre nous... Sans cela, comment expliquer ce retour après vingt-cinq ans d'absence? Et puis ce collier qu'il portait au cou a disparu aussi. Au moyen de ce talisman, j'aurais pu relever le trésor de ma maison, j'aurais appris où se trouve le trésor de mes ancêtres... Eh bien! l'oiseau est revenu, mais il n'avait plus son collier... J'ai voulu, quand il a gagné le nid, faire de nouveau usage de mes armes contre lui, mais voyez jusqu'où va le pouvoir du malin? Trois fois je l'ai mis en joue, trois fois mon fusil m'est tombé des mains... Cet oiseau infernal me regardait avec des yeux qui me glaçaient le sang dans les veines.

Wilhelmine ne voyait dans les paroles de son frère qu'un affreux égarement; mais la gouvernante, dont l'esprit était rempli de légendes merveilleuses, ajoutait foi entière au récit du major.

— Mon Dieu! dit-elle avec tristesse, serait-il vrai? L'influence bienfaisante des cigognes sur les Steinberg serait-elle devenue une influence ennemie? Quels crimes a donc commis cette malheureuse race pour avoir ainsi démérité de ses anciennes protectrices?

Wilhelmine regarda sa gouvernante avec étonnement; elle ne comprenait pas que Madeleine, dont elle connaissait le sens juste d'ordinaire, pût discuter sérieusement les visions de son frère. L'insensé, au contraire, saisit avidement la pensée de la vieille femme.

— Oui, tu as raison, bonne Madeleine, reprit-il; mais je sais d'où vient ce changement, vois-tu! Les membres vivants de la famille de Steinberg ont failli... Les esprits supérieurs, autrefois protecteurs de notre maison, se sont tournés contre nous... Il y a eu des fautes, des hontes qui n'ont pas été punies. Mais elles le seront, je le jure! elles le seront avant peu.

Wilhelmine joignit les mains avec terreur.

— Grâce! mon frère, cria-t-elle d'une voix vibrante; ne m'avez-vous donc pas pardonné?

Le major resta impassible.

— C'est elle qui est cause de tout, continua-t-il comme s'il eût pensé tout haut; à cause d'elle Dieu s'est retiré de nous... Madeleine Reutner, ajouta-t-il brusquement en se tournant vers la gouvernante, as-tu conté à cette enfant l'histoire de Bertha de Steinberg et du baron Carl de Stoffensels, surnommé le *Bel Écuyer?*

— Monseigneur, c'est une histoire bien lugubre; je n'aurais pas osé..... je ne devais pas conter à Wilhelmine...

— Vieille radoteuse! tu lui farcis la tête d'histoires de génies, de fées, de sorciers, et tu ne lui contes pas des événemens réels dont elle eût pu faire son profit? Allons, dérouille ta langue folle, et dis à ma sœur l'histoire de Bertha et du Bel Écuyer... Asseyez-vous, Wilhelmine, je le veux.

Il força les deux femmes à reprendre leurs places; lui-même, après avoir fait deux fois le tour de la chambre, s'assit près d'elles, son fusil posé en travers sur ses genoux. Comme la gouvernante gardait le silence, il lui dit d'une voix dure et saccadée:

— Parleras-tu?

XXII

— Que Dieu me pardonne d'évoquer de pareils souvenirs! dit Madeleine en soupirant, mais monseigneur le veut, et je ne lui désobéirai jamais... Bertha de Steinberg était la fille unique du noble baron Emmanuel, qui avait pour elle une affection aveugle. Le baron Emmanuel s'était marié fort tard; Bertha lui était d'autant plus chère, qu'elle était l'enfant de sa vieillesse. Aussi ne lui cachait-il rien de ses secrets; il s'empressait de satisfaire tous les désirs de sa fille aussitôt qu'ils étaient formés. A la vérité, Bertha se montrait bien digne de cette affection; elle était modeste, instruite, et si belle que l'on ne pouvait la voir sans l'aimer...

— Comme vous, ma sœur, interrompit le baron d'une voix lugubre.

— A la même époque, il y avait au château de Stoffensels, de l'autre côté du Rhin, un jeune chevalier renommé dans les tournois par son adresse, brave au combat, en un mot si accompli qu'on l'appelait le Bel Écuyer. Il vit Bertha et l'aima; la fille du baron Emmanuel l'aima de même, et ils trouvèrent moyen de se faire part de leurs sentimens mutuels; mais telle était la rivalité existant, de temps immémorial, entre les Stoffensels et les Steinberg, que les deux jeunes gens ne pouvaient jamais s'épouser. Ils ne l'ignoraient pas; cependant une liaison coupable s'établit entre eux; le Bel Écuyer trouvait moyen de s'introduire chaque nuit dans le château, sans doute en gagnant quelque garde de la baronnie...

— Est-ce ainsi que tu connais l'histoire de ma race? Interrompit brusquement le major. Ce beau muguet de Stoffensels n'avait à gagner personne... Il existe sous nos pied un souterrain dont une issue débouche dans la campagne ce souterrain, appelé le *Flucht-veg*, servait en temps de siége à faire sortir des messagers pendant la nuit, après toutefois qu'on leur avait bandé les yeux, car les seigneurs de Steinberg se réservaient seuls la connaissance du *Flucht-veg*... La tradition veut aussi que, dans un réduit de ce caveau, mes ancêtres aient caché leurs richesses; peut-être s'y trouve-t-il encore assez d'or pour relever notre fortune! Mais ce souterrain, dont l'indigne Bertha avait révélé l'existence au sire de Stoffensels, nul ne sait plus où le trouver... Hermann est le dernier qui en ait eu connaissance; mais assiégé dans le château en 95, puis emmené prisonnier en France, où il est mort, Hermann n'a pu transmettre ni à mon père ni à mes oncles de renseignemens à ce sujet. Cependant on avait reçu de lui un message verbal

par lequel il recommandait de « prendre garde aux cigognes de Steinberg. » Bien longtemps mon père a cherché le sens de cet avis, qu'il m'a transmis à son tour, et c'est pour cela... Mais patience! patience!

Il montra le poing à un ennemi invisible en grinçant des dents; puis il dit à Madeleine:

— Continue.

— Je n'osais parler du Flucht-veg en votre présence, reprit timidement la gouvernante; je sais combien les seigneurs de Steinberg sont jaloux de ce secret... C'était donc par le Flucht-veg que le Bel Écuyer s'introduisait auprès de Bertha de Steinberg. Quelqu'un instruisit le baron Emmanuel de l'intrigue de sa fille. Bertha était bien coupable; elle avait appris aux éternels ennemis de sa famille un fait qui compromettait la sûreté du château et de ses habitans. Néanmoins, comme le baron adorait sa fille, il alla la trouver, et il lui demanda si elle aimait le sire de Stoffensels. Peut-être, dans son cœur paternel, nourrissait-il la pensée de lui pardonner si elle rachetait sa faute par un aveu sincère; mais Bertha connaissait les obstacles insurmontables qui s'opposaient à son union avec son amant; elle eut le triste courage de dissimuler la vérité. En vain son père la pressait-il de toutes les manières; elle jura que le Bel Écuyer lui était aussi odieux qu'aucun autre chevalier de cette race. Le baron ne dit rien, mais il s'arrangea si bien que, la nuit suivante il surprit le sire de Stoffensels dans la chambre de l'imprudente jeune fille...

— Et comment se vengea-t-il? demanda Wilhelmine émue en dépit d'elle-même par ce récit.

— Je vais vous le dire, ma sœur, interrompit le major; notre aïeul appela un fidèle serviteur de la baronnie, un homme dévoué et discret jusqu'à la mort, comme qui dirait Fritz Reutner; ils entraînèrent Bertha et le Bel Écuyer dans le souterrain dont ils avaient fait un si coupable usage, et ils les enfermèrent... Les deux amans moururent de faim.

Wilhelmine poussa un cri et se couvrit le visage. Madeleine elle-même semblait saisie d'horreur.

— Le baron Emmanuel fut-il donc si cruel? balbutia Wilhelmine.

Henri n'eut pas l'air de l'avoir entendue; il se leva et se mit à se promener dans la chambre.

— Oui, oui, disait-il comme à lui-même, c'est ainsi que l'on se vengeait autrefois; c'est ainsi que j'aurais dû me venger moi-même... Dieu m'a puni en m'abandonnant au déshon. La famille de Steinberg est tombée dans l'avilissement; partout la ruine, le déshonneur, la honte!... Satan, ajouta-t-il en se tournant vers la porte entr'ouverte, donne-moi une vengeance semblable à celle d'Emmanuel, et tu auras mon âme! — Il s'arrêta comme s'il eût attendu une réponse; puis une sourire sardonique effleura ses lèvres. — Satan ne se soucie pas de l'enjeu, car il l'aura pour rien... mais, reprit-il en s'adressant aux deux femmes glacées d'effroi, la nuit s'avance, séparez-vous... Madeleine Reutner, laisse à cette jeune fille le temps de méditer sur les malheurs dont elle est cause.... Toi, retourne à ta chambre et prie si tu peux.

— Monseigneur, je comptais passer encore cette nuit auprès de Wilhelmine.

— Va-t'en, te dis-je!

La gouvernante ne résista pas, d'autant moins qu'elle voyait le baron lui-même faire des préparatifs comme pour se retirer. Elle se pencha vers Wilhelmine.

— Ne vous inquiétez pas, murmura-t-elle, je vais dire à Fritz de veiller sur lui jusqu'à ce qu'il se couche. Adieu, il ne faut pas lui désobéir, de peur de l'irriter.

Elle s'avança vers la porte, se retournant à chaque pas. Le baron, debout devant Wilhelmine, la regardait avec des yeux étincelans. Tout à coup il releva son fusil, comme s'il eût voulu s'en servir contre la malheureuse enfant. Elle fut sur le point de laisser échapper un cri... Mais aussitôt Henri rabattit son arme, s'approcha de la jeune fille, et lui donna un baiser sur le front en disant d'un ton doux et affectueux:

— Bonsoir, ma petite sœur.

Et il s'enfuit sans que Wilhelmine eût la force de lui rendre son adieu fraternel.

Restée seule, elle écouta quelques instans le pas saccadé du major qui montait l'escalier tortueux de la tourelle, le pas plus léger de Madeleine qui regagnait sa chambre dans un autre corps de logis, puis elle tomba dans un profond abattement.

Déjà affaiblie par les souffrances physiques, elle succombait sous le poids de tant de maux. Surexcitée par des événemens où le réel et le merveilleux se confondaient si bien que la raison avait peine à reconnaître la limite de l'un et de l'autre, son imagination malade évoquait d'étranges visions.

Tout ce qui l'entourait devait encore augmenter cette disposition à la terreur. Le silence régnait dans le château, la lampe jetait une lueur pâle et sinistre autour d'elle, les vieux meubles craquaient ou gémissaient sans cause apparente ; les tapisseries en lambeaux s'agitaient au souffle du vent. Les propos menaçans de son frère, les légendes lugubres dont on lui avait fait récemment le récit, peuplaient cette solitude de fantômes effrayans. Elle s'efforçait de les chasser et ils revenaient sans cesse. Elle osait à peine essuyer les gouttes de sueur dont son visage était inondé ; elle tressaillait aux mouvemens de son ombre sur la muraille.

Enfin cependant elle vint s'agenouiller devant le tableau pour faire sa prière du soir.

Le même calme régnait toujours dans le Steinberg ; seulement, des cris étouffés, faibles comme des gémissemens, lui arrivaient par intervalles. Elle croyait distinguer la voix de son frère invoquant l'esprit des ténèbres. Elle commença sa prière habituelle ; mais vainement cherchait-elle à élever sa pensée vers Dieu : sa pensée était enchaînée à la terre par la frayeur.

Tout à coup elle se redressa et prêta l'oreille : un bruit sourd, irrégulier, mais continu et distinct, se faisait entendre auprès d'elle ; on eût dit d'un travail souterrain ou d'un écroulement dans l'épaisseur de la muraille.

Ce bruit sans doute partait d'un seul et même point de la chambre, mais, dans cette pièce pleine d'échos, il semblait provenir de tous les points à la fois.

Tantôt il retentissait dans le plafond de bois, tantôt sous les dalles de pierre ; par momens il paraissait sortir de la cheminée gothique où s'engouffrait le vent, d'autrefois du tableau même devant lequel Wilhelmine était agenouillée.

— O mon Dieu ! dit-elle tout haut en élevant ses mains vers le ciel, avez-vous donc permis à l'esprit du mal de tourmenter les pauvres humains ?

Cependant le bruit devenait de minute en minute plus fort et plus rapproché ; enfin il parut se fixer du côté de la massive cheminée ; on eût dit qu'elle croulait. Wilhelmine, folle d'épouvante, les cheveux hérissés, les bras tendus, attendait dans une mortelle angoisse ce qui allait se passer.

XIII

Revenons maintenant à l'auberge du village où nous avons laissé Frantz se débattant entre les mains de Ritter et de ses estafiers.

Sa résistance fut courte, car il sentait qu'elle était inutile ; il se laissa donc entraîner dans la salle commune, où déjà se trouvait Albert Schwartz, prisonnier comme lui.

Albert, assis entre deux hommes de police chargé de veiller sur lui, fumait philosophiquement sa pipe, et ne semblait pas s'effrayer beaucoup de sa position.

Cette arrestation était si subite, elle avait lieu dans un moment où sa liberté lui était si nécessaire, que Frantz fut sur le point de s'abandonner au désespoir.

Les égards que lui témoignèrent le chevalier Ritter et ses gens, quand il cessa de résister, ne lui laissaient aucun doute : il était reconnu ; on allait le ramener à son père irrité, le replacer sous l'autorité d'un frère orgueilleux et jaloux. Cependant la vue d'Albert prisonnier lui donna la pensée qu'une erreur ayant été commise, il serait possible d'en tirer parti.

— Que signifie ceci, messieurs ? demanda-t-il avec dignité. Pourquoi m'arrêtez-vous ? De quoi suis-je accusé ?

— Si nous nous méprenons, monsieur, dit le chevalier Ritter avec une politesse un peu goguenarde, en dépliant une grande pancarte qu'il tenait à la main, nous le saurons bientôt ; mais cette fois je ne me laisserai duper ni par vous ni par votre camarade Sigismond Muller... S'il était ici, je l'arrêterais de même, jusqu'à ce que je sache lequel de vous trois est le comte Frédéric de Hohenzollern.

Un secret espoir se glissa dans le cœur de Frantz, car Ritter lui semblait bien moins instruit qu'il ne l'avait cru d'abord. L'imminence du péril lui rendit sa présence d'esprit.

— Et lors même que l'un de nous serait la personne dont vous parlez, reprit-il, de quel droit...?

— Mon droit est clair, monsieur, dit le chambellan en consultant le papier qu'il venait de dérouler ; il repose sur un ordre dont je suis porteur, émanant de Son Altesse le grand-duc de Bade, sur la demande de Son Altesse le prince de Hohenzollern, mon souverain... Cet ordre, écrit en entier de la main du grand-duc, m'autorise à faire arrêter le comte Frédéric de Hohenzollern.

— Eh bien ! monsieur, comment se fait-il que mon ami ou moi...?

— Je veux bien consentir à vous donner quelques explications, dit le chambellan en interrompant sa lecture, et le véritable comte Frédéric me saura gré, je l'espère, de ma condescendance. J'attendais à Baden le résultat des promesses de votre ami Sigismond, quand je reçus une lettre d'un ancien serviteur de la famille de Hohenzollern, actuellement établi à Heidelberg. Il annonçait qu'il avait positivement reconnu, il y a quelque mois, le jeune comte Frédéric parmi les étudians de l'Université de cette ville. Il l'avait suivi et il l'avait vu entrer dans une maison dont il donnait l'adresse. La lettre était déjà d'une date assez ancienne, car elle avait dû d'abord aller à la résidence de Hohenzollern avant de me parvenir. D'un autre côté, je commençais à me défier un peu de monsieur Sigismond. Je me suis donc décidé à partir sur-le-champ pour Heidelberg et je me suis rendu à la maison indiquée. Mais trois étudians occupaient le même logis, et tous les trois étaient absens en ce moment. Je demandai leurs noms, on vous nomma vous et vos amis... L'un de vous trois est le comte Frédéric d'Hohenzollern ; mais lequel ? c'est ce que j'ignore encore.

Frantz conservait peu d'espoir de donner le change au chevalier, afin de gagner du temps et de profiter de la première occasion favorable pour s'évader ; cependant il essaya de payer d'audace.

— Monsieur, dit-il avec un calme affecté, puisque vous venez d'Heidelberg, il a dû vous être facile de vous informer de ma famille... elle est obscure, mais...

— Si obscure, répliqua Ritter en souriant dédaigneusement, que je n'ai pu me décider à prendre ces renseignemens sur elle. Voyez-vous le premier chambellan de Son Altesse le prince de Hohenzollern allant chercher le tonnelier Stopfel dans les ruelles d'Heidelberg ! J'ai joué un jeu plus sûr. Sachant que je vous rencontrerais inévitablement ici tous les trois, je suis parti pour Manheim ; là je me suis fait accompagner de ces messieurs de la police, et nous sommes venus à l'improviste... Maintenant, grâce au signalement que voici, et qui est, dit-on, d'une parfaite exactitude, je reconnaîtrai aisément le fils de mon auguste maître, en dépit de ses efforts pour se cacher.

Il se mit à lire avec une attention minutieuse le papier dont il était muni, s'arrêtant de temps en temps pour comparer les traits des deux jeunes gens aux indications.

du signalement. Frantz tomba sur son siége d'un air accablé.

Albert, qui jusqu'alors avait gardé un silence stoïque et superbe, lui tendit la main par-dessus l'épaule d'un de ses gardiens.

— Courage camarade, dit-il en levant les yeux au ciel ! de l'air d'un martyr, nous ne devons pas nous laisser abattre par l'adversité. La ruse qu'emploie ce lâche émissaire de la tyrannie, pour s'emparer de nos personnes, prouve combien nous sommes redoutables ; montrons nous dignes *landsmanschafter !* Pour moi, je ne l'ignore pas, depuis longtemps j'offusquais les ennemis de nos vieilles libertés germaniques. Les veilleurs de nuit d'Heidelberg m'avaient déjà manifesté plus d'une fois leur mauvais vouloir quand je rentrais le soir de la taverne de l'*Ours-Noir*. On me savait toujours prêt à tirer mon *schlæger* pour les droits imprescriptibles de l'Allemagne ; on me connaissait pour l'ami du peuple, pour le contempteur du despotisme... Ce qui m'arrive était prévu ; je me résignerai. On pourra verser mon sang, il en fera sortir de nouveaux défenseurs de l'Allemagne. Qui, vils esclaves, ajouta-t-il dans un magnifique mouvement oratoire, en s'adressant à Ritter à ses acolytes, vous pouvez me plonger dans un sombre cachot, mais ma voix, perçant la voûte, ira réveiller par un cri de liberté le peuple assoupi... Jusqu'au dernier soupir je rêverai la gloire de ma patrie !

Après avoir débité cette tirade tout d'une haleine, il se rassit, et, portant sa pipe à sa bouche, il retomba dans un silence dédaigneux.

Frantz avait écouté distraitement la harangue de son malencontreux compagnon.

— Allons, monsieur, dit-il au chambellan, qui continuait ses investigations, je ne prolongerai pas vos embarras... Il est inutile de tourmenter des personnes étrangères, et puisqu'il le faut...

— Patience, monsieur Frantz, interrompit Ritter, dont un sourire de satisfaction venait éclairer la raide et sèche physionomie, mes hésitations ne seront pas longues. Je crois enfin avoir découvert la véritable fils de Son Altesse: malgré son amour *pour le peuple*, son caractère bouillant et fier a trahi son origine... *Yeux bleus*, continua-t-il en examinant tour à tour le papier et le visage d'Albert ; ses yeux sont-ils bleus ? je les aurais crus gris ; mais, je comprends... le respect pour le fils de Son Altesse ne permettait pas à un simple employé de la résidence... Hum ! le flatteur ! *Barbe blonde*... elle paraît un peu rousse ; mais l'âge et les soins peuvent en changer la couleur...

Pendant que le chambellan marmottait ces paroles, le véritable Frédéric de Hohenzollern fut frappé d'une remarque nouvelle : c'était que son signalement, dressé du reste avec l'inexactitude des pièces de ce genre, pouvait à la rigueur convenir à Albert Schwartz comme à lui-même. La substitution était facile, car Ritter semblait déjà tout disposé à reconnaître dans Albert le modèle de ce signalement.

Frantz, poussé par le désir de voler au secours de Wilhelmine, se hâta de tirer parti de cette circonstance ; il s'approcha de l'étudiant, et lui dit avec un accent de respectueuse mélancolie :

— Allons, mon noble ami, il est inutile de dissimuler plus longtemps ; vous savez fort bien prendre et le ton et les manières des *camarades* ; mais, vous le voyez, il est impossible de mettre en défaut la sagacité de monsieur le chambellan Ritter.

Albert Schwartz avala la fumée de sa pipe et fut sur le point d'étouffer.

— Ah çà ! de par les oreilles du proprecteur, dit-il en toussant, que voulez-vous de moi ?

XXIV

— Ne cherchez plus à nier, monsieur le comte, s'écria gaiement Ritter en se levant ; lors même que ce signalement ne se rapporterait pas exactement à votre personne, la noblesse de vos gestes, l'élévation de vos pensées, vous eussent fait reconnaître pour un noble rejeton de Hohenzollern. D'ailleurs, vous avez bien joué votre rôle d'étudiant grossier, ivrogne et braillard, mais vous l'avez peut-être exagéré, et c'est ce qui vous a trahi... Enfin le succès a couronné mes efforts, j'ai retrouvé le fils de mon noble maître.... Excusez, monsieur le comte, le pénible devoir que je dois remplir envers vous.

Albert le regardait avec des yeux effarés.

— Voyons, finissons en ! reprit-il avec impatience. Si vous ne m'arrêtez pas à cause de mon patriotisme, dont je me glorifie, pour qui me prenez-vous donc ?

— Pour ce que vous êtes en effet, monsieur le comte, se hâta de répondre Frantz, pour le second fils de Son Altesse le prince régnant de Hohenzollern.... La dissimulation est désormais inutile. — Albert se tourna vers son compagnon ; Frantz était grave, sérieux ; son accent et sa contenance ne pouvaient faire supposer une plaisanterie.

— Ah çà ! vous me rendez fou ! s'écria le malheureux étudiant ; ne suis-je plus Albert Schwartz, le camarade du *Lochenburgen*, le...

— Vous êtes le comte Frédéric de Hohenzollern, répliqua Frantz toujours avec le même sang-froid, et la preuve c'est « qu'il faut veiller sans cesse, car nul ne sait quand viendront le jour et l'heure. »

Ces paroles mystérieuses, dont Albert seul comprenait le sens, le calmèrent aussitôt.

Il baissa la tête.

— Une épreuve ! encore une épreuve ! grommela-t-il ; celle-ci est aussi inconcevable que les autres... Ah ! quand serai-je donc initié à mon tour !

Frantz l'observait avec anxiété.

— Eh bien ! reprit Schwartz après une pause, en se tournant vers Ritter, si j'étais celui dont vous parliez, que voudriez-vous de moi ?

— Vous l'avouez donc ? s'écria le chambellan.

— Je vous demande, reprit Schwartz un peu inquiet, ce que vous feriez si j'étais le comte Frédéric de Hohenzollern ?

— Ma conduite dépendra de vos dispositions, monsieur le comte. Si vous voulez condescendre aux volontés de Son Altesse votre auguste père et de monseigneur votre frère aîné, j'ai l'ordre de vous conduire à Munster avec tous les honneurs dus à votre rang. Dans le cas contraire, je vous ramènerais à la résidence ; j'ai le regret de vous annoncer que vous y seriez prisonnier et sévèrement gardé...

— Au diable la résidence ! s'écria l'étudiant avec une grimace. Mais que ferais-je à Munster ?

— Vous entrerez dans une maison religieuse de cette ville, où vous serez chanoine, selon le vœu de vos parens et les traditions de votre famille.

— Chanoine ? murmura l'étudiant tout pensif ; diable ! ce n'est pas là un trop mauvais poste !... Eh bien donc, va pour le canonicat !... Monsieur Ritter, ajouta-t-il tout haut, je reprends mon titre et mon rang, qu'on se tienne pour averti.

Frantz n'osait espérer un succès si complet pour sa ruse ; il pressa furtivement la main de son camarade. Le chambellan ne se connaissait plus de joie.

— Ainsi donc, j'ai pleinement réussi ! s'écria-t-il. Quel bonheur pour moi ! comme je vais être accueilli à la résidence d'Hohenzollern ! quelle joie pour votre noble père ! Je l'avouerai, je tremblais que, pendant votre longue absence, vous n'eussiez fait quelque coup de tête... Votre

Excellence excusera ma folie ; continua-t-il en regardant Frantz ironiquement, mais en apprenant que l'un de ces trois jeunes gens que j'avais vus ici était le comte Frédéric, j'ai eu d'abord une singulière idée. Une certaine ressemblance avec Son Altesse m'avait frappé la première fois que j'ai vu monsieur Frantz Stopfel, et j'ai craint... Ah ! ah ! ah !... je vous supplie d'excuser cette gaieté intempestive, mais il faut que je rie de ma sottise... Confondre le fils d'un artisan avec le noble rejeton d'une famille princière !

— Ne disons pas de mal des fils d'artisan, répliqua Albert gravement ; j'aime le peuple, Ritter ; d'ailleurs, Frantz a été mon camarade, il peut toujours être assuré de ma protection.

Ces paroles furent prononcées avec une impertinence naturelle ; l'étudiant évidemment prenait au sérieux son nouveau titre.

— Ah çà ! mon cher chambellan, continua-t-il, vous n'avez pas la prétention, sans doute, de me faire partir à l'instant pour ma destination ?

— S'il plaît à Votre Excellence, monsieur le comte, nous ne partirons que demain matin... Vous ne l'ignorez pas, j'ai de petites affaires à régler avec le major de Steinberg. Sa sœur est, dit-on, guérie de sa blessure ; il est temps de réclamer mon château. La prise de possession ne sera pas longue ; cependant, pour la rendre plus solennelle, je veux être assisté d'un magistrat du pays. Ces arrangemens me retiendront ici une heure ou deux demain matin, mais nous rattraperons aisément le temps perdu, soit que nous voyagions par eau, soit que nous prenions la voie de terre, suivant le bon plaisir de Votre Excellence.

— Nous voyagerons en chaise de poste, comme des grands seigneurs... que je suis ! s'écria Schwartz, et j'irai soigneusement recevoir l'investiture de mon canonicat ! Ma foi ! décidément, maître Ritter, ceci est préférable à ma position de pauvre hère d'étudiant râpé... Mais donnez des ordres pour le souper, monsieur Ritter ; vous vous chargerez de toutes les dépenses, j'imagine ?

— Votre Excellence peut commander, Son Altesse le prince, son père, me reprocherait de n'avoir pas satisfait tous vos vœux.

— Alors, qu'on prépare un beau souper, s'écria l'étudiant ; je veux du vin du Rhin pour ordinaire et du Johannisberg pour dessert... J'entends aussi, maître Ritter, que l'on fasse bien manger et bien boire ces braves gens qui vous accompagnent... Ils célébreront, le verre à la main, mon heureuse réconciliation avec mon auguste père. Quant à moi, je suis las de la bière et du bœuf fumé des tavernes universitaires ; je veux un régal splendide, de par la liberté de... je veux dire de par les armoiries de mon illustre maison !

Pendant qu'Albert déraisonnait ainsi, Frantz, retiré à l'écart, restait plongé dans ses réflexions. Les fanfaronnades de son camarade ne lui avaient pas même arraché un sourire. Enfin il s'approcha de Ritter et lui dit avec un peu d'ironie :

— Maintenant, monsieur, je suis libre, je pense, et je peux aller où il me plaît...

— Oui, oui, maître Frantz, dit le chambellan d'un air dédaigneux. Laissez-le passer, messieurs, ajouta-t-il en s'adressant aux gens de police, ce n'est pas lui que concerne l'ordre du grand-duc.

Frantz salua et voulut sortir ; mais Albert le retint familièrement.

— Vous souperez avec moi, Frantz, lui dit-il ; je ne renie pas si vite mes compagnons de misère.

L'obscurité qui commençait à se répandre dans la salle empêchait de voir les traits du véritable Frédéric de Hohenzollern ; cependant il répondit poliment que la faiblesse résultant de sa récente maladie l'obligeait à se retirer, et qu'il priait Son Excellence de l'excuser.

— Il suffit, dit Ritter, en essayant de plaisanter, le comte Frédéric doit savoir à quoi s'en tenir sur cette excuse. Il

s'agit sans doute encore pour ce soir de quelque visite à la sœur du pauvre major... En vérité, je ne sais où j'avais la tête en me faisant le rival de monsieur Frantz ! Mais sans doute les difficultés relatives à ce mariage sont maintenant aplanies ; il n'y a pas bien loin d'un jeune étudiant, fils d'artisans aisés peut-être, à la sœur d'un gentilhomme ruiné.

En écoutant Ritter, Frantz fut sur le point de laisser éclater son indignation. Cependant il se contint et balbutia quelques paroles que le chambellan n'écouta pas. En ce moment, Albert s'approcha de Frantz et lui dit à voix basse :

— Trouves-tu que je m'acquitte convenablement de mon rôle de prince ?

— A merveille ! mais... *prudens esto* !

— Je comprends... Enfin cette épreuve n'est pas trop fastidieuse, pourvu... qu'elle ne doive avoir aucun inconvénient pour moi.

— Ne craignez rien ; le véritable comte de Hohenzollern ne viendra pas revendiquer son titre et son nom.

Et il sortit brusquement.

Albert rassuré éleva la voix de nouveau ; bientôt toute l'auberge fut en rumeur pour obéir à ses ordres extravagans.

XXV

Frantz profita de ce moment pour se retirer dans sa chambre. La prudence lui ordonnait de quitter l'auberge sur-le-champ ; au même instant, Augusta, la fille de l'aubergiste, pouvaient éveiller les soupçons de Ritter ; c'était miracle que le chambellan se fût laissé prendre à ce piége grossier.

Cependant l'obscurité n'était pas encore assez profonde pour que Frantz osât exécuter son projet de pénétrer dans le Steinberg. D'ailleurs, il avait donné sa parole de ne rien entreprendre avant le retour de Sigismond ; malgré la gravité des circonstances, il se demandait s'il ne devait pas attendre encore pour agir un ami si prudent et si dévoué. Le souvenir de l'avis effrayant qu'il avait reçu, le soir même, de Madeleine Reutner, renouvela ses angoisses. Wilhelmine était en danger ; toutes les autres considérations devaient s'effacer devant celle-là.

Après quelques instans de réflexion, Frantz alluma une lampe et écrivit à Sigismond.

La lettre terminée, il chercha qui pourrait se charger de la remettre secrètement à Müller, lorsqu'il arriverait le lendemain. Le hasard vint à son secours.

Le bruit d'un débat assez animé se fit entendre dans la pièce voisine ; au même instant, Augusta, la fille de l'aubergiste, les joues cramoisies, la toilette un peu chiffonnée, se précipita dans la chambre. Elle parut surprise à la vue de l'étudiant, et voulut se retirer.

— Qu'y a-t-il donc, ma jolie Augusta ? demanda Frantz avec distraction.

— Rien, rien, monsieur, dit la jeune Allemande en faisant une gauche révérence ; votre ami Albert me poursuivait pour m'embrasser... Depuis le départ de monsieur Sigismond, il me persécute sans cesse. Ce soir surtout, c'est un vrai démon ! Il prétend qu'il est prince, et qu'un prince a le droit de faire toutes ses volontés.

— C'est un droit que les autres hommes lui envieraient trop, répondit Frantz avec un sourire mélancolique.

— Eh bien ! prince ou non, je ne l'aime pas davantage, reprit la jungfrau d'un air boudeur ; j'aime bien mieux monsieur Sigismond... Voilà un étudiant honnête, poli, bien élevé ! Il a toujours des choses gracieuses à dire... absolument comme vous, monsieur Frantz ; et sans mentir...

Frantz fut frappé d'une idée ; il interrompit la jeune fille au milieu de ses confidences.

— Eh bien ! Augusta, voudriez-vous rendre un grand service à Sigismond et à moi ?

— De tout mon cœur.

— Prenez ce billet ; vous le remettrez à Muller dès qu'il reviendra de Manheim, cette nuit ou demain matin... Surtout, ne montrez ce papier à personne.

— J'exécuterai fidèlement vos volontés, dit Augusta en cachant le papier dans son corsage. Mais... allez-vous donc nous quitter ?

— Cela ne suffit pas, ma bonne fille ; j'ai quelque chose encore à vous demander.

— Je suis à vos ordres ; seulement, hâtez-vous, mon père pourrait m'appeler. Toute la maison est en rumeur pour apprêter le souper de ce soi-disant prince et du nouveau maître du Steinberg.

— Mon enfant, il me faut la clef de la chaîne qui sert à amarrer la barque de votre père.

Il lui détailla encore différens objets nécessaires à l'exécution de son plan. La jeune fille l'écoutait avec un étonnement mêlé d'inquiétude.

— Je puis à vous procurer tout cela, répliqua-t-elle ; mais dites-moi, je vous prie, à quel usage...

— De grâce, ne m'interrogez pas ; plus tard, vous saurez peut-être quel service vous m'aurez rendu.

Augusta sortit en silence ; un moment après, elle revint avec les objets que Frantz lui avait demandés. C'étaient, entre autres choses, une lanterne, un briquet et un lourd pic de fer, qui pouvait être, au besoin, une arme redoutable. Frantz se chargea de ces divers ustensiles, la remercia brièvement, et voulut sortir.

— Où allez-vous donc, bon Dieu ? demanda la jungfrau avec inquiétude.

— Adieu, Augusta ; souvenez-vous de ma lettre... Remettez-la secrètement à Sigismond ; mais surtout ne la remettez à nul autre qu'à lui, ou il arrivera de grands malheurs.

— Monsieur Frantz, encore une fois, où allez-vous si tard, malade comme vous êtes ?

— Priez pour moi, chère Augusta....pour moi et pour une jeune personne bien digne de votre affection, de votre pitié... Son sort et le mien vont se décider cette nuit.

La jeune hôtesse, les larmes aux yeux, essaya encore de le retenir ; mais Frantz lui fit un signe affectueux et quitta la chambre. Les gens de police étant exclusivement occupés d'Albert, il lui fut facile de sortir de l'auberge sans être vu.

La nuit était claire et paisible. Une légère brise, chargée des émanations de la mousse aquatique, soufflait par intervalles. La lune se levait de l'autre côté du Rhin, traçant de longs sillons d'argent sur les eaux noires du fleuve majestueux. Le silence le plus profond régnait sur les deux rives.

Frantz tourna les yeux vers le château, qui s'élevait à sa gauche comme une monstrueuse gibbosité du sol. A cette heure de la nuit, l'édifice et le rocher se confondaient dans une brume grisâtre. Aucune lumière ne brillait à travers ce léger voile de brouillards. Rien d'humain, rien de vivant n'indiquait que la vieille tour du Steinberg ne fût pas déjà exclusivement abandonnée aux spectres dont la peuplaient les légendes locales.

Le jeune homme se mit à marcher le long du rivage ; il atteignit bientôt la base du rocher de Steinberg, à l'endroit où elle se baignait dans le fleuve. Là, Frantz parut chercher à se reconnaître au milieu de l'obscurité ; mais ses hésitations ne furent pas de longue durée. Les observations qu'il avait faites pendant le jour étaient précises ; il se dirigea vers une grosse roche qui surplombait.

Sous cette roche était une espèce d'enfoncement ténébreux.

L'étudiant s'arrêta, et, les pieds dans l'eau, l'oreille au guet, il regarda de tous côtés afin de s'assurer qu'il n'avait pas été suivi.

Rassuré par le silence, il alluma sa lanterne ; un reflet rougeâtre, que les bateliers du Rhin eussent pu prendre de loin pour un feu follet, se prolongea sur les eaux.

A cette lueur incertaine, Frantz examina soigneusement l'endroit où il se trouvait.

Cette cavité, aux parois abruptes, ne présentait aucune trace du travail de l'homme ; le Rhin dans ses débordemens semblait seul avoir sous-miné le roc en le rongeant çà et là d'une manière bizarre. Quelques grosses pierres, accumulées vers le fond, étaient couvertes de ce limon épais que laissent les eaux en se retirant. Des plantes aquatiques croissaient à l'entour ; des coquilles fluviales jonchaient le sol. Nul n'eût pu voir dans cet enfoncement autre chose qu'un jeu assez ordinaire de la nature.

Mais le jeune homme ne s'y trompa pas ; il posa sa lanterne près de lui, et, s'armant du pic de fer que lui avait remis Augusta, il attaqua les pierres amoncelées au fond de cette espèce de grotte.

Ces pierres semblaient former un seul bloc cependant elles n'avaient aucune adhérence entre elles, et roulèrent au premier choc, en écrasant des populations de cloportes et d'autres insectes amis des lieux humides.

Frantz redoubla d'efforts ; enfin son pic, résonnant contre une planche, rendit un son sourd, profond, lugubre, qui paraissait venir des entrailles de la terre : on l'eût pris pour le gémissement d'un des gnomes malfaisans dont les superstitions allemandes peuplent les mines et les cavernes.

Frantz eut peine à retenir un cri de joie ; sa main était tremblante, son cœur battait avec violence. Il avait donc trouvé ce passage mystérieux que les anciens seigneurs du Steinberg connaissaient seuls, dont ils avaient caché avec tant de soins l'existence aux autres hommes, ce Fluchtveg, ce chemin de fuite qui jouait un si grand rôle dans l'histoire de la baronnie ?

Le souterrain, dont le secret lui avait été révélé d'une manière presque miraculeuse par une cigogne, allait peut-être le conduire auprès de Wilhelmine !

A cette pensée, il redoublait d'efforts ; les pierres, tombant une à une sous son outil, laissaient apercevoir de plus en plus distinctement une porte basse et cintrée.

Cependant, à mesure qu'il avançait dans sa besogne, Frantz sentait renaître ses craintes ; cette porte pouvait résister à ses attaques, et, en essayant de la briser, il risquait d'être entendu du village, situé à deux ou trois cents pas seulement de l'endroit où il se trouvait.

Heureusement ces inquiétudes durèrent peu ; après avoir déblayé le fond de la caverne, il introduisit l'instrument de fer entre le roc et la porte, puis il donna une forte secousse. Les gonds et les ferremens, rongés par l'humidité de plusieurs siècles, cédèrent avec bruit et la porte tomba.

Aussitôt une bouffée d'air méphitique et mortel sortit de la bouche du souterrain ; Frantz fut renversé, presque asphyxié, sur les pierres qu'il avait eu tant de peine à déplacer.

L'air pur et frais venant du fleuve lui rendit bientôt l'usage de ses sens.

Il se souleva et voulut se traîner vers l'entrée du Fluchtveg, mais ses membres lui refusaient le service. D'ailleurs, la flamme de sa lanterne pâlissait et menaçait de s'éteindre, signe certain que les gaz délétères accumulés au fond de la caverne n'avaient pas encore eu le temps de s'exhaler. Faire un pas dans le souterrain avant que l'air eût pu se renouveler, c'était s'exposer à une mort certaine, prompte comme la foudre : le jeune homme le savait. Force lui était donc d'attendre, s'il ne voulait par sa témérité compromettre sa vie et surtout le succès de son entreprise.

Il s'assit à l'entrée de la grotte ; mais l'impatience le dévorait, chaque minute perdue reculait l'instant de voir Wilhelmine. Ne pouvant plus se maîtriser, il se leva, prit sa lanterne, et, après avoir fait un signe de croix, il entra résolûment dans le souterrain.

Cette nouvelle tentative faillit lui être fatale : il se sentait oppressé, haletant, presque suffoqué ; néanmoins il ne recula pas. Bien plus, comme le hasard pouvait conduire quelque passant dans cet endroit et faire découvrir l'entrée du Flucht-veg, il essaya de remettre en place les débris vermoulus de la porte.

Ils étaient couverts de mousse et de coquilles ; à distance, ils pouvaient se confondre avec la surface raboteuse du roc.

Cette précaution prise, il s'engagea dans le passage, qui s'élevait par une pente douce comme un sentier souterrain dans l'intérieur du rocher.

Soit que les gaz méphitiques, naturellement lourds, se fussent accumulés dans la partie inférieure de la crypte, soit qu'elle reçût de l'air dans la partie supérieure par quelque soupirail inconnu, Frantz en avançant sentait diminuer son malaise ; sa respiration devenait plus calme, plus régulière ; bientôt il eut assez de liberté d'esprit pour faire ses observations.

Le passage était étroit, peu élevé, taillé tout entier dans le roc ; il formait une vaste spirale, dont la base du château était le point culminant. En quelques endroits, l'eau suintant à travers la pierre avait formé à la voûte de petites stalactites dont les cristaux blancs scintillaient à la lumière de la lanterne.

Un calme effrayant régnait dans ces sombres galeries ; seulement le bruit des pas de Frantz éveillait un faible écho, comme si l'étudiant eût été suivi à distance par un personnage invisible.

Quand il s'arrêtait, ce bruit sinistre cessait tout à coup ; alors une goutte d'eau, se détachant de la voûte, tombait sur le roc et produisait une note douce, musicale, pleine de mélancolie.

Enfin il crut être arrivé au terme de sa promenade souterraine ; il avait fait de grands circuits, il lui semblait impossible qu'il n'eût pas atteint les fondations de la tour. Il entra tout à coup dans une espèce de caveau vaste et spacieux, dont la lanterne pouvait à peine éclairer l'étendue.

A sa gauche, une porte était pratiquée dans la paroi du rocher ; cette porte, renforcée de lames de fer, encore garnie de ses verrous, semblait, grâce à la sécheresse de cette partie de la crypte, avoir résisté aux attaques du temps.

Le jeune homme s'arrêta, et, tirant de sa poche le parchemin du hinkende, il chercha sur le plan tracé par le baron Hermann quelque indication relative à l'endroit où il se trouvait ; mais ce côté du plan était presque indéchiffrable et présentait des linéamens confus.

Frantz jugea qu'il s'était trompé et qu'il lui fallait avancer encore.

Néanmoins, avant de poursuivre sa route et de s'engager dans le passage noir qu'il voyait se continuer à l'autre extrémité du caveau, il éprouva la curiosité d'ouvrir cette porte si soigneusement fermée.

Il essaya donc de faire glisser de leurs rainures les verrous, solides encore, et il y parvint avec peine.

Un gros cadenas de forme bizarre et rongé de rouille présenta moins de difficulté, car au premier effort il se brisa.

Alors Frantz, employant toute sa force, poussa la porte ; elle roula sur ses gonds, et son grincement sinistre se répéta dans les profondeurs du souterrain.

XXVI

Le jeune homme, plein d'une frayeur superstitieuse, pénétra dans un lugubre réduit.

On y voyait encore quelques débris de meubles grossiers ; de forts anneaux de fer scellés dans les angles de ce caveau indiquaient qu'il avait pu servir de prison. C'était là, en effet, que Bertha de Steinberg et le sire de Stoffensels avaient péri, disait-on, victimes de l'implacable vengeance du baron Emmanuel.

Mais Frantz ignorait cette légende, et, l'eût-il sue, rien

n'eût pu ajouter à l'horreur que lui inspirait cette cache mystérieuse des farouches barons de Steinberg.

Il allait se retirer en frissonnant, quand il aperçut un petit bahut de chêne scellé dans le roc. Il souleva le couvercle, qui semblait avoir été fermé autrefois par un ressort secret, maintenant brisé. Le coffre contenait des liasses de papiers et de parchemins portant encore des traces d'armoiries ; plusieurs de ces papiers semblaient être des titres de propriété, des créances.

Là sans doute les barons de Steinberg avaient jadis caché leurs richesses, fruit du pillage et des exactions. Mais le coffre ne contenait plus aucune valeur en or ou en argent ; ces papiers eux-mêmes, que le baron Hermann, le dernier qui fût venu dans ces tristes lieux, avait déposés là, ne pouvaient plus être utiles à ses descendans ; à peine Frantz les eût-il touchés qu'ils tombèrent en poussière.

L'étudiant poussa un profond soupir, et quitta ce triste caveau. Il s'engagea dans le couloir escarpé qui devait le conduire à la tour.

Bientôt il reconnut à des signes certains qu'il approchait du terme de sa course. Le passage n'était plus taillé dans le roc, mais construit dans l'épaisseur d'une muraille. Frantz avait maintenant à gravir un escalier raide et difficile ; il sentait l'air devenir moins dense autour de lui ; souvent même un souffle de la brise extérieure lui arrivait par quelque fissure imperceptible de la muraille.

Plein d'ardeur, il continuait son ascension, écoutant si quelque bruit étranger viendrait lui révéler le voisinage des hommes.

Tout à coup il fut arrêté par un obstacle inattendu... Une muraille se dressait devant lui ; le passage s'arrêtait brusquement en cet endroit ; nulle issue.

Frantz fut atterré. Cependant, en examinant avec plus de soin la nature de l'obstacle, il reprit quelque espérance. Les pierres de cette muraille, quoique disposées régulièrement, n'avaient aucune adhérence entre elles, comme celles qui masquaient l'autre extrémité du passage ; elles ne pouvaient donc lui opposer une barrière sérieuse.

Mais le malheureux jeune homme, épuisé par sa récente maladie, était à bout de forces ; cette marche fatigante, ce travail manuel auquel il n'était pas habitué, cet air vicié qu'il avait respiré, l'affaiblissaient cruellement ; sa tête bourdonnait, ses jambes se dérobaient sous lui.

La pensée de Wilhelmine en proie aux violences d'un frère insensé lui rendit l'énergie ; il attaqua la fatale muraille avec son pic ; les pierres, n'étant retenues par aucun ciment, tombaient au moindre effort.

C'était le bruit de cette démolition qui, répercuté par les échos du souterrain, avait frappé de terreur la pauvre Wilhelmine.

Frantz était enfin parvenu à déblayer les matériaux qui obstruaient l'issue de la galerie ; mais il n'était pas au bout de son pénible travail.

Derrière la muraille se trouvait une énorme plaque de fer ; il fallait encore renverser cet obstacle pour pénétrer dans le château. Or, son front ruisselait d'une sueur froide, sa main engourdie soutenait avec peine l'outil dont il se servait ; il n'agissait plus que par une espèce de mouvement machinal et convulsif.

Heureusement, il aperçut à l'extrémité de la plaque un verrou communiquant à un ressort secret placé de l'autre côté. Il parvint à faire jouer ce verrou, puis, réunissant toutes ses forces dans un effort suprême, il tenta d'ébranler cette pesante clôture.

Si elle eût résisté, le pauvre Frantz eût succombé sous le poids de tant de fatigues et d'émotions ; mais cette dernière épreuve ne lui était pas réservée. La plaque tourna lentement sur elle-même, et le tableau qui frappa les regards du jeune homme lui rendit la vie près de l'abandonner.

La lourde masse de fer qu'il venait de déplacer était la plaque de cheminée de la chambre occupée par Wilhelmine.

Frantz, s'appuyant d'une main contre la muraille, resta

un moment immobile et comme en extase. Wilhelmine, éclairée faiblement par une lampe, était debout en face de lui, les bras tendus, l'œil égaré ; elle était vêtue de blanc, elle était pâle ; on eût dit d'une statue de marbre. Elle semblait vouloir crier, car sa bouche était entr'ouverte et sa poitrine haletante, mais le son expirait sur ses lèvres.

Cependant elle souriait. Sans doute elle croyait être dupe de son imagination ; Frantz lui-même n'osait en croire ses yeux, tant son bonheur était grand, inespéré.

Enfin, surmontant son saisissement, il s'élança dans la chambre. Wilhelmine fit un mouvement d'effroi ; mais son mari la saisit par la main et la pressa contre son cœur avec transport.

— Wilhelmine, mon ange ! murmura-t-il hors de lui, est-ce bien vous que je revois ? Oh ! que Dieu soit loué pour m'avoir conduit si heureusement jusqu'ici, où vous souffriez, où vous m'appeliez peut-être !

Il la couvrait de baisers et de larmes. Wilhelmine recevait passivement ces brûlantes caresses ; elle avait été éprouvée par tant d'émotions, qu'elle ne pouvait croire à la réalité même.

— Oh ! mon Dieu ! murmurait-elle, deviendrais-je folle aussi ? J'entends sa voix, je sens sa main, je le touche, je le vois... et cependant c'est un rêve ; oui, oui, c'est un rêve !

— Non, ce n'est pas un rêve, ma chère et bonne Wilhelmine, reprit Frantz en redoublant ses caresses ; c'est moi, c'est Frantz, votre ami, votre époux... Regardez, continua-t-il en désignant la galerie secrète au fond de laquelle brillait la lueur pâle de la lanterne, ceci n'est ni magie ni sortilège. Le hasard, ou plutôt la Providence, m'a fait découvrir aujourd'hui ce passage ignoré de l'humanité entière, de votre frère lui-même... J'en ai profité pour venir vous consoler, vous défendre, vous sauver.

A mesure qu'il parlait, la jeune femme semblait recouvrer l'usage de ses facultés. Une joie pure, ineffable se réflétait dans ses yeux, sur son visage ; elle se suspendit à son tour au cou de Frantz.

— Cela est-il possible ! murmurait-elle avec un reste d'égarement ; Frantz, mon bien-aimé... Oh ! je ne comprends pas comment vous êtes ici, par quel pouvoir surhumain vous avez pénétré jusqu'à moi ; mais c'est bien vous... je suis heureuse... Merci, mon Dieu, merci !

Frantz la soutint dans ses bras, car elle fût tombée.

— Calmez-vous, Wilhelmine, je vous en supplie ; cette agitation pourrait vous être fatale... Pauvre enfant, continua-t-il en examinant avec douleur ses traits amaigris, comme vous avez souffert !

— Oh ! oui, oui, Frantz, j'ai bien souffert, car j'étais séparée de vous... Et vous, pauvre ami, continua-t-elle en remarquant à son tour l'altération du visage de son mari, vous avez aussi cruellement senti le coup qui nous a frappés tous les deux !

— La douleur nous a brisés l'un et l'autre, dit Frantz en souriant, le bonheur nous remettra... Wilhelmine, vous ne pouvez plus rester ici ; je sais quels dangers vous courez auprès de votre frère...

— Mais ce danger vous menacerait de même si l'on vous rencontrait ici, répliqua Wilhelmine en tressaillant ; parlez bas, Frantz, mon frère est dans la tour... s'il vous voyait, s'il vous entendait, nous serions perdus !

— Moi, qu'importe !... c'est de vous Wilhelmine, qu'il faut s'occuper... Écoutez : ce passage aboutit au bord du Rhin : une barque est préparée ; en peu d'heures nous pouvons être hors de toute atteinte... Wilhelmine, au nom de ce qu'il y a de plus sacré, partons !

— Frantz ! n'est-il aucun autre moyen...

— Hésiteriez-vous donc à me suivre, à vous attacher à mon sort ?

— Je vous suivrais jusqu'au bout du monde, dit la jeune fille avec chaleur ; seulement, ajouta-t-elle avec hésitation, mon pauvre frère...

— Eh bien ?

— Sa raison est égarée, mais il est si malheureux ! Qui l'aimera, qui le protégera contre ses propres fureurs ?

— Wilhelmine, vous péririez à la peine, sans réussir à lui rendre sa raison. Quand vous serez en sûreté, nous prendrons des mesures pour lui faire donner les soins que son état réclame ; d'ailleurs n'a-t-il pas dame Reutner et son fils ?... De grâce, Wilhelmine, ne persistez pas dans un dévouement aveugle, insensé. Pour moi, sinon pour vous, consentez à me suivre.

— Eh bien ! Frantz, je m'abandonne à toi, dit la jeune femme avec amour, en tendant ses mains à Frantz avec un sourire céleste ; conduis-moi, je te suivrai jusqu'à la tombe.

L'étudiant la serra contre sa poitrine et l'entraîna doucement vers la galerie secrète.

— Enfin elle est à moi ! dit-il avec une joie qui tenait du délire ; rien ne nous séparera plus désormais ; le bonheur va commencer pour nous.

Un éclat de rire strident, saccadé, retentit derrière eux. Les deux jeunes gens s'arrêtèrent glacés de terreur ; au même instant la porte s'ouvrit, et le baron entra dans la chambre, suivi de Fritz Reutner.

XXVII

Le baron n'avait plus cet attirail d'armes dont il s'était affublé précédemment dans un caprice de sa folie, mais son aspect n'était pas moins effrayant. Ses traits décomposés exprimaient la férocité mêlée à une sorte de joie idiote. Il tenait à la main un morceau de parchemin sur lequel étaient tracés de grands caractères rouges avec du sang. Il s'avança vers les deux jeunes gens, et les regarda fixement en faisant entendre son rire sauvage et hébété.

— Il m'a exaucé ! murmura-t-il d'une voix creuse ; il accepte mon pacte... les voici l'un et l'autre, et voici le Flucht-veg que j'ai tant cherché !... A merveille, maître, continua-t-il en s'adressant à l'être invisible dont il se croyait toujours poursuivi, tu n'as pas tardé à remplir tes engagemens. Ah ! ah ! ah ! tu veux mon âme, avare esprit du mal, tu l'auras ! j'irai de franc jeu avec toi comme avec les autres. Tiens d'abord, voici notre pacte... Il est signé de mon sang. Ah ! je connais tes formes de procédure, vieux lion rugissant, je sais comment te faire parvenir tes lettres...! il n'a pas manqué de vieilles femmes autour de mon enfance.

En même temps il jeta par-dessus son épaule gauche, sans se retourner, l'objet qu'il tenait à la main. Le parchemin voltigea un moment au souffle léger qui venait de la porte entr'ouverte, puis il disparut dans l'escalier obscur de la tourelle avec un faible frémissement.

Wilhelmine et Frantz, muets d'étonnement, de douleur et d'effroi, se pressaient l'un contre l'autre.

— Ferme la porte, Fritz Reutner, reprit l'insensé en s'adressant au fils de Madeleine, ferme la porte et veille à ce que personne ne puisse entrer ou sortir... Mon nouvel allié aime assez à reprendre d'une main ce qu'il donne de l'autre ; malgré ses airs de bonne foi, je ne me fie pas complétement à lui.

Fritz obéit ponctuellement, comme s'il eût reçu l'ordre le plus raisonnable ; le sentiment du devoir était tout puissant sur cette épaisse intelligence. Il eût saisi au collet Satan lui-même sur un signe de son maître, si Satan avait pris une forme palpable. Rien, à ses yeux, pas même la folie, ne pouvait le relever de l'obéissance passive qu'il croyait devoir au baron de Steinberg. Il s'empressa donc de verrouiller la porte, contre laquelle il s'adossa pour plus de précautions.

Wilhelmine voulut essayer encore de combattre cette affreuse aberration mentale. Se dégageant des bras de son mari, elle s'avança vers le major.

— Henri, dit-elle de sa voix douce et mélancolique, chassez de cruelles visions ; revenez à vous, mon frère... c'est moi, c'est Wilhelmine qui vous en prie.

— Paix, jeune fille ! dit le baron en la repoussant avec rudesse, prétendrais-tu m'en imposer?... Je te connais bien : tu es Bertha de Steinberg, la belle Bertha *aux yeux pers*... Lui, continua-t-il en désignant Frantz, c'est Carl de Stoffensels, surnommé le Bel Écuyer... Moi, je suis le baron Emmanuel, votre juge et votre maître.

Wilhelmine entrevit avec épouvante le danger de laisser l'imagination de son frère se complaire dans cette étrange erreur.

— Henri ! Henri ! s'écria-t-elle d'une voix étouffée, reconnaissez-moi... je ne suis pas Bertha... la pauvre Bertha est morte il y a plusieurs siècles, je suis Wilhelmine, votre jeune sœur.

— Tu es Bertha ! interrompit brusquement l'insensé ; je n'ai pas de sœur ; j'ai une fille coupable... Elle m'a trompé, elle s'est laissé séduire par Stoffensels, mon ennemi... D'ailleurs, tu connais la loi inexorable imposée de temps immémorial aux seigneurs de Steinberg : quiconque a pénétré le secret du Flucht-veg doit mourir... Ton amant et toi, vous allez mourir.

La jeune fille recula toute tremblante vers son mari ; elle commençait à comprendre les horribles projets de son frère.

Mais les paroles du major n'avaient aucun sens raisonnable pour Frantz, et il examinait d'un air de profonde affliction le malheureux Steinberg. Les tentatives de Wilhelmine pour ranimer cette intelligence éteinte avaient été infructueuses. Cependant l'étudiant crut que la force de la vérité matérielle mettrait un frein aux déréglemens d'un esprit malade :

— Major de Steinberg, dit-il avec un accent de sincère pitié, des passions aveugles et injustes ont troublé votre raison... Repoussez d'absurdes visions, reprenez ce calme, cette dignité qui conviennent à un gentilhomme, à un brave officier, à un homme du monde. Reconnaissez-moi, moi qui vous parle ; je suis ce jeune étudiant qui, pendant votre absence, a osé aimer votre sœur Wilhelmine et se faire aimer d'elle... un mariage secret nous a unis... Nous sommes coupables sans doute de n'avoir pas sollicité votre consentement, mais nous avons été cruellement punis de cette faute. Voyez comme cette pauvre Wilhelmine est encore pâle et faible des suites de sa blessure ! Quant à moi, mon frère, si vous me connaissiez mieux, vous ne me jugeriez pas indigne peut-être de votre estime, de votre amitié.

Le baron écoutait d'un air égaré, mais attentivement. Il se frappa le front, comme si sa mémoire se réveillait pour un moment.

— Ah ! oui, murmura-t-il, l'étudiant d'Heidelberg... le fils du tonnelier.

Cette parole, insignifiante en apparence, indiquait pourtant une faible réaction de l'intelligence contre les rêves fiévreux de la folie. Whilelmine conçut un peu d'espoir ; elle suivait avec anxiété chaque mouvement de son frère.

Frantz continua :

— Je ne suis pas le fils d'un pauvre artisan, major, quoique j'aie été forcé un moment d'affirmer cette fable. Je me repens aujourd'hui de ne vous avoir pas appris franchement la vérité malgré le danger de cet aveu pour moi... Ce danger existe encore ; mais si la connaissance de mon véritable nom doit calmer les susceptibilités de votre fierté, je ne vous le cacherai pas plus longtemps. Je suis le comte Frédéric de Hohenzollern, second fils du prince régnant de Hohenzollern.

Il s'arrêta pour juger de l'effet de cette révélation.

— Hohenzollern ? répéta machinalement l'insensé.

Wilhelmine regarda son mari avec étonnement.

— Vous, noble et de naissance illustre ! murmura-t-elle d'un ton de reproche. Frantz ! Frantz ! mon amour pour vous avait-il besoin d'être éprouvé ?

— Vous m'avez aimé malgré ma condition obscure,

malgré ma pauvreté, dit le jeune homme avec tendresse ; cette circonstance, Wilhelmine, fera toujours mon orgueil et ma joie. Mais, continua-t-il en se reprenant, ce n'est pas le moment de nous arrêter sur ce sujet... Major de Steinberg, je vous ai donné des explications loyales, complètes ; persisterez-vous dans ces sentiments de haine et de vengeance indignes d'un cœur généreux comme le vôtre ?

Le baron semblait réfléchir, et cherchait dans les ténèbres de son esprit une pensée fugace toujours insaisissable.

— Hum ! hum ! dit-il enfin avec un sourire malin, s'il n'avait pas été transporté ici par le pouvoir du diable, mon allié, comment se trouverait-il chez moi au milieu de la nuit ?

Cette rechute arracha un gémissement à la pauvre Wilhelmine ; mais Frantz ne voulait pas encore se rendre à l'évidence.

— Major de Steinberg, mon ami, mon frère, reprit-il avec chaleur, je suis parvenu jusqu'ici au moyen de ce passage secret dont j'ai eu le bonheur de découvrir l'entrée ; rien que de simple et de naturel dans ma présence à la tour.

— Et tu as découvert le trésor de ma famille ? il t'a été permis, à toi, de voir les immenses richesses accumulées par mes aïeux ? Tu as usurpé le droit antique des barons de Steinberg !

— Ne vous faites pas illusion, major, ce trésor consiste en quelques papiers pourris et sans valeur. Le caveau où je les ai trouvés a pu contenir autrefois des sommes d'or et d'argent considérables, mais il est vide ; on dirait aujourd'hui d'un sombre et triste cachot.

— Bertha et le Bel Écuyer y sont morts de faim, murmura le major. Après un moment de silence, il ajouta :

— Ainsi donc, c'est Satan, mon allié, qui t'a montré le redoutable Flucht-veg du Steinberg ?

— Encore une fois, ce n'est pas le démon... à moins qu'il n'ait pris la forme d'une pauvre cigogne blessée et mourante.

Ce seul mot de cigogne rejeta le baron dans toutes ses folies, dans toutes ses fureurs.

— L'entendez-vous ? dit-il avec force, il avoue enfin la vérité... Oui, oui, j'ai reconnu ton doigt dans tout ceci, esprit du mal ! tu as tenu ta parole, je dois accomplir mon devoir. Je suis Emmanuel, voici le sire de Stoffensels et la coupable Bertha... voici le Flucht-veg... C'est bien, c'est bien, cigogne de Steinberg, tu seras obéie !

Frantz se retourna en faisant un signe de découragement ; mais Wilhelmine suivait au milieu du désordre des idées de son frère la trace d'une pensée de vengeance à laquelle Henri tenait avec l'obstination du monomane. Si elle avait un doute à ce sujet, bientôt le doute ne fut plus possible.

— Fritz Reutner, dit le baron d'un ton solennel en se tournant vers le fils de Madeleine, tu es un serviteur fidèle de la baronnie, tu vas m'aider à venger l'honneur outragé des Steinberg... Es-tu prêt ?

— Qu'ordonne monseigneur ? demanda Fritz aussi tranquillement que s'il eût pris les ordres de son maître pour une partie de chasse.

Le baron se taisait, et, regardant sournoisement les deux jeunes gens, semblait méditer un plan d'attaque.

— Monsieur le major, s'écria Frantz avec véhémence, honte sur vous si vous employez la violence contre votre malheureuse sœur ! Tournez plutôt votre colère contre moi, contre moi seul.

— Contre toi, oui, contre toi seul, gronda le baron. Fritz, charge-toi de Bertha... je ne saurais porter la main sur ma fille, sur l'enfant de ma vieillesse... A nous deux, Carl de Stoffensels !

Il s'élança sur Frantz avant que celui-ci eût le temps de se mettre en défense ; une lutte acharnée et corps à corps commença entre eux. Wilhelmine, dans cet horrible conflit, voulait séparer les combattans, mais elle se sentit elle-

même entraînée en arrière; le robuste Fritz exécutait à la
lettre les ordres de son maître.

Au milieu même de ses terreurs, elle repoussa Reutner
avec une énergique fierté.

— Comment, misérable! s'écria-t-elle, tu oses manquer
de respect, toi, serviteur de Steinberg, à une baronne de
Steinberg?

Le rustre s'arrêta confus et embarrassé.

— Mademoiselle, dit-il d'un ton rude, monseigneur est
le chef de la famille... il est donc le maître et je dois lui
obéir.

— Ne suis-je pas ta maîtresse aussi, ne suis-je pas une
Steinberg comme lui?... D'ailleurs, ajouta-t-elle plus bas,
ne vois-tu pas qu'il est fou... fou jusqu'à la frénésie, jusqu'à la rage? Cette dernière raison n'était pas concluante
pour Fritz Reutner; cependant le cas lui semblait épi-
neux. Auquel obéir du frère ou de la sœur? Dans sa perplexité, il restait immobile. Wilhelmine crut l'avoir soumis à ses volontés.

— Sépare-les, au nom de Dieu, au nom de ta mère!
s'écria-t-elle en désignant du doigt les deux adversaires
qui se roulaient à ses pieds; il te sera demandé compte
des maux que tu aurais pu empêcher. Lâche imbécile! ne
le vois-tu pas? il va se commettre un crime.

Elle voulut, de ses mains débiles, séparer les combattans; mais Fritz ne fit pas un mouvement pour lui venir
en aide. Il ruminait dans son étroit cerveau la conduite
qu'il devait tenir dans cette circonstance difficile.

Tout à coup une voix rauque, profonde, semblable à un
rugissement de lion, lui cria :

— Des cordes!... des cordes!... Fritz Reutner.

L'issue de la lutte, en effet, n'avait pas été longtemps
douteuse entre le terrible maniaque et le pauvre étudiant.
Celui-ci était plus jeune, il est vrai, mais il était affaibli
par une longue maladie, par des fatigues récentes; le co-
lossal major, au contraire, sentait ses forces doublées par
la fièvre de la vengeance, par la folie; plusieurs hommes
de vigueur ordinaire n'eussent pu le contenir en ce moment.

Aussi n'avait-il pas eu de peine à terrasser le malheureux Frantz, malgré les efforts impuissans de Wilhelmine.

A l'appel de son maître, Fritz, revenant à ses habitudes
d'obéissance passive, secoua tous ses scrupules; il arracha
de la muraille un bout de corde qui retenait la tapisserie
délabrée, et se mit à garrotter le jeune homme renversé
sous le major.

En les voyant l'un et l'autre s'acharner contre Frantz,
Wilhelmine essayait tour à tour de les repousser, de les
attendrir.

— Henri! s'écria-t-elle, que faites-vous? que voulez-
vous de lui?... C'est mon mari, c'est votre frère!... Oh!
les lâches! ils se mettent deux contre lui seul... Fritz! misérable ingrat, est-ce là la récompense de mon indulgence,
de mes bontés pour toi? Mon frère a perdu la raison, mais
toi tu peux me comprendre, tu sais combien cette violence
est coupable... Et vous, Henri, ajouta-t-elle aussitôt en dé-
mentant elle-même ses paroles, Henri, par pitié, au nom
de notre père, au nom de l'honneur, au nom de Dieu, ne
vous souillez pas d'un crime abominable!

— Wilhelmine, murmura Frantz à demi suffoqué, ne
pensez pas à moi... fuyez, fuyez, si vous le pouvez encore.

— Je ne fuirai pas; quel que soit votre sort, Frantz, je
le partagerai... Mais mon frère ne sera pas assez cruel
pour attenter à vos jours... il n'a jamais été méchant...
Henri! Henri! vous avez un bon cœur; vous serez clément,
vous... — Elle s'interrompit et se cacha le visage avec horreur. Henri de Steinberg venait de se relever après avoir
mis Frantz dans l'impuissance de faire un mouvement.
Il était effrayant à voir; une écume blanche se montrait
aux deux coins de sa bouche; les muscles de sa face se
crispaient convulsivement; ses yeux étaient injectés de
sang; il n'avait plus rien d'humain. — Oh! mon Dieu!
s'écria Wilhelmine terrifiée, ce n'est plus mon frère.

Le major la désigna par un geste farouche.

— Fritz, commanda-t-il, charge-toi de Bertha... moi je
prends le sire de Stoffensels.

Reutner resta immobile et regarda son maître; peut-être
allait-il enfin résister aux volontés de l'insensé; Wilhelmine eut un éclair d'espoir.

— Elle! elle! répéta Henri de Steinberg en désignant
toujours sa sœur; prends-la dans tes bras et suis-moi.

Le stupide Reutner ne balança pas un instant; la première fois il n'avait pas compris l'ordre du major; c'était
la seule cause de son hésitation. Il saisit la jeune fille et
l'enleva dans ses bras nerveux.

— Elle! elle! répéta Henri de Steinberg en désignant
sur ses puissantes épaules, le corps du malheureux Frantz.
Mais qui pouvait entendre ces cris dans cette masure iso-
lée, habitée seulement par une vieille femme faible et ti-
mide? Au milieu du désordre, Fritz renversa la table; la
lampe tomba et s'éteignit. Alors la chambre ne fut plus
éclairée que par un pâle rayon de lune. La lanterne de
Frantz brûlait encore au milieu des pierres amoncelées
sur les premières marches du Flucht-veg. A cette incertaine et sinistre lueur, on voyait l'escalier s'enfoncer sous
terre comme l'escalier d'un sépulcre.

Le baron se dirigea rapidement vers l'ouverture pratiquée dans la muraille; mais Fritz s'effraya de cette obscurité subite.

— Que faut-il faire, monseigneur?

— Suis-moi.

— Et où allons-nous, je vous prie?

— En enfer... ne le vois-tu pas?

Déjà l'insensé descendait avec son fardeau l'escalier
raboteux qui conduisait dans l'intérieur du rocher, quand
sa réponse vint éveiller les craintes superstitieuses de
Fritz. Wilhelmine sentit frissonner son persécuteur; mais
aussitôt il surmonta cette émotion.

— En enfer! répéta-t-il; eh bien! oui... Il est baron de
Steinberg, il est mon seigneur; je le suivrai!

Il franchit résolûment la porte du Flucht-veg, et rejoi-
gnit le major dans l'escalier raide et humide du souterrain. Ils marchèrent quelques instans en silence. Frantz
et Wilhelmine anéantis semblaient tous les deux privés de
l'usage de leurs sens. Leurs gémissemens étaient trop
faibles pour être entendus.

Quand on atteignit l'endroit où le passage s'élargissant
formait une espèce de salle, Henri s'arrêta tout à coup.
Il dit à voix haute:

— Esprit du mal, mon allié, mon ami, et bientôt mon
maître, désigne-moi le cachot où Emmanuel enfermera la
coupable Bertha et le traître Stoffensels.

Un reflet de la lanterne dont le baron s'était chargé
tomba sur l'épaisse et massive porte de l'ancien trésor de
Steinberg. Le major poussa un bruyant éclat de rire, ré-
pété tristement par les échos souterrains.

— Ainsi donc, reprit-il avec une joie sauvage, le destin va s'accomplir... Bertha et le Bel Écuyer mourront
de faim dans le Flucht-veg de Steinberg... l'enfer m'a
exaucé.

XXVIII

Le lendemain matin, un peu après le lever du soleil,
des coups précipités retentissaient à la porte extérieure
du Steinberg. Comme nous l'avons dit plusieurs fois déjà,
cette porte était séparée du château par la cour, encom-
brée de ruines, dont on avait fait un petit jardin potager.
Néanmoins, les coups étaient si violens qu'ils furent aisément entendus de Fritz, à la fois intendant, jardinier et
concierge. Il quitta le grabat sur lequel il dormait tout
habillé, dans une masure attenante au donjon. Puis, les

yeux rouges, les cheveux ébouriffés, la démarche appesantie, il se dirigea vers la porte.

On continuait de frapper avec une espèce de rage. Ce fracas extraordinaire acheva de dissiper l'engourdissement contre lequel Reutner luttait encore. Il essaya de reconnaître, à travers les ais mal joints de la porte, les visiteurs qui s'annonçaient d'une manière si bruyante, mais il put seulement s'assurer qu'ils étaient nombreux.

Après avoir ruminé le cas un moment, il finit par demander d'un ton bourru « ce que diable on voulait! »

Le bruit cessa :

— Je savais bien, moi, que nous aurions raison de leur entêtement, dit une voix emphatique; ouvre, l'ami, je te l'ordonne au nom du grand-duc, notre souverain.

— Qui êtes-vous?

— Je suis le juge de Stoffensels.

— On n'entre pas.

Et Fritz voulut s'éloigner.

— Ouvre, maraud, ouvre à l'instant, dit une autre voix sur un ton plus élevé encore que celui du juge. Ton maître, ce baron ruiné, ce noble gueux, doit être fort honoré quand un homme de ma qualité daigne lui faire visite... Il te frottera les oreilles pour ton impertinence, et je te promets de l'aider comme il faut.

— Et qui donc êtes-vous? demanda Fritz en s'arrêtant de nouveau.

— Je suis fils d'un prince régnant... et tu peux ajouter chanoine de Munster.

— Le fils d'un prince!... un chanoine! grommela Fritz, diable! — Il reprit, après un nouveau silence : — On n'entre pas.

Une explosion de murmures et d'imprécations s'éleva de l'autre côté de la porte.

— Laissez-moi parler à cet homme, s'écria une troisième personne; il ne peut ignorer mes droits sur le Steinberg; la consigne qu'il a reçue ne concerne pas le chevalier Ritter... Monsieur Fritz Reutner, continua-t-on d'un ton doucereux, allez prévenir le major de mon arrivée; je viens réclamer l'exécution de certaines conventions faites entre lui et moi. Dites-lui bien témoigner tous les égards dus à son rang et à ses infortunes; mais je suis accompagné de gens fort disposés à me soutenir en cas de résistance... Maintenant allez vite, et ne nous laissez pas attendre trop longtemps; en récompense, je vous choisirai pour gardien du Steinberg sitôt que j'en aurai pris possession, et ce sera pas long, je l'espère.

Fritz avait connaissance de la vente du château; il ne pouvait donc repousser la demande du chambellan comme il avait repoussé celle des autres. Il annonça qu'il allait prévenir son maître, et reprit le chemin de la tour.

Son absence fut longue; les visiteurs impatientés se préparaient à recommencer leurs attaques contre la porte, quand un bruit de pas et un cliquetis de clefs annoncèrent qu'ils allaient enfin être introduits. En effet, on entendit bientôt grincer les verrous et les cadenas, la porte tourna sur ses gonds, et ils purent pénétrer dans cette sombre demeure, depuis si longtemps fermée.

Albert Schwartz marchait fièrement le premier, encore vêtu de son piètre costume d'étudiant, qui contrastait avec ses manières insolentes. Derrière lui venait le chevalier Ritter, de l'air grave et majestueux d'un conquérant qui entre par la brèche dans une ville conquise. Un juge ventru, gourmé et taciturne, comme il convient à un magistrat allemand, les suivait assisté d'un hussreiter ou huissier à cheval. Enfin la marche était fermée par trois ou quatre soldats de police dont Ritter avait cru devoir réclamer la présence pour plus de sûreté.

Tous ces gens envahirent la cour dès que le passage fut libre, mais Fritz ne parut pas vouloir s'opposer à leur introduction dans le Steinberg. Loin de là, il ouvrit la porte à deux battants, sans prononcer une parole, sans même regarder les nouveaux venus; puis, réunissant en faisceau les clefs et les cadenas, il les jeta loin de lui en bas du rocher.

Ritter l'observait avec étonnement.

— Que fais-tu? lui dit-il.

— J'obéis à l'ordre de monseigneur; on pourra désormais entrer ici en toute liberté, comme autrefois... Mais venez, messieurs, monseigneur vous attend.

— Un instant, dit Ritter, dont ce brusque changement réveilla la défiance, ton maître est-il... oui, est-il calme, raisonnable? On dit, vois-tu, qu'il a des momens d'absence... d'égarement. Si cela était, je ne voudrais pas nous exposer à quelque scène désagréable.

— Venez, répliqua Fritz.

— Au fait, pensa le chambellan, nous sommes trop nombreux pour craindre un seul homme... Cependant, messieurs, dit-il tout haut en se tournant vers les gens de police, ne nous quittez point; on ne peut répondre des actions d'un fou. Veillez sur monsieur le comte, sur monsieur le juge, et...

— Et sur vous, n'est-ce pas, Ritter? dit Albert avec familiarité en riant; par la liberté de... je veux dire par la gloire de mes ancêtres! vous me semblez aussi peu rassuré qu'un mauvais chasseur entrant dans la tanière d'un ours endormi. Pour moi, je regrette seulement de n'avoir pas près de moi ce brave garçon, ce pauvre diable de Frantz; il désirait tant, hier encore, pénétrer dans cet abominable nid à rats de Steinberg! A l'abri de mon autorité, il eût trouvé peut-être moyen d'entrevoir sa belle, de lui glisser quelques mots; le pauvre amoureux perd là une excellente occasion. Enfin je ne suis pas fâché de revoir cet intraitable major. Je ne lui pardonne pas d'avoir voulu m'intimider une fois; aujourd'hui nous verrons s'il conservera son arrogance en ma présence.... Vous le savez, Ritter, je ne désire pas garder l'incognito avec lui; je compte lui dire deux mots à propos de ce pauvre Frantz et de la demoiselle de Steinberg. Quand il saura mon nom et mon rang, il y regardera peut-être à deux fois avant de molester un de mes protégés.

Comme on le voit, la disparition de Frantz était encore ignorée. Albert et le chambellan avaient passé une partie de la nuit à table; lorsqu'ils s'étaient retirés, leurs idées n'étaient ni calmes ni lucides, et ils n'avaient pu s'informer du pauvre étudiant. Le matin seulement, Albert avait pensé à son compagnon; mais, ne le trouvant pas dans sa chambre, il l'avait cru sorti pour une promenade, et ne s'était pas préoccupé de son absence.

Gonflé de son importance factice, le soi-disant Frédéric d'Hohenzollern avait eu la fantaisie de s'employer pour les intérêts de Frantz. Dans ce but, il avait voulu accompagner Ritter au château, et il comptait essayer sur le baron l'influence de son titre usurpé. Ritter, enchanté d'avoir toujours sous les yeux son précieux prisonnier, avait consenti sans peine à cet arrangement. Cependant l'espèce d'attachement qu'Albert manifestait pour son ancien camarade offusquait fort le chambellan.

— Monsieur le comte, dit-il d'un ton respectueux, je suis surpris de voir Votre Excellence prendre tant de souci d'un jeune homme appartenant à une condition si basse. Pour l'honneur de votre illustre maison, je vous supplie humblement d'oublier vos relations avec de semblables gens. Songez que s'il arrivait malheur à monseigneur votre frère aîné (ce qu'à Dieu ne plaise!) vous deviendriez prince souverain de Hohenzollern, et il ne serait pas convenable...

— Que voulez-vous, Ritter? autrefois je ne dédaignais pas d'admettre ce petit Frantz et son camarade Sigismond dans mon intimité, au risque de déroger. Il fallait, pour dépister les limiers de mon auguste père, prendre les allures d'un véritable étudiant. Aussi ai-je fréquenté les clubs, les tavernes, les réunions du landsmanschaft; enfin je me suis un peu *encanaillé*. Mais cela va changer, Ritter, je vous le promets; cela changera, puisque je consens à devenir chanoine. Et si monseigneur mon frère avait la bonne idée de me faire prince, je... mais il ne faut pas désirer de mal à ses proches !

Pendant cette conversation, la petite troupe, conduite par Fritz Reutner, avait traversé le jardin et s'était engagée dans l'escalier tortueux conduisant aux divers étages de la tour.

A la porte de la chambre de Wilhelmine, une espèce d'ombre examina un moment les visiteurs et disparut aussitôt dans l'obscurité : c'était Madeleine Reutner.

En voyant tant de personnes envahir le Steinberg, elle avait deviné la vérité ; elle allait prévenir sa jeune maîtresse et l'aider dans ses préparatifs de départ.

Les visiteurs continuèrent leur ascension, sans s'occuper de cette rencontre. Cependant, à mesure que l'on approchait de la chambre voûtée où devait se trouver le baron, on marchait plus lentement ; la conversation avait cessé.

Au moment d'entrer, Ritter parut s'apercevoir que l'étiquette lui défendait de précéder le prétendu comte de Hohenzollern. Albert, de son côté, crut devoir céder le pas au gros juge. Celui-ci, ignorant le danger, se confondit en politesses sur l'honneur que lui faisaient un fils de prince régnant et un homme de cour en lui accordant la préséance.

Rien ne justifia néanmoins les défiances du prudent Ritter et du fanfaron Schwartz. La chambre voûtée avait toujours son aspect sombre et triste, mais rien n'y indiquait ce désordre dont s'entoure un fou furieux. Le baron lui-même avait un air assez calme ; debout au milieu de la chambre, il donnait à sa contenance une sorte de dignité. Son vieil uniforme était soigneusement boutonné ; il avait essayé de mettre en ordre son épaisse et rude chevelure. Son épée pendait à son côté ; un lambeau de dentelle flétrie simulait un jabot à l'ouverture de son frac. Malgré ces essais maladroits de toilette, ou peut-être à cause de ces essais mêmes, le dérangement de ses idées était évident. Ses joues caves, son teint plombé, ses yeux rouges et cornés avaient un caractère auquel il était impossible de se tromper.

A la vue des étrangers, il parut se souvenir de son urbanité d'autrefois ; il fit un pas en avant et s'inclina :

— Bonjour, Ritter... Je vous salue, messieurs, dit-il d'une voix qui avait perdu sa sonorité, entrez, entrez ; je sais ce qui vous appelle ici ; je suis préparé à vous recevoir... Sur ma parole, chevalier, vous nous amenez nombreuse compagnie !

Les poltrons avaient craint d'abord que l'insensé ne s'élançât sur eux avant toute explication : cet accueil leur rendit confiance. Ritter fut le plus prompt à reprendre courage.

— Bonjour, mon cher major, dit-il en s'assurant d'un coup d'œil que l'on était à portée de le secourir si une parole malencontreuse réveillait la folie d'Henri, je viens en effet réclamer l'exécution d'une certaine promesse, ou plutôt d'un certain contrat... J'ai pris la liberté de me faire assister de ces honorables personnes, afin de remplir les formalités d'usage.

Mais Henri de Steinberg parut parfaitement comprendre pourquoi les soldats de police, dont l'uniforme lui était bien connu, se trouvaient là.

— Chevalier Ritter, dit-il avec un sourire sardonique, vous vous attendiez à quelque résistance de ma part, convenez-en. Oubliez-vous que l'on m'a vu, à Berlin, aux eaux de Baden, partout, j'ai tenu rigoureusement à ma réputation de beau joueur ? Vous n'aviez pas besoin de vous faire accompagner ainsi... Ecoutez, ajouta-t-il d'un air menaçant, si je l'avais voulu, eussiez-vous amené une armée avec vous, j'aurais trouvé des défenseurs encore plus nombreux pour vous chasser d'ici... des défenseurs redoutables, avec des lames et des épées de feu... la légion que Dieu précipita dans les abîmes infernaux après la défaite des esprits rebelles.

Les assistants se regardèrent du coin de l'œil. Ritter n'osait plus souffler mot. Le malheureux insensé reprit au bout d'un moment : — Mais, je vous le répète, chevalier, ma réputation m'est précieuse. Il ne sera pas dit que le major de Steinberg aura jamais triché une partie ou refusé les enjeux après le coup décisif. J'ai perdu mon château, mon nom, mon titre contre vous, je payerai ; j'ai perdu mon âme contre Satan, je payerai de même... A chacun sa part dans ma dépouille.

XXIX

Le chambellan eut l'air de prendre pour une plaisanterie ces paroles étranges ; il se mit à rire d'un rire forcé.

— Vous me placez là, pardieu ! en belle compagnie ! répliqua-t-il timidement ; mais allons, mon cher baron, je suis enchanté de vous trouver raisonnable ; vous prouvez ainsi que vous appréciez la délicatesse de mes procédés à votre égard. Aussi, avant d'inviter ces messieurs à dresser l'acte de possession, je vous rappellerai une clause insérée dans nos conventions précédentes : Vous avez le droit de rester propriétaire du Steinberg en payant une modique somme de vingt mille florins... Êtes-vous en mesure d'acquitter à l'instant cette somme ?

Le major secoua la tête.

— Voyons, réfléchissez... N'est-il personne qui puisse vous venir en aide ?

— Personne. J'ai épuisé mon crédit... sur la terre et en enfer.

— Dans ce cas, messieurs, reprit Ritter en s'adressant aux gens de loi, faites votre devoir, monsieur le major vous le permet.— Le juge et l'huissier s'approchèrent d'une table et se mirent en devoir d'écrire. Le chambellan redoutait fort ce moment ; il s'attendait à une explosion de la part d'Henri de Steinberg. Il reprit, afin de détourner l'attention de l'insensé : — Ah çà ! mon cher major, depuis que j'ai quitté la résidence, je deviens grossier comme un bourgeois. Je ne vous ai pas encore demandé des nouvelles de votre aimable sœur Wilhelmine. Sans doute elle est bien portante et elle est entièrement remise de sa... des suites de l'accident ?

— Elle est guérie, répondit sèchement le baron.

— A merveille, continua Ritter, disposé à ne demander aucune explication et à ne rien contester, quoi qu'il pût dire Henri ; je solliciterai la faveur de lui rendre mes devoirs avant mon départ. Du reste, quoique légalement je devienne de cet instant maître du Steinberg, je serais heureux, major, de vous voir occuper la tour encore quelque temps en qualité d'hôte. Je me contenterais de placer ici un agent qui recevrait mes ordres et gèrerait la propriété en mon nom. Quant à vous, vous auriez tout le loisir de chercher une autre demeure... Eh bien ! voyons, quel délai me demandez-vous encore pour abandonner définitivement le Steinberg ? Je tiens à fixer ce point... par simple curiosité.

La figure du baron se rembrunit. Le chambellan craignait de n'avoir pas enveloppé sa pensée de formes assez douces, assez insinuantes ; il allait chercher à l'expliquer, quand Steinberg lui demanda brusquement :

— A votre avis, combien de temps une créature, faible, malade, désespérée, sans air, sans lumière, sans nourriture, pourrait-elle supporter tous ses maux ?

— Mais je ne sais, répliqua Ritter, attribuant cette étrange question au dérangement des idées de son interlocuteur.

— Dites votre opinion...

— Eh bien !... vingt-quatre heures peut-être.

— Dans vingt-quatre heures donc je quitterai le Steinberg.

Et le baron alla s'asseoir dans l'ombre, à l'autre extrémité de la salle.

Pendant cette conversation, Albert réfléchissait comment il pourrait s'y prendre pour glisser un mot en faveur de Frantz. Les manières d'Henri de Steinberg n'avaient rien d'encourageant. Néanmoins, pendant que Ritter causait avec les gens de loi, déjà occupés de leur procès-verbal, Albert s'approcha du baron :

— Eh bien ! major, dit-il d'un air de familiarité protectrice, êtes-vous toujours en colère contre ces pauvres jeunes gens ? Vous avez été bien sévère pour votre charmante sœur et pour Frantz, mon protégé, lors de ma dernière visite au Steinberg !

Le baron releva lentement la tête et attacha son regard de feu sur l'étudiant. Celui-ci se sentit troublé jusqu'au fond de l'âme.

— Nous pouvons causer d'égal à égal, major, balbutia-t-il ; j'ai repris mon nom et mon titre héréditaires... je suis le comte Frédéric de Hohenzollern.

Ce nom fit tressaillir le baron.

— Hohenzollern ! répéta-t-il d'un air égaré ; j'ai déjà entendu ce nom il n'y a pas longtemps... Hohenzollern ! oui, oui, c'est cela... Il y en a donc deux ?

— Précisément, répliqua l'étourdi ; nous sommes deux frères, sans compter notre vieux bonhomme de père... je veux dire Son Altesse le prince régnant. Certaines vexations de mon frère aîné m'avaient obligé à me cacher sous un déguisement ; mais comme j'ai consenti à me faire chanoine, tout s'est arrangé, et je suis rentré en grâce auprès de mon illustre famille. Ritter vous contera cette histoire... Toujours est-il, mon cher baron, qu'avant de quitter le pays, je voudrais vous réconcilier avec cet honnête garçon de Frantz. Votre sœur l'aime et elle est aimée de lui ; il n'y a pas à s'en dédire, mon pauvre major. D'ailleurs les jeunes gens sont bien et dûment mariés, je vous en avertis. Je leur ai fait l'honneur de servir de témoin... sous un nom supposé. Aussi vois-je avec déplaisir que vous vous obstiniez à les séparer l'un de l'autre.

— Ils ne sont plus séparés, interrompit le baron avec une ironie sinistre ; je les ai réunis... pour toujours.

— Vraiment ! dit Albert presque fâché de trouver la besogne faite, et ce diable de Frantz qui ne m'avertit pas !... Il a toujours été mystérieux avec moi ; je finirai un beau jour par lui retirer ma protection.

En ce moment Madeleine Reutner se précipita tout effarée dans l'antichambre.

— Y a-t-il ici un officier de justice ? dit-elle d'une voix tremblante ; quelqu'un ici a-t-il qualité pour recevoir ma déclaration sur un fait important ?

— Que voulez-vous, bonne femme ? demanda Ritter en voyant le juge déposer sa plume ; ces messieurs n'ont pas le temps d'écouter vos sornettes.

— Il s'agit de choses graves, messieurs ; mademoiselle Wilhelmine de Steinberg a disparu de sa chambre ; il est impossible de découvrir ce qu'elle est devenue.

— Soupçonneriez-vous un crime ? demanda le juge.

— Un crime ! répéta Madeleine en levant les yeux et les mains au ciel ; au prix de ma vie je voudrais épargner cette tache à l'ancienne et vénérable famille de Steinberg... mais je puis me tromper ; peut-être ma maîtresse existe-t-elle encore, peut-être a-t-elle besoin de secours... D'ailleurs, si elle a été victime de quelque attentat, le coupable n'a rien à craindre de la justice des hommes ni même de la justice de Dieu.

Elle indiquait du geste le baron de Steinberg. Il était calme, inattentif, comme s'il eût été complètement étranger à cette nouvelle. Cette insensibilité significative fut remarquée de tous les assistants.

— Je vous comprends, dit Ritter en baissant la voix ; mais expliquez-vous, ma bonne femme ; quelles raisons avez-vous de penser...? voyons ne se pourrait-il pas que mademoiselle de Steinberg, poussée par de mauvais traitemens de... certaine personne, se fût décidée à quitter furtivement la tour ?

— Elle ne l'a pas pu ! s'écria Madeleine avec désespoir,

elle était trop bien gardée... Non, non, messieurs, croyez-en ma conviction profonde : ou ma pauvre maîtresse est morte, ou elle est en danger de mort.

Il y eut un moment de silence. Le baron, sur qui tous les regards étaient fixés, s'occupait très sérieusement de fourbir le pommeau de son épée avec la manche de son habit.

— Eh bien ! madame, reprit Ritter, quelqu'un pourrait-il donner des renseignemens sur cette inconcevable disparition ?

— Mon Dieu ! je l'ignore, à moins que mon fils... Réponds, mon enfant, ajouta-t-elle en s'adressant à Fritz, qui se tenait grave et taciturne auprès de la porte ; qu'est-il arrivé hier au soir ? pourquoi m'a-t-on enfermée cette nuit dans ma chambre ? d'où venaient les cris et les plaintes que j'ai entendus ?

— Je n'ai rien vu, je ne sais rien, répliqua Fritz d'un ton bourru. Je vous ai enfermée pour... pour qu'on ne vous fît pas de mal... J'ai obéi à mon maître.

— Mais si ton maître t'a commandé...

— J'ai obéi à mon maître, répéta Fritz avec rudesse, ne m'en demandez pas davantage.

— Il ne parlera pas ! s'écria Madeleine, qui connaissait de longue date l'entêtement de son fils. Oh ! mon Dieu ! mon Dieu ! que faire ? Ma pauvre maîtresse est perdue. Malheureuse famille de Steinberg ! le frère insensé, la sœur... morte peut-être !

— Wilhelmine morte ! s'écria une voix nouvelle ; miséricorde ! Frantz doit être mort aussi.

Au même instant entra Sigismond Muller, en costume de voyage et couvert de poussière.

XXX

A la vue de Sigismond, Schwartz et Ritter se levèrent avec empressement.

— Te voilà donc, camarade ! s'écria Albert ; au nom du ciel ! d'où viens-tu ?

— Je dois réclamer de vous certaines explications, monsieur le mauvais plaisant, dit le chambellan d'un air de rancune.

Muller les repoussa du geste.

— Un moment, messieurs ; de grâce, ayez pitié de mon inquiétude !... Où est Frantz ? où est mon pauvre Frantz ?

— Eh mais ! n'est-il pas de retour à l'auberge ? demanda Schwartz avec étonnement.

— Je quitte l'auberge à l'instant... Zelter ne l'a pas vu depuis hier au soir... il aura sans doute mis à exécution le projet hardi dont il m'a parlé... Oh ! l'ingrat ! l'ingrat !... quand j'avais peut-être un moyen simple et naturel de réaliser ses vœux les plus chers !

— Mais enfin, d'où viens-tu toi-même ? comment sais-tu...

— Hier, à la suite d'une conversation confidentielle avec Frantz, je partis pour Manheim. J'avais conçu le projet d'opérer une réconciliation entre notre pauvre camarade et le major de Steinberg ; ce voyage devait me fournir les moyens d'exécuter mon plan. L'affaire s'est terminée à ma satisfaction à Manheim, et j'ai voyagé toute la nuit pour revenir au Steinberg. L'état d'agitation où j'avais laissé Frantz me donnait de vives inquiétudes ; son amour pour une personne qu'il habite ce château pouvait le jeter dans quelque entreprise périlleuse, malgré ses promesses positives à ce sujet... En effet, tout à l'heure, en arrivant à l'auberge où j'ai déposé mes bagages, j'ai su la disparition de Frantz. Or, il n'a pu venir qu'ici ; ici seulement on peut me donner de ses nouvelles... Je ne sortirai pas de cette chambre avant de savoir ce que l'on a fait de lui.

— Oui, oui, certainement, dit Albert, qui commençait à subir l'influence de son énergique camarade ; Frantz a disparu, il faut le retrouver... Entendez-vous, messieurs, continua-t-il en s'adressant à Ritter et aux gens de loi, mon bon plaisir est que l'on remue ciel et terre pour découvrir mon... mon protégé.

— Mais comment prouver que ce monsieur Frantz est venu ici ? dit Ritter contrarié de tous ces retards ; il serait difficile même à un amoureux de pénétrer furtivement dans cette espèce de forteresse.

— Il y est venu pourtant, murmura Madeleine Reutner en saisissant le bras de Sigismond ; je n'osais le croire, mais à présent il ne me reste plus de doute... Regardez, continua-t-elle en lui présentant un cachet d'or auquel pendait une chaîne brisée, reconnaissez-vous ce bijou ?

— C'est le cachet de Frantz ; il le portait hier encore à son cou.

Et je viens de trouver ce cachet dans la chambre de Wilhelmine, au milieu des meubles renversés... Monsieur monsieur, je ne sais ce qui s'est passé dans la tour cette nuit, mais j'ai entendu des cris déchirans. J'ai voulu aller joindre ma maîtresse, j'étais enfermée. Ce matin, Wilhelmine ne se retrouve plus, et j'apprends en même temps que monsieur Frantz a pénétré dans le château... Je n'accuse personne ; je ne voudrais faire planer aucun soupçon sur ceux que je dois chérir et respecter... mais je vous en conjure ne sortez pas d'ici sans avoir des nouvelles de ces deux malheureux enfans !

— Vous l'entendez, messieurs, dit Sigismond aux gens de loi avec énergie, le témoignage de madame Reutner est clair et précis. À défaut de juges compétens, vous ne pouvez vous dispenser de donner une attention sérieuse à cette affaire.

— Nous ne sommes pas une commission criminelle, dit le gros magistrat avec emphase ; voilà bien du bruit pour deux amoureux qui ont jugé à propos de prendre la clef des champs !... Si votre monsieur Frantz a trouvé moyen de pénétrer dans cette tour si bien gardée, il a pu trouver aussi le moyen d'en sortir avec sa belle.

Cette supposition semblait assez probable ; Sigismond regarda Madeleine.

— Non, non, dit la bonne femme avec chaleur, Wilhelmine n'aurait pas quitté le Steinberg sans emporter quelques effets ; elles n'aurait pas laissé suspendue au chevet de son lit le reliquaire d'argent de sa mère défunte, elle eût mis au moins une coiffure avant d'affronter la fraîcheur de la nuit... et puis ce désordre des meubles... Monsieur Muller, messieurs les juges, je ne peux pas vous dire tout... mais si vous saviez quelle affreuse scène eut lieu hier au soir en ma présence, dans la chambre de Wilhelmine ! si vous saviez quelle horrible histoire on me força de raconter !

— Enfin, que supposez-vous, madame Reutner ? demanda Sigismond.

— Mes craintes vont vous paraître étranges ; mais, à mon avis, monsieur Frantz et ma maîtresse sont encore au Steinberg, enfermés dans quelque cachot inconnu... Il en existe dans ce château, quoique je ne puisse dire précisément où il sont situés, et il y a ici quelqu'un qui doit connaître tous les secrets du Steinberg.

Madeleine s'arrêta ; cette assertion singulière avait fait hausser les épaules à la plupart des assistans ; mais le baron, cessant de fourbir son épée avec la manche de son uniforme avait dardé sur la gouvernante un regard de feu. Fritz lui-même avait tressailli. Aucun de ces signes ne pouvait échapper à madame Reutner.

— J'ai deviné juste, murmura-t-elle à l'oreille de Sigismond ; j'en suis sûre, j'ai deviné juste... Obtenez que l'on fasse des perquisitions dans la tour... Sauvez votre ami sauvez ma malheureuse maîtresse !

— Tout ceci est inconcevable, dit Sigismond d'un air de réflexion ; néanmoins, messieurs, la déposition de madame Reutner doit être prise en considération. Je vous somme donc, au nom de la justice et de l'humanité...

— Peste soit des discoureurs en frac et en jupons ! s'écria Ritter impatienté ; Dieu me pardonne ! ce château est rempli de... de folles. Que signifient ces histoires de souterrains, de trappes, de cachots ? Allez conter vos légendes à vos pareilles, bonne femme ; laissez ces messieurs achever leurs procès-verbal. Monsieur le comte, mon noble maître n'a pas de temps à perdre, et voilà bien des balivernes pour deux amoureux qui se sont enfuis ensemble une belle nuit. En vérité, monseigneur ajouta-t-il en s'adressant à Albert, je suis confus que l'on importune Votre Excellence de ces ridicules scènes.

— Ridicules ou non, Ritter dit le prétendu Frédéric d'un air délibéré, je ne quitterai pas le Steinberg sans qu'on ait accompli les désirs de Sigismond.

— Mais monseigneur, encore une fois, que vous importe ce misérable fils d'artisan, ce monsieur Frantz un aventurier ?

— On visitera le château du haut en bas, dit sèchement Albert ; je l'ordonne ainsi.

Sigismond avait écouté d'un air d'étonnement ce dialogue entre Ritter et le glorieux étudiant. Tout à coup il parut frappé d'une idée.

— Monsieur le chevalier, s'écria-t-il, vous allez être bientôt aussi ardent que nous à chercher Frantz. Il est temps de faire cesser une comédie où vous jouez le rôle de dupe... L'étudiant Frantz n'est autre que le comte Frédéric de Hohenzollern.

— Que diable dit-il ? fit Albert désappointé.

Le chambellan resta pétrifié, une légère rougeur colora son visage maigre et bilieux, mais il se remit aussitôt.

— Ah çà ! monsieur Muller, dit-il avec colère, je commence à être las de vos plaisanteries... Vous m'avez donné le change une fois déjà ; mais je saurai bien vous faire repentir de votre insolence.

— Je ne plaisante pas, monsieur le chevalier ; autrefois je voulais soustraire le malheureux comte Frédéric à vos recherches, et j'y serais parvenu en dépit de la fatale passion qui le retenait ici ; aujourd'hui, toutes les autres considérations doivent céder devant une impérieuse nécessité... Aussi, je vous le répète, Frantz et Frédéric de Hohenzollern ne sont qu'une même personne.

Ritter refusait encore de croire à une affirmation si positive.

— C'est impossible ! répéta-t-il ; ce signalement si exact, cette assurance imperturbable du jeune homme que voici...

— Le signalement vous aura induit en erreur sans doute, et Albert aura voulu tirer son ami d'embarras. Tenez, ajouta Muller en présentant au chevalier le cachet trouvé par Madeleine dans la chambre de Wilhelmine, reconnaissez-vous les armes gravées sur ce bijou ?

— Ce sont en effet les armes de la maison de Hohenzollern, dit Ritter avec agitation. Me serais-je laissé tromper à ce point ? Mais celui-ci, continua-t-il en désignant Albert, qui donc est-il ?

— Un joyeux garçon fort capable d'avoir joué ce mauvais tour à un courtisan.

— Je suis le comte Frédéric de Hohenzollern, s'écria Albert d'un ton tragi-comique. Ah çà ! pourquoi veut-on à présent m'enlever ce nom et ce titre ? Mille diables ! je crois remplir convenablement les devoirs qu'ils imposent ; n'ai-je pas l'air assez fier, assez majestueux ? et puis je consens à être chanoine de Munster, je consens à écrire à mon illustre père pour lui demander pardon de mes escapades ; je consens à m'humilier devant mon orgueilleux frère aîné ; qu'exige-t-on de plus ? Allez, allez, Ritter, n'écoutez pas ce Sigismond ; je suis le comte Frédéric, et je le serai tant que Dieu voudra.

Le malheureux chambellan était dans l'embarras le plus comique. Il regardait tour à tour les deux étudians, ne sachant auquel croire.

D'abord Muller, en voyant Albert défendre obstinément son titre usurpé, avait montré un peu de colère ; mais bientôt cette colère fit place à une bienveillance mélancolique :

— Je te comprends, camarade, reprit-il ; tu crains de

compromettre le repos de notre ami en trahissant son incognito ; mais laisse-moi faire, j'ai bien réfléchi ; les poursuites de monsieur Ritter ne sont plus à craindre pour lui. Frantz est marié, nous le savons tous ; il ne peut plus être question de l'obliger à entrer dans les ordres, suivant le vœu de sa famille. Son arrestation serait donc un acte de cruauté gratuite dont je crois le vieux prince de Hohenzollern incapable ; cesse donc de feindre, ton obligeant mensonge est inutile.

Mais Albert ne se rendit pas encore.

— Entendez-vous ce mauvais plaisant ? reprit-il. Sur mon honneur de gentilhomme ! j'ai été trop bon de permettre tant de familiarité à ces étudians roturiers et mal élevés. En dépit des envieux, je suis le comte Frédéric... Je voudrais bien savoir pourquoi je ne le serais pas ?

— Pourquoi ? répéta Sigismond, qui devina enfin la cause de cette obstination ; on pourrait donner une raison peut-être : « C'est qu'il faut veiller sans cesse, car nul ne sait... »

— Au diable mon comté, mon canonicat et tout le reste ! s'écria Albert d'un ton d'humeur. Quelles singulières épreuves ! tantôt on est prince, tantôt on n'est rien du tout... et cela sans raisons... J'aurais été si content de rester chanoine !

La colère et la confusion se peignaient tour à tour sur le visage du chambellan.

— Misérable aventurier ! dit-il en fureur, comment avez-vous osé vous jouer ainsi d'un gentilhomme, d'un chambellan de Son Altesse ?

— Pourquoi le chambellan de Son Altesse s'est-il laissé jouer ? répliqua Schwartz effrontément. Pourquoi ne vous êtes-vous pas informé du tonnelier Stopfel à votre dernier passage à Heidelberg ? D'ailleurs, se plaindra-t-on que j'aie mal représenté mon personnage ? Morbleu ! j'ai prouvé que si je n'étais pas né prince, j'étais digne de le devenir.

— Insolent ! je vais vous faire arrêter, conduire en prison, et...

— Pas de vaines récriminations, chevalier Ritter, interrompit Sigismond ; vous ne voudriez pas punir si cruellement ce pauvre garçon d'une espièglerie d'écolier. Songeons plutôt à retrouver le véritable Frédéric de Hohenzollern, dont le sort doit exciter toutes vos inquiétudes. Mettons-nous à la recherche sur-le-champ... Malgré vos hésitations, sa vie ou sa mort ne peuvent vous être indifférentes à vous et à la famille de Hohenzollern.

— A Dieu ne plaise ! s'écria le chambellan ; le jeune duc a toujours été jaloux de son frère, et je ne jurerais pas... Mais le prince régnant, mon noble maître, ne me pardonnerait jamais de n'avoir rien tenté pour sauver son plus jeune fils. Il m'a tant recommandé de veiller sur lui, de... Allons, messieurs, continua-t-il avec ardeur en s'adressant aux assistans, tout le monde à l'ouvrage ! visitons le château du haut en bas, sondons jusqu'à la moindre lézarde. Je n'attends pas grand'chose de ces recherches ; cependant je ferais jeter bas jusqu'à la dernière pierre de cette bicoque, si j'avais quelque espoir d'être utile au fils de mon bien-aimé souverain. Ce sacrifice me donnerait peut-être droit à son pardon ; je l'ai si cruellement offensé !

— Oui, oui, cherchez, s'écria Madeleine avec une vivacité que l'on ne pouvait attendre de son caractère flegmatique : ou mes pressentimens me trompent, ou vous découvrirez ce cachot, ce redoutable Flucht-veg où ces deux malheureux jeunes gens attendent peut-être la mort... Courage ! courage !

— Cherchons d'abord ici, s'écria Sigismond.

Il arracha de l'un des trophées qui décoraient la chambre une vieille hache d'armes rouillée, et il s'en servit pour frapper sur les dalles afin de s'assurer si elles ne couvraient pas quelque cavité secrète. Excités par son exemple, Albert, le juge, les gens de justice, et jusqu'à Ritter lui-même, se mirent à l'ouvrage. On souleva les meubles, on sonda une à une les pierres de la voûte et

des murailles ; tout le monde rivalisait de zèle et de sagacité, mais sans résultat.

XXXI

Au milieu de cette agitation. le baron était resté complétement impassible : on eût dit qu'il ignorait de quoi il s'agissait. A ses fureurs avait succédé une sorte d'engourdissement semblable à celui de l'ivrogne après l'accès d'ivresse. Il ne manifestait aucune inquiétude en voyant ces investigations minutieuses ; mais Fritz ne partageait pas cette sécurité. Il s'approcha de son maître, et lui dit tout bas :

— Monseigneur a-t-il des ordres à me donner ?

Le baron le regarda en souriant.

— Or çà ! Fritz Reutner, dit-il d'une voix sourde, que ferais-tu si je t'ordonnais de tordre le cou à ta bavarde de mère ?

Malgré son abnégation profonde, Fritz pâlit légèrement et recula d'un pas.

— Monseigneur parle-t-il sérieusement ? demanda-t-il, est-ce que je dois...

Henri de Steinberg haussa les épaules et lui fit signe de s'éloigner.

— C'est bien heureux ! grommela Fritz en retournant prendre son poste près de la porte.

Cependant on avait bouleversé la chambre inutilement.

— J'affirme qu'il ne se trouve ici aucun passage secret, dit Sigismond en essuyant son front couvert de sueur ; voyons maintenant la chambre occupée par Wilhelmine de Steinberg.

— Oui, oui, s'écria Madeleine ; là vous réussirez, j'en suis sûre.

— Visitons-la donc, dit Ritter.

On se dirigea vers l'escalier : Fritz regardait attentivement son maître ; ces recherches aussi actives devaient infailliblement faire découvrir l'entrée du Flucht-veg à l'étage inférieur. Au moment où l'on allait sortir, une jeune fille, revêtue du costume éclatant des villageoises, entra en faisant force révérences, et demanda Sigismond Muller.

— Ah ! c'est vous, Augusta, dit Sigismond, qui avait reconnu la fille de l'aubergiste ; eh bien ! ma chère, qu'avez-vous à m'apprendre ?... Vous voyez, je suis pressé.

Ce ton de brusquerie déconcerta tout à fait la jeune fille, déjà honteuse de se voir au milieu de tant de grands personnages.

— Ah, mon Dieu ! monsieur Sigismond, dit-elle avec naïveté, les yeux pleins de larmes, êtes-vous donc devenu prince aussi ? Au moins monsieur Albert ne me rudoie pas.

— Il ne s'agit pas de prince, mon enfant, mais...

— Je vous cherche depuis ce matin pour m'acquitter d'une commission dont on m'a chargée. J'étais allée au-devant de vous sur la route de Manheim, mais vous êtes arrivé d'un autre côté... Ne vous voyant pas, je suis retournée à l'auberge, et j'ai appris que vous étiez au château ; alors je suis venue vous apporter ici la lettre que l'on m'a confiée pour vous.

— Une lettre ! et de qui donc ?

— Mais de monsieur Frantz, et il m'a bien recommandé...

— De Frantz ! interrompit impétueusement Sigismond ; donnez, donnez vite.

— Il n'est donc pas mort ? s'écria Albert ; en ce cas, huzza pour la liberté de l'Allemagne et le landsmanschaft !

Augusta tira de sa poche le billet de Frantz et le remit à Muller.

— Une lettre de lui ! s'écria le brave étudiant ; oui, je reconnais son écriture. Arrêtez, messieurs ; nos recherches

34

seraient inutiles ; le comte Frédéric n'est probablement pas ici.

Il rompit le cachet de la lettre et la parcourut avidement. Tous les assistans attendaient en silence.

— Il est sauvé ! s'écria-t-il enfin avec transport ; lui et sa jeune épouse Wilhelmine sont en sûreté à quelques lieues d'ici. Il me charge d'aller les joindre aussitôt après la réception de cette lettre. Dieu soit loué ! nous n'avons pas de crime à déplorer... Et vous, Augusta, continua-t-il en embrassant avec transport la jeune fille, merci de cette bonne nouvelle.

— Il n'est pas plus fier que le prince, murmura Augusta.

— Mais de quelle date est cette lettre? où a-t-elle été écrite ? demanda Madeleine?

— Elle a été écrite à l'auberge de Zelter, hier au soir. Frantz, ou plutôt le comte Frédéric, m'annonce qu'il a un moyen sûr de pénétrer dans le château de Steinberg, qu'il va en profiter pour sauver sa femme des fureurs du major. S'il ne reparaît pas ce matin à l'auberge, ou si je ne reçois pas de lui un nouveau message, je devrai conclure que son projet aura réussi. Dans ce cas, je dois aller les rejoindre à l'endroit indiqué.

— Mais peut-être, s'écria Madeleine avec opiniâtreté, ce malheureux jeune homme, après avoir pénétré dans le château, j'ignore par quelles voies, n'a-t-il pas trouvé la même facilité pour en sortir avec une femme souffrante et délicate. La chambre de Wilhelmine présente les traces d'une lutte violente.

Sigismond l'interrompit avec impatience :

— Allons, ma bonne madame Reutner, j'ai écouté volontiers jusqu'ici vos histoires romanesques, déraisonnables ; ne pouvant expliquer la disparition de nos amis par des circonstances naturelles, j'ai pu d'abord accepter votre version. Mais la lettre de Frantz m'explique de la manière la plus simple son absence et celle de Wilhelmine ; je m'en tiens là, et je n'ai nulle envie de recommencer à frapper une à une chaque pierre de cette vieille tour. Frantz serait le premier à rire de nous s'il apprenait plus tard quel pénible exercice nous aurions pris à son intention.

Ritter, Albert, et jusqu'aux gens de justice, semblaient être de l'avis de Sigismond. Tous jetaient des regards moqueurs sur Madeleine, et semblaient lui garder rancune de les avoir induits en erreur. La gouvernante elle-même éprouva des doutes en se voyant l'objet de ce dédain universel.

— Mon Dieu ! murmura-t-elle, me serais-je trompée ?

Elle poussa un soupir et tomba dans une profonde rêverie.

Une petite discussion s'était élevée entre le chambellan et Sigismond.

— Je prétends vous accompagner à l'endroit où vous attend le comte Frédéric, s'écriait Ritter avec chaleur ; je ne veux pas avoir fait vainement tant de démarches et de recherches pénibles ; assez longtemps j'ai été dupe de vos intrigues ; cette fois, je ne vous quitterai pas, je vous suivrai partout, je verrai le comte, et...

— Je mourrais avant de trahir le secret de l'amitié, dit Sigismond avec chaleur ; croyez-moi, monsieur le chevalier, laissez-moi libre d'aller porter à ces malheureux jeunes gens les secours dont ils ont tant besoin. Épuisés, malades, sans appui, ils m'attendent peut-être avec impatience. Vous avez reçu l'ordre d'être sévère pour l'infortuné Frédéric, mais non pas d'être impitoyable. Ne me suivez pas, ne me retenez pas... vous n'aurez pas mon secret. Quant à cette lettre, vous ne saurez pas ce qu'elle contient.

Il déchira le papier et en avala les morceaux. Ritter comprit qu'il fallait agir de ruse ; il eut l'air de renoncer son projet, se réservant à part lui de faire suivre Sigismond secrètement afin de connaître l'asile choisi par les fugitifs. Après lui avoir annoncé qu'il pouvait partir, il dit aux gens de loi de continuer leur procès-verbal.

— Attendez, messieurs, dit Muller ; il me reste encore à exécuter le projet pour lequel j'avais entrepris le voyage de Manheim... Chevalier Ritter, ne m'avez-vous pas dit, lors de notre dernière entrevue, que vous céderiez vos droits sur le château et la baronnie de Steinberg pour la somme de vingt mille florins?

— Je l'ai dit et je ne m'en dédis pas, répliqua Ritter surpris ; la vieille bicoque serait encore bien payée à ce prix. Mais puis-je savoir...

— En ce cas, messieurs, déchirez ces paperasses inutiles, et remettez les titres de propriété à monsieur le major de Steinberg ici présent... J'achète le château et la baronnie au nom de monsieur le comte Frédéric.

— Du comte Frédéric, répéta Ritter étourdi ; je ne sais si je le dois... D'ailleurs le comte n'est pas riche, son frère aîné s'est emparé de tous ses domaines, et...

— Le comte Frédéric possède une somme considérable, elle est contenue dans une cassette déposée en ce moment à l'auberge de Zelter. Veuillez me suivre, chevalier, et dans quelques instans les vingt mille florins vous seront comptés en belle monnaie d'or.

Un profond silence suivit cet incident. Ritter, après de courtes hésitations, fit une liasse des papiers qui devaient être remis à Sigismond dès que la somme convenue aurait été payée. Bientôt on se mit à causer ; tous les regards se portaient sur le baron. Cette fois, Henri semblait donner quelques signes d'intelligence. Il regardait à droite et à gauche, il se frappait le front comme s'il eût voulu ressaisir une pensée fugitive. Sigismond lui dit d'un ton mélancolique :

— Me comprenez-vous bien, major de Steinberg ? Vos instincts nobles et généreux auront-ils survécu à la perte de votre raison ?... Vos malheurs récens sont en partie réparés. Le vieux château, ces titres dont vous avez hérité de vos ancêtres, ne passeront pas à des étrangers ; vous êtes toujours maître au Steinberg... Monsieur le major, celui qui vous rend votre nom, votre titre, votre fortune, c'est votre frère, c'est l'époux de votre douce Wilhelmine.

Aux accens de cette voix vibrante, le baron avait manifesté une grande émotion. Il s'était levé ; ses yeux, avidement fixés sur Sigismond, se mouillaient de larmes. On crut que la raison lui était revenu, lorsqu'il dit d'une voix entrecoupée :

— Il est donc vrai... je posséderai encore la vieille demeure où je suis né ! Je serai encore le baron de Steinberg ! je ne serai pas couvert de honte et de déshonneur ! Dieu est bon, Dieu est clément... Merci, mon Dieu !

Il resta un moment immobile et rêveur. Les assistans se regardaient en silence d'un air de satisfaction. Tout à coup Henri redressa la tête.

— Qui dit cela ? s'écria-t-il en fureur, qui ose soutenir un pareil mensonge ? Ah ! Satan, Satan, je reconnais tes ruses... tu veux m'arracher mes victimes, tu veux faire avorter ma vengeance ! Mon, non, esprit du mal, tu ne me vaincras pas ainsi... Ils mourront... oui, ils mourront... ils mourront !

Et il retomba épuisé dans son fauteuil.

— Son mal est sans remède, dit Sigismond en poussant un soupir. Maintenant, messieurs, il faut nous retirer... Le baron de Steinberg et ses serviteurs ont désormais seuls le droit de rester ici.

On se dirigea en tumulte vers l'escalier.

— Monsieur Sigismond ! s'écria Madeleine en retenant l'étudiant avec désespoir ; ne les abandonnez pas ainsi... Vous avez entendu les paroles de monseigneur. Il a avoué, ils sont ici... Restez, oh ! restez!

— Sur ma parole ! la bonne vieille est plus folle que son maître, dit Sigismond avec un sourire de pitié.

Et toute la troupe quitta le Steinberg.

XXXII

Madame Reutner, en voyant s'éloigner les personnes dont elle avait espéré l'appui, tomba dans un grand découragement. Elle les avait suivies jusqu'à la porte extérieure du château, les suppliant de faire de nouvelles recherches; on ne l'avait pas écoutée. La bonne femme se retira désespérée dans le modeste réduit qu'elle occupait à côté de la chambre de son fils.

— Ils me laissent seule, murmura-t-elle! cependant; j'en suis sûre, ce brave jeune homme, ce Sigismond Muller démolirait la tour avec ses ongles s'il partageait les soupçons qui me torturent. Par quelle fatalité cette cruelle lettre est-elle venue le détourner de son premier projet? Il aime son ami comme j'aime Wilhelmine, et s'il pouvait penser... Que faire, mon Dieu! que faire? Monseigneur a réalisé sa terrible vengeance, je n'en peux douter maintenant... Ils sont ici, enfermés, enterrés vivans, souffrant déjà toutes les angoisses de la faim!... Oh! si je pouvais entendre leurs cris, leurs gémissemens!

Elle prêta l'oreille, retenant son haleine; aucun bruit n'arriva jusqu'à elle; la roche du Steinberg était trop épaisse pour que les plaintes d'un mourant pussent la traverser. Après un moment de silence la gouvernante se leva résolûment.

— Eh bien! j'agirai seule, dit-elle; je n'abandonnerai pas ces malheureux enfans que tout le monde abandonne. Je suis bien faible, bien impuissante, mais Dieu me soutiendra. J'affronterai, s'il le faut, la colère de ce maître insensé; dût-il me tuer, je découvrirai l'entrée de ce redoutable Flucht-veg... Oh! vieux château de Steinberg, sur lequel j'ai raconté tant d'histoires lugubres, devais-je donc être témoin d'une histoire plus lugubre encore que toutes celles de la légende?

Traversant une galerie effondrée, elle gagna la chambre où avait eu lieu la terrible scène de la nuit précédente. Une sorte d'instinct, aussi bien que le raisonnement, lui disait que l'entrée du passage secret devait se trouver de ce côté. Aussi examina-t-elle avec la plus grande attention chaque planche et chaque pierre; elle souleva les tapisseries, sonda les murailles. Enfin, elle frappa sur la lourde plaque de la cheminée; la plaque rendit un son creux; mais ce bruit n'éveilla pas les soupçons de la gouvernante. Comment supposer que cette masse de fonte pouvait tourner sur un pivot habilement dissimulé par la maçonnerie? La chambre étant éclairée par une seule fenêtre, l'insuffisance de la lumière empêchait de remarquer des fentes, d'ailleurs presque imperceptibles, de nature à trahir l'existence d'une cavité.

Aussi, après deux heures d'investigations, Madeleine resta-t-elle convaincue que le Flucht-veg n'avait pas d'issue dans cette pièce.

La vieille femme était épuisée de fatigue; cependant elle ne s'arrêta pas là. Elle parcourut tout le château, l'escalier de la tourelle, la galerie en ruines, scrutant avec soin chaque endroit où sa connaissance exacte des localités lui permettait de supposer de doubles murailles. Elle excepta seulement de cette perquisition rigoureuse la chambre voûtée dont Sigismond avait fait la visite. Mais ses efforts n'eurent aucun succès, et Madeleine fut sur le point de s'abandonner au désespoir.

Une idée lui vint tout à coup : le Flucht-veg, d'après la tradition, avait deux issues : l'une donnant dans l'intérieur du château, l'autre dans la campagne; si la première échappait aux recherches, peut-être l'autre serait-elle plus facile à découvrir.

Dès que cette réflexion se fut présentée à son esprit, la gouvernante se mit en devoir de recommencer les recherches. Elle traversa le jardin, franchit la porte extérieure, ouverte désormais à tous venans, comme autrefois, et descendit au bas du rocher.

Elle parcourut lentement tous les alentours; elle visita surtout une petite vallée plantée de châtaigniers, ombreuse et solitaire, qui séparait d'une hauteur voisine le rocher de Steinberg. Ce lieu jouait un grand rôle dans les vieilles légendes du manoir; c'était là, disait-on, qu'à une époque reculée, toutes les cigognes des provinces voisines se réunissaient pour le départ en commun. Les barons de Steinberg n'étaient pas peu fiers de cette circonstance, qui semblait mettre ainsi sous leur protection immédiate les immenses migrations de leurs oiseaux favoris. Mais, depuis bien des années, les cigognes avaient cherché un autre lieu de rendez-vous, et le nom de la vallée rappelait seul maintenant cette ancienne tradition; on la nommait le val du Départ.

Madeleine Reutner chercha longtemps dans ce lieu peu fréquenté, espérant que le val du Départ pourrait communiquer avec le château par l'introuvable Flucht-veg.

Cependant il lui fallut se rendre enfin à l'évidence; dans sa longue promenade, elle ne découvrit aucune trace de souterrain ou de grotte; vainement souleva-t-elle les ronces, fouilla-t-elle les buissons, elle n'aperçut rien de nature à justifier ses espérances.

Alors elle se dirigea vers l'autre flanc du Steinberg, sur le bord du fleuve.

Après avoir erré un moment le long du rivage, elle remarqua, sous une roche minée par les eaux, une excavation assez profonde; elle s'arrêta. Mais dans ses idées, le Flucht-veg devait avoir un grand développement, et cet endroit était très rapproché du château. D'ailleurs cet enfoncement devait être visité souvent par les bateliers et les enfans du village; il n'aurait donc pu recéler depuis tant d'années l'entrée du mystérieux passage.

En dépit de ces réflexions, Madeleine jeta un regard distrait dans le creux du rocher; le moindre indice pouvait la mettre sur la voie des découvertes.

La fatale précaution de Frantz perdit tout.

La gouvernante voyant des pierres moussues, qui semblaient avoir été apportées là par un débordement du Rhin, ne conçut aucun soupçon et passa lentement.

Cependant la plus grande partie de la journée s'était écoulée; Madeleine n'avait pris encore aucune nourriture, et ses forces commençaient à l'abandonner. Elle gravit péniblement le sentier du château, se traînant à peine, s'arrêtant à chaque pas. Mais elle ne semblait pas songer à ses propres souffrances, car de grosses larmes coulaient sur ses joues ridées, et elle murmurait :

— Pauvres enfans! pauvres enfans!

Comme elle traversait le jardin, une voix sonore faisait retentir les ruines d'un chant joyeux.

Cette gaieté serra le cœur de la vieille femme; mais sa douleur devint bientôt de la colère, quand elle reconnut dans le chanteur son propre fils, Fritz Reutner. Il s'occupait tranquillement d'arracher les mauvaises herbes dans un carré de légumes.

Madeleine se dirigea vers lui d'un pas mal assuré, mais rapide.

— Fritz, lui dit-elle d'un ton de reproche, oses-tu bien insulter à nos chagrins par cette joie cruelle? Malheureux! ce jour est un jour fatal aux maîtres de Steinberg... il marquera peut-être la fin de cette ancienne et illustre famille.

Fritz interrompit son travail et se souleva lentement.

— Ah! c'est vous, ma mère, dit-il avec son flegme ordinaire; que vouliez-vous? ma conscience est tranquille à moi; on me donne un ordre, j'obéis; je ne dois pas m'inquiéter du reste. Est-ce que je suis le juge de monseigneur? Tant pis pour lui s'il fait mal, moi je n'ai rien à me reprocher, et je chante pour me distraire... Eh bien! si le Steinberg périt, au moins ne pourra-t-on pas dire que Fritz Reutner a désobéi ou manqué à son devoir... Je n'en demande pas davantage.

Rarement Fritz avait fait un discours d'aussi longue haleine : malgré ses assurances réitérées que sa conscience était tranquille, il semblait être en proie à quelque grave préoccupation, à quelque remords peut-être ; Madeleine le devina.

— Il est donc vrai, Fritz, dit-elle avec un accent déchirant, tu as été complice de ce crime.

— Paix, ma mère, paix ! interrompit le jardinier d'un ton dur ; ne me demandez rien. J'ai obéi à monseigneur, cela doit vous suffire comme à moi.

— Mais, enfant obstiné, faut-il te répéter pour la centième fois que monseigneur est fou... fou furieux?

— Eh bien ! si cela est, ce n'est pas à nous de le dire. Nous sommes ses serviteurs, nous avons mangé son pain... D'ailleurs, n'a-t-il pas eu depuis peu assez de raisons pour se monter la tête ? La perte de sa baronnie d'abord, et puis l'histoire de sa sœur...

— Excuseras-tu aussi sa terrible colère contre toi ? As-tu donc oublié la scène d'hier à propos de la cigogne blessée?

— En effet, ma mère, sur ma parole, je n'y pense plus du tout. Eh bien ! si mon maître m'eût tué, n'eût-il pas été dans son droit? Venceslas, l'aïeul de monseigneur, ne tua-t-il pas un de ses écuyers qui avait blessé, par mégarde, à la chasse, un chien favori? Vous m'avez conté cent fois cette histoire ; oui... et l'âme de l'écuyer, chaque fois que le baron chassait, venait sonner de la trompe devant lui pour lever le gibier... Ma foi ! si vous ne m'aviez pas secouru à propos hier, mon âme aurait bien pu revenir aussi sous une forme ou sous une autre. Cependant, tout considéré, c'est un grand service que vous m'avez rendu là, ma mère, et je vous en remercie du fond du cœur.

— Me remercier ! dit Madeleine avec ironie en secouant la tête ; mais voyons, Fritz, reprit-elle d'un ton insinuant, comment peux-tu te croire engagé par des promesses faites à un insensé? D'ailleurs, toi qui es bon chrétien, ne l'as-tu pas entendu dire hautement qu'il avait signé un pacte avec Satan, que le démon lui était apparu sous la forme d'une cigogne?

— Quoi de plus simple, répliqua Fritz avec naïveté ; le démon n'a-t-il pas parlé au baron Herman II, une nuit de Noël? La cigogne à tête noire n'a-t-elle pas averti le baron Robert l'Oiseleur, dans les marais du Neckar, que son fauconnier voulait l'assassiner? Vous m'avez conté vous-même ces histoires-là, et vous m'avez juré que vous les teniez de votre père, qui les tenait lui-même de ses pères, vassaux de la baronnie, depuis je ne sais combien de *milliers* d'années. Si ces colloques avec Satan étaient excusables autrefois, pourquoi ne le seraient-ils plus aujourd'hui ? Et puis, écoutez, mère, pas de paroles inutiles : vous m'avez toujours dit d'obéir à monseigneur sans balancer, quoi qu'il ordonnât. J'ai toujours obéi, j'obéirais encore, lors même qu'il m'ordonnerait de me précipiter dans le Rhin du haut de la grande tour. Ma foi ! aujourd'hui même, ajouta-t-il en regardant Madeleine d'un air singulier, j'ai craint qu'il ne me commandât quelque chose de pire, et je ne sais trop comment j'aurais pu me dispenser d'exécuter sa volonté... Maintenant, que monseigneur soit damné ou non, peu m'importe! Fût-il mort, je lui obéirais encore, s'il revenait de l'autre monde.

Madeleine semblait douloureusement surprise de cette crédulité grossière qu'elle avait nourrie elle-même, de ce dévouement aveugle qu'elle avait prêché la première à son fils. Elle comprenait enfin combien sa religion des vieux souvenirs, son respect pour la famille déchue de Steinberg, avait faussé l'intelligence déjà si épaisse de Fritz.

Cependant elle le savait bon, au fond du cœur ; ne voulant pas contredire des principes et des croyances qu'elle lui avait donnés dès l'enfance, elle préféra s'adresser à sa pitié.

— Fritz, mon cher Fritz, reprit-elle d'un ton suppliant, si monseigneur a sur toi une autorité absolue, moi, ta mère, n'ai-je pas aussi quelques droits à ton amitié, à ta soumission? Quand ton père mourut aux côtés du baron

Hermann, en défendant le château, tu étais un petit enfant, Fritz ; la famille de Steinberg était dispersée. Moi, pauvre veuve, je travaillai pour te nourrir, pour t'élever jusqu'au retour de nos anciens maîtres. Depuis ce moment, je t'ai comblé de soins et de tendresse... Hier encore, j'ai eu le bonheur de te sauver la vie. Hélas ! je ne rappelle pas ce souvenir pour m'en glorifier, toute autre mère eût agi comme moi à ma place... Mais si tu m'aimes, je t'en supplie, ne me refuse pas la grâce que je demande ; dis-moi ce qui s'est passé la nuit dernière dans la chambre de Wilhelmine après mon départ. Indique-moi par un mot, par un signe l'entrée de ce Flucht-veg où deux malheureux jeunes gens se débattent sans doute contre la mort, et je te bénirai, et toute ma vie je serai fière, je serai heureuse de t'avoir pour fils !

Fritz n'avait pas paru insensible à ces touchantes instances. Une légère émotion s'était d'abord montrée sur son visage énergique ; mais peu à peu cette expression avait fait place à celle d'un profond étonnement.

— Il est vrai, ma mère, reprit-il d'un ton rude, vous êtes une bonne femme ; vous avez eu bien soin de moi, c'est vrai encore... mais ne m'avez-vous pas dit souvent que le seigneur du Steinberg devait passer, pour un Reutner, avant toute sa famille, avant fille ou mère, avant père ou frère ; que je ne devais écouter nul ordre contraire au sien, fût-ce celui de Dieu ?

— Hélas ! mon cher enfant, je ne donne pas d'ordre, je supplie. Monseigneur lui-même te remerciera plus tard de lui avoir désobéi, s'il revient à son bon sens. Non, je n'ordonne pas, je n'ai pas le droit d'ordonner... Mais je te demande à genoux la grâce de cette pauvre Wilhelmine ! Je l'ai élevée, elle est comme mon enfant, comme ta sœur, Fritz... Oui, elle est ta sœur ; elle n'a jamais eu pour toi un mot dur ou injurieux. Cependant elle était aussi ta maîtresse, elle était baronne de Steinberg, tu lui devais aussi obéissance !... Elle meurt, Fritz, entends-tu ? elle va mourir, et cette mort sera ton ouvrage.

En parlant ainsi, la pauvre Madeleine répandait des torrens de larmes, elle se tordait les bras de douleur. Fritz semblait ébranlé ; sa mère avait employé la seule chance de succès en cessant de lutter contre son intelligence imparfaite pour attaquer son cœur et ses préjugés. Il restait pensif, appuyé sur sa bêche, les yeux fixés vers la terre.

— Serais-je coupable, en effet? murmura-t-il comme à lui-même : cependant l'écuyer qui aida le baron Emmanuel à accomplir sa vengeance contre Bertha et le sire de Stoffensels n'a jamais été blâmé d'avoir obéi à son maître ; vous-même, ma mère, ajouta-t-il, vous m'avez vanté bien des fois la fidélité de cet écuyer ; comment pouvez-vous me proposer d'agir autrement que lui ?

Madeleine baissa la tête ; Dieu la punissait d'avoir égaré l'esprit de son fils par tant de contes étranges, tant de récits fabuleux.

— Allons, dit-elle avec un profond découragement, je n'obtiendrai rien de lui !... Il est devenu incapable de distinguer la vérité du mensonge. — Puis, se tournant vers Fritz. — Où est monseigneur ?

— Dans la chambre voûtée, j'imagine ; il parle tout seul et il pleure.

— Fièvre, dis-tu ? Oh ! sans doute son cœur s'attendrit, sa raison commence à renaître. Aujourd'hui, au moment où le Steinberg lui a été rendu, il a paru comprendre cet heureux événement... Si pourtant cette folie était seulement le délire de la fièvre !... Je veux le voir, l'implorer encore.

La bonne femme allait rentrer dans la tour, quand elle vit son fils lui-même quitter son ouvrage et s'avancer vers une espèce de mauvaise écurie où se trouvait le cheval du major.

— Où vas-tu, Fritz? demanda-t-elle.

— Ma mère, la nuit approche, et monseigneur m'a ordonné de partir à la chute du jour. Je vais à Heidelberg chercher des dépêches importantes envoyées à l'adresse du major par le colonel de son régiment ; je ne serai pas de retour avant demain soir.

— Va, mon fils, et que Dieu te protège ! dit la bonne femme d'un ton pensif ; jamais maître n'eut un serviteur plus fidèle, plus dévoué que toi.

Elle fit un geste affectueux, et gravit l'escalier de la tour pendant que Fritz continuait ses préparatifs de départ.

Madeleine, arrivée à la chambre voûtée, n'y trouva pas le baron. Cependant la porte était ouverte ; le malheureux insensé ne pouvait être loin. La vieille gouvernante devina qu'il était sur la plate-forme. Elle s'empressa d'aller le joindre, mais en franchissant les dernières marches de l'escalier tortueux, la force lui manqua, et elle fut obligée de s'asseoir.

Le baron de Steinberg se trouvait en effet sur la plateforme ; accoudé au parapet, il regardait fixement un objet placé un peu au-dessous de lui hors de la tour. Sa préoccupation était si vive, qu'il ne s'aperçut pas de la présence de la gouvernante. Complétement immobile, il était absorbé dans sa contemplation.

Après quelques minutes de repos, Madeleine se souleva, et s'avança en chancelant sur la terrasse ; mais elle s'arrêta bientôt, et, promenant autour d'elle un regard rapide, elle put avoir idée de la scène qui captivait ainsi l'attention de l'insensé.

XXXIII

La journée était sur son déclin, et un orage s'annonçait. Le ciel était couvert ; des nuages mal formés, noirs au centre, cuivrés sur les bords, ne laissaient passer qu'une lueur blafarde et incertaine. Aucun souffle d'air ne se faisait sentir, même à cette hauteur, dans l'atmosphère immobile ; les giroflées, les linaires, les polypodes, qui croissaient dans le ciment amolli de la tour, n'étaient balancés par aucune brise folle et incertaine. Les oiseaux des ruines se taisaient dans les crevasses.

L'immense paysage qui s'étendait autour du château et du rocher présentait le même aspect triste et calme à la fois. D'un côté s'enfonçait le petit vallon appelé le val du Départ, semblable à une corbeille de verdure. Des collines boisées se montraient au loin, noyées dans des vapeurs bleuâtres et uniformes. De l'autre côté, le Rhin, traçant fièrement son large cours d'un bout à l'autre de l'horizon, étalait ses eaux glauques, unies comme celles d'un lac. Aucune voile blanche n'égayait plus sa surface majestueuse ; seulement, quelques bateaux pêcheurs luttaient avec leurs longs avirons contre le formidable courant ; on eût dit de gros scarabées agitant leurs pattes à intervalles égaux. Cependant aucun bruit de rame ne montait jusqu'au sommet de la tour, aucun cri humain ne venait du fleuve ou de la vallée. Les pêcheurs du village semblaient avoir cherché dans leurs maisons bariolées un asile contre la tempête prochaine.

Mais ce grand spectacle de la nature ne captivait nullement l'attention du major. Le regard de Steinberg ne se détournait pas du massif en maçonnerie qui unissait la tourelle à la grosse tour et servait depuis quelque temps de demeure aux cigognes.

Madeleine s'avança doucement, poussée par cette curiosité dont, au milieu même des circonstances les plus critiques, une femme n'est jamais complétement dépourvue. Par l'échancrure d'un créneau, elle put voir ce qui occupait si profondément l'insensé.

Les cigognes, dont le retour avait fait naître un espoir sitôt déçu, étaient réunies en ce moment dans le nid commun.

La famille s'était accrue depuis longtemps ; deux cigogneaux, encore revêtues du duvet du premier âge, s'agitaient sur la mousse, dressaient leurs becs roses au long col argenté, et faisaient entendre des espèces de gémissemens plaintifs. Leur mère, bel et robuste oiseau, voltigeait à l'entour d'un air d'inquiétude et d'effroi.

La présence du major si près du nid semblait au premier aspect être la cause de ce manège ; mais, après une minute d'examen, il était évident que l'agitation de la mère et des petits tenait à une cause différente.

La famille ailée s'occupait uniquement d'une autre cigogne posée tristement sur le bord du massif, les ailes pendantes, les plumes tachées de sang.

Celle-ci était morne, immobile ; à l'expression terne de son œil, à l'affaissement graduel de ses membres, on jugeait sa mort prochaine. Cependant elle se tenait encore sur ses pattes ; son corps, appuyé contre la tourelle, restait péniblement en équilibre. Dans ce malheureux oiseau Madeleine reconnut le chef de la famille, le favori du baron Hermann, le hinkende enfin, la cigogne blessée la veille par le major dans un accès d'aveugle colère.

Sans doute un grain de plomb échappé aux recherch de Frantz avait pénétré dans les organes vitaux ; le pau vre oiseau, se sentant blessé mortellement, avait usé le peu de force qui lui restait pour venir mourir dans son nid.

Quoi qu'il en fût, la femelle et les petits, avec cet instinct merveilleux que l'on attribue à leur intéressante espèce, semblaient comprendre les souffrances du pauvre hinkende et pressentir sa fin. Les cigogneaux, surpris et inquiets de ne pas recevoir de lui les soins ordinaires, continuaient à pousser leurs gémissemens faibles et timides, bien différens des cris vifs et aigus par lesquels ils demandaient leur nourriture. La mère, de son côté, allait et venait sans cesse autour du mâle, tantôt marchant, tantôt voltigeant, pour l'inviter à prendre son essor ; plusieurs fois elle essaya de le porter sur ses ailes comme elle portait ses petits afin de les exercer à se tenir en l'air ; mais le blessé restait insensible à ces excitations bienveillantes, il semblait dire par sa contenance abattue :

« Je ne peux plus rien pour vous, laissez-moi mourir en paix. »

Cette scène étrange, qui se passait entre la terre et le ciel, dans un silence solennel, au milieu des apprêts d'un orage, avait vivement frappé l'esprit malade d'Henri de Steinberg.

Il suivait avec anxiété les péripéties de ce petit drame muet ; chaque incident semblait avoir pour lui une signification positive. Néanmoins, les idées superstitieuses résultant de sa folie lui revenaient par momens, car il dit une fois tout haut, en regardant le hinkende :

— Non, non, ce ne peut être l'effet de l'instinct animal... Des démons ont pris la forme de ces oiseaux protecteurs de ma famille.

— Ce ne sont pas des démons, monseigneur, dit Madeleine derrière lui ; ce sont de pauvres créatures que la Providence a douées de qualités aimables pour apprendre aux hommes cruels la mansuétude et la pitié.

Henri se retourna ; il ne parut ni surpris ni irrité de voir Madeleine. Après lui avoir fait signe de garder le silence, il s'accouda de nouveau sur le parapet, les yeux tournés vers le massif de la tourelle. La gouvernante l'imita sans bruit ; le calme du major lui semblait de bon augure ; peut-être se préparait-il dans l'intelligence troublée de son maître une crise qui, pour devenir favorable, ne devait pas être précipitée.

Cependant la scène devenait plus vive et plus animée dans le nid de cigognes : la pauvre femelle redoublait ses excitations envers le mourant ; elle tournait autour de lui, elle l'effleurait de son aile, elle le caressait doucement de son cou onduleux, à la manière des cygnes privés. Les petits se haussaient avec effort sur leurs pattes grêles, et tentaient de l'éveiller de sa torpeur en répétant plus fréquemment la note basse et plaintive qui formait leur cri. Mais le hinkende ne changeait pas sa pose triste et comme résignée ; la mort semblait l'avoir glacé déjà.

Tout à coup la femelle ouvrit ses vastes ailes, prit son essor et s'éleva perpendiculairement dans les airs en faisant claquer son bec avec vivacité : puis elle partit comme une flèche dans la direction du Rhin et disparut bientôt au milieu des roseaux qui couvraient les rives du fleuve.

— Elle l'abandonne !... voyez-vous, elle l'abandonne ! dit le baron avec une ironie amère en s'adressant à Madeleine ; la souffrance fait horreur même aux brutes... elles sont ingrates et cruelles comme les hommes.

Sans répondre, Madeleine étendit le bras vers le point de l'horizon où la cigogne avait disparu.

Pendant quelques instans tout resta immobile de ce côté ; mais enfin un point blanc apparut au loin dans la brume, puis la forme svelte de la cigogne se dessina sur les eaux foncées du Rhin, sur les nuages phosphorescens du ciel.

Cette forme grossit rapidement, et bientôt la femelle atteignit le nid : elle portait au bec un objet qu'elle vint poser devant le hinkende. C'était un poisson aux écailles d'or, aux nageoires vermeilles, tout vivant encore et sautillant sur les herbes sèches.

A la vue d'une si belle proie, les cigogneaux avancèrent un bec avide pour s'en emparer. La mère les châtia d'un coup d'aile, et poussa de nouveau le poisson doré vers le moribond.

Le hinkende ne parut pas remarquer d'abord le naïf présent de sa compagne ; enfin il abaissa tristement son regard sur cette proie choisie qu'on lui offrait. Par un effort suprême, il changea d'attitude, et, prenant à son bec le beau carpillon du Rhin, il le poussa vers ses petits.

Le major et Madeleine ne perdaient pas le moindre détail de cette touchante scène dont le théâtre se trouvait à quelques pieds seulement au-dessous d'eux. La gouvernante voulut voir quel effet la tendresse réciproque de ces pauvres oiseaux avait produit sur le baron : le visage livide et farouche d'Henri de Steinberg était inondé de larmes.

Madeleine crut le moment favorable pour adresser sa prière à l'insensé.

— Monseigneur, dit-elle avec véhémence, je voulais vous implorer en faveur de deux pauvres enfans que vous avez condamnés à une mort horrible ; le ciel même s'est chargé d'amollir votre cœur en plaçant sous vos yeux ces bons et timides oiseaux... Regardez le hinkende, monseigneur, il souffre, il va mourir, et cependant il pense toujours à ses petits ; il sait qu'il doit être leur protecteur, qu'il doit s'oublier pour eux jusqu'à son dernier moment. Comme lui, vous êtes chef de famille ; comme lui, vous devez être doux, indulgent, dévoué envers vos proches... Monseigneur, grâce et pitié pour votre sœur, pour votre frère !... Que l'exemple d'une humble créature privée d'intelligence vous fasse repentir de votre cruauté !

Henri de Steinberg l'écoutait avec attention et sans colère ; deux ou trois fois il passa la main sur son front comme pour faciliter le dégagement de sa pensée.

— Est-ce vous qui parlez ainsi, Madeleine Reutner ? reprit-il d'un air encore un peu égaré ; attribuez-vous réellement au seul instinct de la brute les actes merveilleux de ces cigognes ? Vous savez donc bien mal les traditions de ma famille ! Ces oiseaux, dont mes ancêtres ont pris l'emblème dans leurs armes, sont unis à nous par un lien surnaturel, car il n'est explicable par aucun raisonnement humain... Femme, me vois-tu pas ? ce qui se passe c'est de la magie. L'esprit du mal, autrefois asservi à ma famille, s'est révolté contre moi ; il m'entoure de prestiges pour me tromper.

— Ne croyez pas cela ! ne le croyez pas ! s'écria Madeleine avec énergie ; tout n'existe que par la volonté de Dieu. L'intervention de l'esprit du mal n'est réelle que dans les contes d'une pauvre vieille femme comme moi... Hélas ! j'ai été cruellement punie de ma crédulité, de mon amour pour le merveilleux... Non, non, monseigneur, les derniers événemens survenus dans votre famille ne doivent plus nous laisser d'illusions ; les cigognes du Stein-

berg n'ont aucune influence sur le sort de sa race. Elles ne peuvent écarter le malheur de votre toit, elles ne peuvent y apporter la joie et la prospérité. Oubliez ces poétiques chimères ; peut-être n'y a-t-il rien que de fort simple dans l'antique respect des membres de votre famille pour ces oiseaux. Les seigneurs de Steinberg étaient une race farouche, turbulente, indomptable. Un de vos ancêtres, plus sage et plus prudent que les autres, Robert l'Oiseleur peut-être, eut occasion d'admirer comme vous les touchans instincts des cigognes, la douceur de leurs mœurs, leur tendre dévouement pour leurs petits. Il résolut de placer continuellement sous les yeux de ses belliqueux descendans l'exemple de ces paisibles oiseaux. Il inventa une fable pour frapper vivement leur esprit ; il plaça dans ses armes l'image de la cigogne ; il voulut qu'un nid de cigognes fût toujours sous les yeux des vaillans seigneurs de sa race, quand ils montaient au faîte de leur orgueilleuse tour... Telle est la vérité, monseigneur, la vérité dépouillée des mensonges qu'ont propagés, et moi la première, des personnes crédules et superstitieuses... Soyez doux et bon, monseigneur ; voilà ce que vous enseignent les cigognes du Steinberg.

Le baron, la tête inclinée sur sa poitrine, écoutait Madeleine d'un air rêveur ; mais son attention se porta de nouveau sur les cigognes et il tressaillit.

— Regardez, dit-il d'une voix étouffée en désignant du doigt le hinkende ; il m'a reconnu, il se souvient que je suis son meurtrier, moi qui aurais dû être son protecteur ! Voyez comme ses yeux sont fixés sur moi... Ne dirait-on pas d'une flamme infernale ? Il me reproche ma cruauté ; il me reproche de l'enlever à sa femelle, à ses petits, à son nid de mousse, à la vieille tour où il est né, où il a reçu les caresses de mon aïeul... La bête peut-elle donc aussi détester et maudire ?

Madeleine se pencha de nouveau sur le parapet à côté du baron. Le hinkende, en effet, debout sur le bord du nid, avait attaché sur Henri ce regard perçant, fixe, mélancolique, dont Frantz avait éprouvé déjà la puissance. La gouvernante elle-même, malgré ses sages observations au sujet des influences surnaturelles, ne put se défendre contre une atteinte de ses anciennes superstitions. Elle se sentit frémir au contact de cette étincelle que dardait l'œil fauve de l'oiseau.

XXXIV

Tout à coup le hinkende sortit de sa torpeur. Peut-être se souvenait-il que, deux fois déjà dans sa vie, l'homme avait eu le pouvoir de soulager ses souffrances ; peut-être obéissait-il tout simplement à l'instinct des individus de son espèce presque domestique ; toujours est-il que l'oiseau éleva sa tête vers le baron de Steinberg, ensuite, développant avec lenteur son cou onduleux, il agita faiblement ses ailes pendantes. Tous ces mouvemens avaient une grâce, une langueur de l'effet le plus touchant ; c'était une plainte douloureuse et une caresse, un signe d'affection et un triste adieu.

— Monseigneur, murmura Madeleine avec solennité, les sentimens de haine et de vengeance n'appartiennent qu'aux hommes. Les cigognes ne connaissent pas ces passions féroces... le hinkende ne sait pas haïr son meurtrier !

Pendant qu'elle parlait, le baron observait toujours les mouvemens de l'oiseau. Ses battemens d'ailes devenaient de plus en plus faibles ; c'était à peine si ses longues plumes soyeuses agitaient l'air tiède et lourd. Les ondulations de son cou cessaient peu à peu ; ses pieds rouges tremblaient sous le poids de son corps. Enfin il ramena sa tête et son bec de corail sous son aile, comme s'il allait s'endormir ; puis il s'affaissa brusquement et resta immobile.

Au même instant, un éclair éblouissant, mais silencieux, déchirant la nue au-dessus du Steinberg, illumina le ciel ; la cigogne femelle s'envola précipitamment et tourna deux ou trois fois autour de la tourelle ; les cigogneaux poussèrent des gémissemens plaintifs.

Le baron et Madeleine étaient frappés d'une terreur religieuse.

— Il est mort ! dit enfin Henri d'une voix étouffée.

— Oui, il est mort, répéta la vieille femme, et sa mort est pour vous, seigneur de Steinberg, un exemple de clémence, de pardon, comme sa vie a été un exemple de mœurs douces et d'affection de famille. Monsieur le baron, mon noble maître, vous laisserez-vous vaincre en générosité par un oiseau ?... Pardonnez aussi, monseigneur, pardonnez à votre sœur, à cette bonne Wilhelmine que vous avez condamnée à la destinée la plus affreuse avec son malheureux époux.

Le major releva la tête lentement.

— Madame Reutner, dit-il enfin, que voulez-vous de moi ? que parlez-vous de ma sœur ? je ne vous comprends pas... Où suis-je donc ?

Cette fois sa voix était calme, son regard n'était plus égaré.

Henri de Steinberg avait recouvré la raison, ou tout au moins était-il dans un de ces momens lucides que comporte l'aliénation mentale. Mais cet heureux événement avait pour Madeleine une affreuse compensation.

— Oh ! mon Dieu ! il ne se souvient plus ! dit la pauvre femme.

Elle raconta rapidement ce qu'elle savait ou ce qu'elle supposait, afin d'aider la mémoire de son maître ; Henri manifestait seulement de la surprise et du doute :

— Vous rêvez, Madeleine, reprit-il en souriant ; je n'ai jamais su où se trouvait le Flucht-veg ; mon aïeul Hermann a emporté ce secret dans la tombe. Mais comment suis-je venu ici ? continua-t-il avec effort ; ma tête est lourde... il me semble que je m'éveille d'un sommeil pénible... Où est ma sœur ?

— Votre sœur ! s'écria Madeleine en sanglotant, ne vous l'ai-je pas dit ? vous l'avez enfermée dans un cachot secret pour la faire mourir.

Henri la regarda d'un air effrayé ; puis, se frappant le front, il s'écria d'une voix déchirante :

— Il est donc vrai ?... j'ai été fou... j'ai perdu la raison ! O mon Dieu ! mon Dieu ! aviez-vous réservé ce malheur au dernier descendant des Steinberg ?

Il tomba sur ses genoux et se cacha le visage.

— Mais le Flucht-veg ! répétait Madeleine ; monseigneur, rappelez vos pensées... le Flucht-veg, où la nuit dernière vous avez enfermé la malheureuse Wilhelmine, où est-il ?

— Je... je l'ignore... Oh ! qui calmera les battemens de mon front ! Si vous avez vous-même votre raison, si vous dites vrai, cherchez, cherchez ; moi je ne sais rien... Où est ma chère Wilhelmine ?

La gouvernante sentit qu'elle ne devait attendre aucun éclaircissement du malheureux Henri, elle allait s'abandonner encore au désespoir quand elle fut frappée d'une idée.

— Mon fils était présent ! s'écria-t-elle, il a tout vu... il a refusé de me dire la vérité, mais il la dira si vous lui commandez de parler.

— Eh bien ! fais-le venir ; ordonne-lui de ma part...

Aussitôt Madeleine Reutner, d'une voix que l'inquiétude rendait perçante, appela son fils ; elle ne reçut pas de réponse. Elle descendit rapidement l'escalier, en continuant ses appels précipités, mais Fritz ne se montra pas. Elle visita successivement toutes les chambres, le couloir, la masure ; puis elle parcourut le jardin, elle s'aventura dans le sentier qui conduisait au village, regardant de tous côtés : elle n'aperçut pas son fils ; aucune voix ne répondait à la sienne.

Alors seulement elle se souvint d'une circonstance que les angoisses de cette journée avaient chassée de sa mé-

moire : Fritz avait dû partir le soir même pour Heidelberg.

Une sueur glacée coula sur le front de Madeleine ; elle courut à l'écurie, l'écurie était vide ; Fritz seul avait pu monter le cheval de son maître.

— Il est parti, dit-elle en levant les yeux au ciel, et i ne doit être de retour que demain... il sera trop tard !

Elle courut encore à la porte extérieure du château ; mais sans doute Fritz était parti depuis longtemps ; aussi loin que la vue pouvait s'étendre du haut de ce rocher, elle n'aperçut pas le voyageur. Néanmoins, au moment de rentrer, elle remarqua dans le chemin qui serpentait au-dessous d'elle plusieurs cavaliers lancés au grand galop, malgré le danger de courir ainsi sur un terrain âpre et rocailleux ; ils se dirigeaient vers la tour de Steinberg. Madeleine reconnut parmi ces cavaliers Sigismond et Ritter, qui pressaient leurs chevaux couverts d'écume.

— Que viennent-ils faire ? dit-elle avec l'ironie de la douleur ; ils ne trouveront plus au Steinberg que la mort et la folie.

<h2 style="text-align:center">XXXV</h2>

Nous devons maintenant faire descendre le lecteur dans ce terrible Flucht-veg où Frantz et Wilhelmine étaient exposés à toutes les horreurs du désespoir et de la faim.

Wilhelmine avait été déposée sur un des sièges vermoulus qui garnissaient encore l'ancien trésor des barons de Steinberg. Elle était évanouie, et n'eut d'abord nullement conscience du sort qui l'attendait.

Frantz, au contraire, ayant conservé sa présence d'esprit, sentait toute l'horreur de leur situation. On l'avait jeté brutalement sur le sol humide du cachot ; mais ses pieds et ses mains étaient garrottés, et toute tentative pour fuir ou pour recommencer sa lutte avec le forcené devenait impossible.

Néanmoins, tant que le major et Fritz purent l'entendre, il les supplia d'exercer leur haine sur lui seul, d'épargner Wilhelmine. Il employa les expressions les plus touchantes pour les implorer en faveur de la pauvre enfant ; mais que pouvait-il attendre d'un maître insensé et d'un serviteur dont le dévouement allait jusqu'à l'imbécillité ?

Fritz ne parut pas même avoir compris : le baron répondit à ses supplications par un sourire féroce.

Bientôt la lumière disparut, l'épaisse porte du cachot se referma, les pesans verrous glissèrent dans leurs rainures.

Un moment encore les deux hommes parurent aller et venir dans le souterrain, afin de s'assurer que les prisonniers ne pourraient fuir par quelque issue secrète. Puis le son mat des pas s'affaiblit en s'éloignant ; tout retomba dans le silence de la tombe.

Alors Frantz s'efforça de briser ses liens ; mais sa maladie récente et les fatigues inouïes qu'il avait endurées depuis quelques heures avaient épuisé sa vigueur. Vainement chercha-t-il à dégager ses mains en usant contre les aspérités d'une pierre, la corde qui les retenait : il fut bientôt à bout de forces et de courage. D'ailleurs, à quoi lui eût servi de recouvrer l'usage de ses membres ? La porte de sa prison était solide encore ; songer à la forcer où à la briser eût été folie. Quant à secourir Wilhelmine, ne valait-il pas mieux la laisser le plus longtemps possible dans cet évanouissement, image du sommeil ? Au moins elle ne pouvait ni penser ni souffrir.

Abattu par ces réflexions désolantes, Frantz ne bougea plus. Il perdait peu à peu la conscience de lui-même. Pour secouer cet engourdissement, il appela Wilhelmine ; le son de sa voix, assourdi par la voûte, lui parut n'avoir plus rien d'humain. Wilhelmine ne répondit pas, et le malheureux Frantz retomba dans son accablement.

Enfin un léger soupir se fit entendre à l'autre extrémité du cachot, et une imperceptible agitation de l'air apprit au jeune homme que sa compagne commençait à se mouvoir. Singulière inconséquence des sentimens ! Frantz souhaitait, une minute auparavant, que Wilhelmine ne se ·réveillât pas de son profond sommeil, et, au premier signe de vie qu'elle donna, il éprouva un vif sentiment de joie ; son sang circula mieux, son cœur battit avec plus de rapidité, son énergie se réveilla.

Cependant il ne fit pas un geste, il ne prononça pas un mot qui pussent trahir prématurément sa présence.

Wilhelmine murmurait d'une voix éteinte :

— Où suis-je, mon Dieu ? Comme ces ténèbres sont épaisses et froides ! Suis-je donc morte ? Est-ce ici le tombeau ?

— Frantz se taisait toujours ; il n'eût voulu pour rien au monde hâter le moment où la pauvre jeune femme serait en état de comprendre l'épouvantable vérité. Il retenait son haleine. — C'est étrange, continua Wilhelmine en s'agitant sur son siége, je suis attachée..... et puis cette obscurité, ce silence... Ah ! je me souviens ; mon frère, ce malheureux insensé, se venge de mon amour pour Frantz... Je suis sans doute dans ce cachot où est morte la malheureuse Bertha..... Mais Frantz du moins est sauvé !... O mon Dieu ! merci ! il est sauvé !

Frantz ne crut pas devoir prolonger l'illusion de sa compagne.

— Wilhelmine, dit-il avec douceur, je suis ici, pour vivre ou mourir avec vous !

Elle resta terrifiée, comme si un spectre lui eût parlé dans les ténèbres.

— Quelle est cette voix ? dit-elle enfin d'un ton d'égarement ; qui est là ?... ce ne peut être lui !... Mon frère a-t-il raison ? Dois-je croire à l'existence d'êtres surnaturels ?

— Ne croyez qu'à la puissance de Dieu et à la méchanceté des hommes... Oui, c'est bien moi, Wilhelmine, moi condamné comme vous à expier notre amour si pur et si beau. Wilhelmine, la fatalité qui pesait sur ma tête s'appesantit aussi sur la vôtre ; elle nous écrase... Voici le moment de nous souvenir que nous préférions mourir ensemble à vivre séparés.

— Mourir ! vous, Frantz ? s'écria la jeune fille avec angoisse, vous né pour les grandeurs, doué de tant de qualités précieuses, vous si bien fait pour occuper un rang élevé dans le monde ! Votre fatal amour pour une humble créature ignorée vous a perdu.

— Vous avez bien plutôt sujet de maudire le jour où vous m'avez vu pour la première fois, chère et noble enfant ! Sans votre attachement pour un proscrit qui traîne partout après lui la douleur et l'infortune, vous seriez encore sur la terre... belle et souriante, vous commanderiez encore le respect et l'affection.

— Ne me plaignez pas de vous avoir aimé, Frantz ; non, ne me plaignez pas ; car, même ici, dans cet obscur caveau où nous allons périr misérablement loin du regard des hommes, cet amour a pour moi des douceurs et des consolations infinies. Vous avez raison, ami ; en contractant cette union, nous avions prévu que l'on pourrait vouloir nous séparer, et nous avions préféré la mort même à cette séparation... Nos vœux sont exaucés ! résignons-nous à mourir... — Malgré elle, un soupir s'échappa de ses lèvres. Elle reprit bientôt : — Frantz, si vous ôtiez près de moi, si je touchais votre main, si j'appuyais ma tête sur votre épaule, je serais bien plus forte contre les souffrances, contre le désespoir.

Par un effort suprême, Frantz parvint à briser la corde qui avait jusque-là résisté à ses attaques ; dégageant ses mains déchirées et sanglantes, il se traîna vers la partie du cachot où il avait entendu la voix de sa compagne.

— Me voici, mon ange, murmura-t-il avec passion ;

que notre sort s'accomplisse..... Il ne m'épouvante que pour toi.

Il se hâta de débarrasser Wilhelmine elle-même de ses liens, puis il l'enlaça dans ses bras et la couvrit de baisers.

De longues heures se passèrent ; aucun changement n'était survenu dans la position des prisonniers. Malgré leur résignation, ils conservaient encore un peu d'espoir. Le baron pouvait avoir un moment lucide, se repentir de son atroce vengeance ; Fritz pouvait reconnaître enfin la faute qu'il avait commise en exécutant les ordres cruels d'un maître insensé ; enfin leur disparition subite devait infailliblement être remarquée, donner lieu à des recherches actives. Ils croyaient notamment pouvoir compter sur deux personnes dévouées, Sigismond et la vieille Reutner. Mais quand ils réfléchissaient à la frénésie aveugle du major, à la stupidité de Fritz, aux diverses circonstances qui induiraient peut-être leurs amis en erreur, cet espoir s'évanouissait, et ils se trouvaient face à face avec l'inexorable réalité.

Cependant Frantz ne voulut pas mourir sans avoir tenté quelque chose pour son salut et pour celui de Wilhelmine.

En quittant l'auberge, il s'était muni d'un couteau, et on n'avait pas songé à le lui enlever. Avec ce faible instrument, il essaya d'attaquer la massive porte de chêne garnie de gros clous et de lames de fer.

Sans doute des prisonniers, avec des outils moins propices, étaient parvenus à opérer leur délivrance ; mais ces prisonniers, pour accomplir de pareilles entreprises, avaient au moins du temps et de la vigueur ; or, Frantz était épuisé, et sa main meurtrie se refusait à servir son courage. Aussi, après quelques instans de travail, fut-il obligé de s'arrêter ; la force lui manquait absolument ; le couteau, déjà ébréché sur les armures métalliques de la porte, s'échappa de ses doigts.

Wilhelmine l'obligea de se rasseoir, et elle essaya de continuer elle-même l'œuvre commencée, malgré les instances de Frantz. Bientôt cependant elle dut y renoncer. En une heure de travail, les deux pauvres enfans avaient à peine égratigné les ais solides de la porte.

Il eût fallu de la lumière pour diriger leurs efforts avec intelligence, et encore plusieurs jours au moins leur eussent été nécessaires avant d'obtenir un résultat de quelque importance. Wilhelmine le comprit enfin ; elle cessa ce travail ingrat et inutile. S'approchant à tâtons de Frantz, elle lui dit avec un accent solennel :

— Prions, ami, prions Dieu... il est désormais notre seul espoir !

XXXV

Ils se mirent à genoux et adressèrent à la Providence, protectrice des affligés, une fervente prière. Ce devoir accompli, ils s'assirent l'un à côté de l'autre sur le roc humide ; puis, adossés à la muraille, les mains entrelacées, ils retombèrent dans un morne abattement.

La nuit et une partie de la journée suivante s'écoulèrent ainsi ; mais rien n'annonçait la succession de la lumière à l'obscurité dans cette lugubre tombe où étaient ensevelis vivans ces deux beaux jeunes gens. Serrés l'un contre l'autre, « ils ne voyaient que la nuit, n'entendaient que le silence, » selon l'expression hardie d'un poëte. Cependant ils pensaient encore ; leurs imaginations malades s'égaraient dans des rêves étranges, incohérens, où l'horreur se mêlait parfois à de brillantes et délicieuses visions. Ils semblaient alors reprendre le sentiment de leur position, mais ils se gardaient bien d'exprimer leurs tristes pensées. Leurs mains se serraient doucement, ils s'appelaient d'une voix basse et plaintive :

— Frantz!
— Wilhelmine!
Puis le bruit même de leur haleine s'absorbait dans le calme funèbre du souterrain.

Cependant ces mains entrelacées commençaient à devenir moites et froides, ces haleines haletantes ; la fièvre s'emparait lentement des deux prisonniers ; le frisson s'insinuait jusqu'à la moelle de leurs os. Ils étaient trop faibles pour éprouver ces angoisses terribles, ces agitations désordonnées que la faim entraîne d'ordinaire après elle ; mais des spasmes nerveux soulevèrent leurs poitrines ; leurs membres se raidirent dans les convulsions de l'agonie.

Frantz cherchait à dissimuler ses maux ; dans ce moment suprême où il sentait la vie l'abandonner peu à peu, il ne songeait qu'à épargner à Wilhelmine le chagrin de le voir mourir. Mais la pauvre femme, moins forte contre la douleur, ne put retenir ce cri arraché par les tortures de la faim :
— Oh ! que je souffre ! — Frantz la prit dans ses bras et voulut la ranimer par ses caresses. — Oh ! que je souffre ! répéta Wilhelmine d'une voix plus déchirante encore.

Frantz la déposa sur un siége et murmura quelques mots inintelligibles ; puis il s'assit à ses pieds et écouta : les gémissemens continuaient.

Tout à coup il se releva d'un bond ; ces râlemens, qu'il croyait être les avant-coureurs de la mort, le jetèrent dans une aveugle rage. Il retrouva une force extraordinaire ; il poussa une espèce de rugissement, et, s'élançant vers la porte, il tenta de l'ébranler par des coups furieux. Ne pouvant y parvenir, il se mit à parcourir le caveau à pas précipités, heurta son front contre le rocher, déchira contre les parois du cachot ses poings crispés.

Dans cette course frénétique, ses pieds rencontrèrent une escabelle de bois ; il s'en saisit par un mouvement machinal, et, revenant à la porte, il se mit à la frapper avec une nouvelle fureur. Un grondement sourd, comme celui du tonnerre, se prolongea dans le souterrain, mais la porte résistait, et bientôt l'escabelle se brisa entre les mains de Frantz.

Alors, poussant une imprécation terrible, un cri suprême de désespoir et de colère, il se laissa tomber de sa hauteur sur le sol.

Quand il revint à lui, il se dressa sur le coude au milieu des ténèbres et prêta l'oreille... La respiration courte et entrecoupée de Wilhelmine se faisait encore entendre à quelque pas ; la pauvre jeune fille n'avait pas encore cessé de souffrir.

Frantz se traîna jusqu'à elle et passa la main sur son visage ; elle semblait plongée dans un sommeil léthargique ; ses yeux étaient fermés ; elle n'avait plus aucune connaissance, quoiqu'elle respirât encore.

Ce sommeil, résultat de l'épuisement et de la fatigue, permit à Frantz de se recueillir. A son tour il sentait le vertige s'emparer de lui ; sa raison cédait peu à peu aux hallucinations que donne la faim.

— Elle dort ! murmura-t-il, mais quand elle s'éveillera les tortures deviendront plus cruelles... Que ferai-je alors ? Faudra-t-il la sentir près de moi, haletante et brisée, en proie aux plus épouvantables souffrances, et ne pouvoir la secourir ? Ce supplice est pire que la mort... Pour elle et pour moi, il faut le lui épargner ! — Il chercha un instant au milieu des débris de meubles dont le cachot était jonché ; il trouva enfin le couteau qu'il avait rejeté à la suite de ses infructueuses attaques contre la porte ; il s'en empara et s'assura que la pointe n'avait pas été brisée. Voici notre salut, dit-il avec ironie ; nous n'avons plus d'espoir... Elle d'abord, puis moi... Tous nos maux seront finis. — Il serrait d'une main le manche du couteau, de l'autre il cherchait sur la poitrine de la jeune fille immobile une place pour frapper. Dans ce moment il fut pris d'un doute. — Si cependant un secours arrivait ! pensa-t-il. On m'a dit dans mon enfance qu'il ne fallait jamais

désespérer de la bonté de Dieu. Celui qui parlait ainsi était un saint prêtre aux cheveux blancs, aux traits vénérables... Il me faisait réciter la prière du soir dans le parc, sous les chênes séculaires de Hohenzollern.—Cette pensée de sa pure et heureuse enfance fit rêver le pauvre frénétique ; il entrevit comme dans un éclair de rians paysages, des champs verts et fleuris, des lacs limpides, de beaux ciels bleus, des figures amies ; il entendit des murmures de ruisseaux, des chants de rossignols, des sons argentins de cloches de village. Mais ces images gracieuses, ces bruits harmonieux passèrent rapidement ; les douces émotions s'effacèrent dans un nouvel accès de rage. — Ce vieux prêtre était un insensé, reprit-il ; il n'y a pas de Dieu pour protéger l'innocence, pour défendre les malheureux... Épargnons-nous des souffrances inutiles, puisque l'heure fatale est venue.

Il leva encore une fois son couteau sur Wilhelmine.
—Frantz! Frantz! murmura une voix mélodieuse comme celle d'un ange ; prends courage, nous ne devons pas mourir.

Il resta immobile, ne sachant si Wilhelmine rêvait ou si elle était éveillée.
— Que dis-tu? répliqua-t-il ; l'univers entier nous abandonne.
— Le ciel ne nous a pas abandonnés, Frantz. Rejette donc loin de toi cette arme meurtrière avec laquelle tu voulais terminer mes maux... Ta main ne doit pas répandre mon sang. — Frantz était stupéfait ; comment, au milieu d'une obscurité profonde, la jeune femme endormie avait-elle pu soupçonner son sinistre projet ? Il n'avait pas exprimé à voix haute ses idées de mort ; cependant Wilhelmine parlait avec assurance, rien n'annonçait qu'elle fût en délire. Il obéit machinalement, et rejeta le couteau loin de lui. Alors Wilhelmine chercha sa main dans l'ombre, la pressa dans les siennes, et reprit d'une voix caressante : — Courage ! mon bien-aimé ; le pouvoir qui vient de me révéler ta pensée de désespoir veille sur nous. Pendant mon sommeil, la cigogne protectrice du Steinberg, cet oiseau béni qui sauva mon aïeul Robert, s'est montrée à moi dans un ciel pur. Elle planait au-dessus de ma tête en traçant de grands cercles d'or comme des couronnes. J'étais prosternée et muette. Aucune voix ne m'a parlé, cependant j'ai senti mon cœur se remplir d'une vive et sainte espérance... Le noble oiseau s'est perdu dans l'immensité des airs... Mes yeux le cherchaient encore lorsque je me suis retrouvée ici, près de toi, dans les profondeurs de la terre. Je ne sais quelle révélation s'est faite en moi ; je ne pouvais ni te voir ni t'entendre, et cependant je savais que tu roulais dans ton esprit des idées de mort, que déjà ta main levée pour frapper... Dieu m'a rendu tout à coup la force et la raison pour t'annoncer que les portes de la vie et du bonheur doivent se rouvrir devant nous... Courage donc, encore une fois !... Laissons agir l'Être puissant qui veille sur le faible et le malheureux.

Wilhelmine retomba mourante.

Frantz l'avait écoutée avec stupeur. Fallait-il attribuer ces paroles à quelqu'une de ces hallucinations dont lui-même ressentait déjà les atteintes? Les émotions et les souffrances avaient-elles produit sur l'organisation nerveuse de Wilhelmine quelques-uns de ces phénomènes mystérieux de magnétisme et de catalepsie constatés par la science moderne, ou bien son imagination, frappée des traditions de sa famille, avait-elle reproduit pendant son sommeil certaines images familières à son esprit? Frantz était trop troublé pour tenter de résoudre ce problème. Il lui restait à peine un vague instinct de la réalité ; un bourdonnement sourd retentissait à ses oreilles, des fantômes de feu passaient devant ses yeux ; le sol tremblait et semblait se dérober sous lui.

— Puissances divines ou infernales, s'écria-t-il dans un dernier éclair de raison, en élevant ses bras au-dessus de sa tête, pouvoir mystérieux qui devez nous protéger, hâtez-vous, car il est temps !

Il resta étendu sans mouvement aux pieds de Wilhelmine.

Rien ne troubla plus le silence du cachot, excepté le bruit lointain de la goutte d'eau qui, d'heure en heure, tombait de la voûte sur le rocher.

XXXVII

Quelques heures après, les deux jeunes époux se trouvaient dans cette même chambre où s'était passée la terrible scène de la nuit précédente.

Wilhelmine était couchée tout habillée sur son lit; à sa pâleur, à son immobilité, on l'eût crue morte. Comme elle, Frantz, étendu dans un fauteuil en tapisserie, ne donnait aucun signe de vie.

La solitude et l'obscurité ne régnaient plus autour d'eux; plusieurs bougies, déposées au hasard sur les meubles, projetaient une vive lumière; et un grand nombre de personnes attendaient avec anxiété que ces malheureuses victimes d'un accès de folie recouvrassent leurs sens. Madeleine Reutner, les yeux pleins de larmes, se penchait vers sa jeune maîtresse, dont elle cherchait à réchauffer par ses ardens baisers les mains inertes et glacées.

Un personnage vêtu de noir, à volumineuse perruque, aux allures compassées, allait de l'un à l'autre des malades, et essayait tour à tour sur eux des drogues contenues dans divers flacons de cristal: c'était le médecin le plus renommé de Manheim.

Trois ou quatre personnes, groupées autour de Frantz, semblaient prendre un vif intérêt à sa dangereuse position: c'était d'abord Sigismond, aussi pâle, aussi défait que son ami; puis l'insouciant Albert, puis enfin le chevalier Ritter, dont la contenance inquiète pouvait bien ne pas avoir seulement pour objet l'état alarmant du fils de son souverain.

Le chambellan regardait de temps en temps, d'un air de secrète préoccupation et de jalousie, un autre personnage à mine hautaine et couvert de décorations, qui se tenait à son côté.

Dans l'angle de cette vaste cheminée, dont la plaque de fonte entr'ouverte formait l'entrée du Flucht-veg, un homme, debout et silencieux, appuyait son front contre la muraille comme pour ne pas voir ce triste tableau; on a deviné le major de Steinberg.

Enfin, près de la porte, dans une espèce d'antichambre, deux grands laquais, poudrés et galonnés, attendaient respectueusement les ordres de leur maître, l'imposant personnage qui causait les distractions du chambellan Ritter.

Au milieu de tous ces gens inquiets et recueillis, Fritz Reutner allait et venait avec son calme ordinaire. Son visage ne décelait aucun trouble, aucun remords. Obéissant au moindre signe du docteur ou de sa mère, il semblait avoir complétement oublié quelle part il avait prise dans le drame sinistre dont le Steinberg venait d'être le théâtre.

Du reste, cette tranquillité avait pour cause peut-être la conviction d'avoir réparé ses torts. Fritz Reutner, en effet, avait été l'instrument de la délivrance des pauvres prisonniers. Sigismond, en arrivant au château quelques heures auparavant, avait appris de Madeleine la réclusion des jeunes gens, le retour à la raison du major, et le départ de Fritz; il n'avait pas hésité à tenter un nouvel effort pour sauver son malheureux ami.

Quoique épuisé de fatigue après tant de courses et de voyages, il s'était fait indiquer le chemin que suivait Reutner, était remonté à cheval, et était parti en toute hâte.

Il n'avait pas eu de peine à atteindre Fritz, qui allait d'un train modeste de peur de fatiguer la monture de son maître. Le nom seul du major de Steinberg avait suffi pour faire tourner bride au trop fidèle serviteur; on comprend sans peine le reste.

La présence de Ritter et de l'inconnu au château exige aussi quelques explications.

En quittant le Steinberg le matin, le chambellan s'était rendu, en compagnie de Sigismond, à l'auberge de Zelter; là, il avait reçu les vingt mille florins prix de la vente de la baronnie. Müller, après avoir retiré une quittance en règle, s'était mis en devoir de partir pour ce village où Frantz lui avait donné rendez-vous dans la fatale lettre confiée à Augusta. Ritter était resté à l'auberge sous le prétexte de déjeuner et de prendre un peu de repos. En réalité, il attendait le retour d'un estafier de police qu'il avait chargé de suivre Sigismond à distance, et de venir lui apprendre où se cachaient les fugitifs.

Müller et l'homme qui devait épier ses démarches étaient partis depuis longtemps déjà; le chevalier Ritter commençait à s'impatienter du retard de son émissaire, quand une chaise de poste, traînée par quatre chevaux, escortée de deux domestiques, fit son entrée dans le paisible village et vint s'arrêter devant l'auberge.

A la vue du personnage qui en descendait et qui était bien connu de lui, Ritter éprouva un vif mécontentement. Le voyageur, en effet, se trouvait placé plus avant que lui dans la confiance du vieux prince de Hohenzollern; sans doute il apportait de nouveaux ordres, et Ritter allait être obligé de résigner ses pouvoirs entre les mains de ce nouveau venu, au moment où il se croyait assuré de mener à bien l'affaire du comte Frédéric.

Cependant, convaincu que c'était lui que l'on cherchait, le chevalier courut au-devant du voyageur, et l'introduisit dans l'auberge en l'accablant de politesses.

En effet, l'ami du prince apportait des nouvelles de la plus haute importance pour le comte Frédéric. Il venait de la résidence de Hohenzollern, et il avait suivi Ritter à la piste depuis Baden, grâce aux indications de la police, à qui le chambellan avait jugé à propos de s'adresser pour l'exécution de ses projets.

Les deux courtisans eurent une conversation très longue, dont le résultat, malgré la jalousie dont ils semblaient animés l'un contre l'autre, fut un commun et ardent désir de retrouver le malheureux Frédéric de Hohenzollern. Mais comment faire? L'espion de Ritter ne revenait pas; ils n'avaient aucun moyen de connaître la route qu'avaient prise les fugitifs.

Pendant qu'ils étaient dans cette perplexité, le bruit du galop d'un cheval ébranla le pavé du village. Sigismond n'avait trouvé personne au rendez-vous désigné par Frantz, et, se souvenant des craintes de Madeleine, avait résolu pour faire de nouvelles recherches dans la tour. Il avait devancé l'homme chargé de surveiller ses démarches: il arrivait rapide comme la foudre.

Ritter et le baron se joignirent à lui.

Ce fut ainsi que tous ces personnages purent assister à la délivrance des prisonniers.

Wilhelmine la première rouvrit les yeux. Un frémissement de joie courut parmi les assistants. Madeleine poussa un cri de bonheur.

La disposition des rideaux empêchant la malade d'apercevoir les personnes réunies dans la chambre, son regard tomba d'abord sur le visage ami et familier de sa vieille gouvernante; elle lui sourit doucement.

— Bonjour, Madeleine, lui dit-elle, comme si elle s'éveillait le matin à son heure ordinaire; que je suis heureuse de te voir!... Si tu savais de quel rêve affreux je suis poursuivie! Oh! d'un rêve affreux!

Aux premiers accens de cette voix, le major fit un mouvement pour se rapprocher de sa sœur; mais le docteur l'arrêta d'un geste impérieux. Dans l'état de faiblesse de la jeune femme, une explication trop brusque pouvait avoir des dangers. Madeleine murmura en sanglotant:

— Sauvée! O mon Dieu! elle est sauvée!

Wilhelmine était encore incapable de comprendre les

transports de sa gouvernante. Elle semblait réfléchir; tout à coup elle tressaillit, et, se soulevant sur le coude, elle demanda vivement :

— Frantz! où est Frantz? Pourquoi nous a-t-on séparés?

Madeleine, au lieu de répondre, écarta rapidement le rideau pour montrer à la jeune femme le corps inanimé de son mari. A cette vue, Wilhelmine ne put se contenir; pâle, les cheveux flottans sur ses épaules, elle s'élança de sa couche, sans s'inquiéter des personnes inconnues qui remplissaient la chambre.

— Il n'est pas mort! s'écria-t-elle ; il ne peut pas mourir, puisque j'existe encore.

— Non, il n'est pas mort, répliqua le docteur en cherchant à l'éloigner ; mais prenez garde, mon enfant, votre présence inopinée pourrait lui être fatale.

— Vous vous trompez certainement, monsieur le docteur, dit Sigismond avec chaleur, la présence de mademoiselle de Steinberg agira sur lui plus que les médicamens de la Faculté... Voyez déjà... le son de voix de sa bienaimée a suffi pour le ranimer.

Une teinte pourprée venait en effet de colorer le visage du jeune homme évanoui ; sa poitrine commençait à se soulever à intervalles inégaux. Le docteur, reconnaissant à ces signes certains l'efficacité du moyen proposé par le fidèle ami de Frantz, ne s'opposa plus au rapprochement des deux époux. On forma cercle autour d'eux, et l'on attendit en silence.

Wilhelmine, penchée sur son mari, lui prodiguait les noms les plus tendres, le serrait doucement contre son cœur, couvrait ses mains de baisers. Ces touchantes caresses le ranimèrent peu à peu ; bientôt il rouvrit les yeux à son tour, et, comme d'instinct, il rendit les marques d'affection qu'il recevait. La pensée de Wilhelmine persistait en lui quand ses facultés étaient encore assoupies ; son cœur s'éveillait avant même son intelligence.

Enfin l'attention de Frantz se porta sur ces personnages muets qui l'entouraient ; mais ses yeux étaient trop affaiblis, ses idées trop confuses encore, pour qu'il pût les reconnaître.

— Où sommes-nous? demanda-t-il d'une voix faible ; Wilhelmine, comment sommes-nous sortis de ce cachot si noir et si froid? Il y a quelqu'un près de nous, et...

— Ce sont des amis, Frantz! s'écria Sigismond incapable de se contenir plus longtemps.

— Oui, des amis, répéta Albert, et, par la lame de mon schlæger! nous vous avons donné plus d'une preuve d'amitié depuis quelques heures.

Frantz serra la main de Muller.

— Est-ce toi, mon brave, mon généreux Sigismond? dit-il d'une voix altérée ; je me suis cruellement repenti de n'avoir pas suivi tes conseils, d'avoir manqué à la parole que je t'avais donnée. Pardonne-moi, Sigismond... et toi aussi, Albert, car, si ma mémoire ne me trompe, je t'ai causé de terribles embarras... Bonne Madeleine, m'excuserez-vous d'avoir compromis, par une démarche téméraire, l'existence de votre chère enfant?

A mesure qu'il se souvenait plus nettement du passé, l'inquiétude remplaçait ses premières impressions de joie. Wilhelmine, elle-même, sentait renaître son anxiété.

— Mais enfin qui nous a sauvés? dit-elle en se dégageant des bras de sa gouvernante; qui nous a tirés de ce cachot où nous allions périr?

— C'est Dieu! répondit une voix mélancolique, Dieu qui a employé des moyens mystérieux pour rendre un moment la raison au pauvre insensé.

Le major de Steinberg s'avança vers eux ; à sa vue ils se rapprochèrent l'un de l'autre par un mouvement instinctif ; mais bientôt cet effroi se changea en pitié : les yeux caves du baron, ses joues livides étaient inondés de larmes ; ses traits exprimaient le plus profond désespoir. Il tendit aux jeunes gens ses mains osseuses, et il leur dit d'un ton déchirant :

— Mon frère !... ma sœur !... grâce ! je ne savais pas ce que je faisais.

Wilhelmine et Frantz hésitèrent un moment, puis, par un mouvement spontané, ils se jetèrent dans les bras d'Henri.

XXXVIII

Le médecin, usant de l'autorité que donne sa profession, voulut mettre un terme à ces émotions, car elles pouvaient avoir un fâcheux résultat pour ses malades si faibles encore. Il les obligea doucement à prendre de nouveau quelques gouttes de ses potions fortifiantes ; puis il parla de les laisser jouir d'un peu de repos. Mais ce n'était pas le compte de quelques-uns des assistans.

Pendant la scène précédente, le chevalier Ritter et l'autre courtisan s'étaient tenus un peu à l'écart ; ils s'observaient du coin de l'œil avec défiance, et ils n'accordaient qu'une attention distraite à ce qui se passait en leur présence. En voyant Frantz tout à fait calme, ils s'avancèrent avec un égal empressement. Ce fut Ritter que Frantz remarqua le premier ; un sourire amer effleura ses lèvres.

— Vous m'avez reconnu, monsieur le chevalier, dit-il avec vivacité, et cette fois je ne puis plus vous échapper ; mais, je vous en avertis, vous ne me séparerez pas vivant de Wilhelmine, de ma femme !

— Ce n'est pas non plus mon intention, monseigneur, répliqua le chambellan avec les apparences du plus grand respect : si j'ai dû exercer de pénibles rigueurs contre Votre Excellence, je puis aujourd'hui effacer des torts involontaires en vous annonçant...

— Il ne vous appartient pas, monsieur le chambellan, de remplir une mission dont Son Altesse le prince de Hohenzollern, mon maître et le vôtre, m'a chargé spécialement pour son auguste fils! s'écria l'autre courtisan en coupant la parole à Ritter.

Frantz reconnut alors ce nouveau personnage, et manifesta un grand étonnement.

— Le baron de Bentheim! s'écria-t-il ; le ministre, le confident, le meilleur ami de mon père?

— Moi-même, monseigneur, répliqua le courtisan en jetant sur Ritter un regard de triomphe ; je suis heureux de voir que Votre Excellence n'a pas oublié le nom et la personne d'un fidèle serviteur de votre famille. Bien des fois j'ai gémi en secret de l'injustice dont vous étiez l'objet ; seul à la résidence j'ai osé m'élever contre le despotisme de votre frère aîné, qui...

— Ne me parlez pas de lui, monsieur le baron, interrompit Frantz, ou plutôt Frédéric de Hohenzollern, d'un air sombre ; je veux, s'il est possible, oublier mes griefs contre ce frère injuste...

— Il les a tous expiés, s'écria Ritter, ne pouvant plus modérer son impatience : votre frère s'est tué, il y a quelques jours, à la chasse, en franchissant un fossé... Vous êtes désormais héritier présomptif de la belle principauté de Hohenzollern.

Le baron de Bentheim semblait furieux d'avoir été prévenu par son rival, mais son regret fut de beaucoup diminué quand il eut vu l'effet de cette révélation sur Frédéric.

— Ainsi donc, messieurs, dit le jeune comte avec un accent d'indignation, vous vous disputiez à qui m'annoncerait le premier cet horrible événement, me supposant sans doute capable de m'en réjouir! Vous me croyez donc bien méprisable?

Ritter fut atterré par cette sévère repartie, mais le baron de Bentheim ne se déconcerta pas.

— Ces regrets vous honorent, monseigneur, reprit-il d'un ton insinuant ; mais je n'aurais pas consenti à vous apporter la triste nouvelle dont monsieur le chambellan Ritter vous a instruit avec trop peu de ménagemens, si je n'avais été chargé d'une autre mission plus agréable à mon cœur.

— Et quelle est-elle, monsieur le baron ?

— Le prince votre père, désespéré de la mort de votre frère aîné, s'est repenti de sa dureté envers vous ; il vous prie de revenir auprès de lui pour être la consolation de sa vieillesse. Voici la lettre que Son Altesse vous écrit de sa main.

En même temps il tira d'un riche portefeuille une lettre scellée d'un large cachet, et le remit à Frédéric. Celui-ci en déchira l'enveloppe et la parcourut rapidement ; des larmes mouillèrent ses yeux.

— Pauvre vieillard ! murmura-t-il ; comment n'oublierais-je pas sa sévérité envers moi ? Il est si malheureux ! Son affection pour son fils aîné l'avait aveuglé peut-être, mais son châtiment a été si cruel ! — Il reprit après une pause : — J'obéirai, monsieur le baron, j'obéirai dès que j'en aurai la force ; c'est un devoir sacré... Seulement, je désire me rendre à Hohenzollern accompagné de la comtesse Wilhelmine ici présente. Je vous prie d'en prévenir...

— Frantz !... monsieur le comte ! s'écria Wilhelmine avec chaleur, je ne veux pas être un sujet de discorde entre votre famille et vous. Qu'importent les honneurs, la fortune ? C'est vous que j'aime... vous seul !

— Permettez, monseigneur, dit avec empressement Ritter, qui crut avoir trouvé une occasion de se concilier les bonnes grâces de son maître futur : Votre Excellence ne l'ignore pas, j'ai quelque crédit sur l'esprit du prince... Daignez me charger de plaider votre cause devant lui ; j'irai me jeter à ses pieds, je lui apprendrai votre histoire, j'emploierai tous les moyens possibles pour toucher son cœur paternel, et j'ose espérer...

— Vous prenez trop de soin, monsieur le chambellan, interrompit le baron de Bentheim avec un fin sourire d'ironie ; quel que soit votre crédit, le comte Frédéric se trouvera pas dans la nécessité d'y recourir. Vous remplissez si judicieusement les missions dont vous êtes chargé, qu'on doit craindre vos excès de zèle... Témoin votre conduite si adroite et si bienveillante de ces derniers temps !... Si Son Excellence me le permet, je me chargerai seul de ses intérêts auprès de mon souverain. Maintenant que j'ai eu le bonheur de voir la comtesse Wilhelmine, continua-t-il en s'inclinant avec la grâce naturelle d'un homme de cour, j'ose prédire que Son Altesse sera fière de l'avoir pour fille.

Ritter rougissait et pâlissait tour à tour ; cependant il cherchait à dissimuler sa colère.

— Monseigneur doit être impatient d'avoir la réponse de son auguste père, reprit-il, et sans doute le prince de son côté éprouve un vif désir d'apprendre des nouvelles d'un fils dont il est séparé depuis si longtemps. Avec la permission de Son Excellence, je partirai demain pour la résidence et j'instruirai le prince...

— Demain il serait encore trop tard, répliqua le baron, déterminé à ne pas laisser le moindre avantage à son malencontreux concurrent ; je vais expédier un de mes laquais en courrier pour porter à Son Altesse la lettre que je vais écrire à l'instant... Monseigneur, ajouta-t-il avec un sourire respectueux, ayez bon courage, tout s'arrangera selon vos vœux.

Frédéric lui tendit la main :

— Oh ! merci, merci ! dit-il avec chaleur. Wilhelmine, ma bien-aimée, voilà le sort que je désirais, que je rêvais pour vous... Vous m'avez épousé pauvre, exilé, maudit, abandonné de tous ; vous habiterez un palais et vous serez princesse souveraine.

— Frantz, soupira la jeune fille, en serons-nous plus heureux ?

Les assistans se mirent en devoir de retourner à l'auberge. Les premières lueurs du jour commençaient à blanchir le ciel, et aucun d'eux n'avait encore pris de repos.

Le comte Frédéric, étant hors d'état d'être transporté, devait rester au château pour recevoir avec Wilhelmine les soins empressés de Madeleine.

Sigismond, Albert et les deux courtisans s'avancèrent donc à tour de rôle pour prendre congé des jeunes époux et du major. Le malheureux Steinberg répondit à peine par un signe de tête à ces politesses ; rien ne pouvait secouer son morne accablement. Quant aux jeunes gens, ils remercièrent avec chaleur ceux qui avaient contribué à leur délivrance ; cependant les remerciemens adressés au baron de Bentheim furent plus vifs et plus affectueux que ceux adressés à Ritter.

— Allons ! murmura le chambellan avec dépit, Bentheim conservera près du fils la faveur dont il jouit auprès du père.

— Ritter ne me supplantera pas, pensait Bentheim avec orgueil.

———————

ÉPILOGUE.

Sigismond et Albert étaient attablés dans la salle basse de l'auberge de Zelter, comme au début de cette histoire.

Les coudes appuyés sur la table, qui était chargée de chopes et de pots d'étain, ils buvaient de la bière en fumant leurs pipes de meerschaum.

C'était le soir, quelques jours après les événemens que nous avons racontés. Le stube était mal éclairé par une petite lampe ; à peine apercevait-on les deux étudians dans les vapeurs tièdes et nauséabondes qui les enveloppaient. Muller semblait plus taciturne encore qu'à l'ordinaire ; pensif et rêveur, il ne s'inquiétait pas de répondre à son pétulant camarade. Schwartz défrayait donc presque seul la conversation.

— Ainsi donc, camarade, disait-il en dégustant lentement sa bière, tu connais les nouvelles arrivées aujourd'hui en Steinberg ? Ces vils courtisans ont obtenu gain de cause : le vieux prince pardonne à Frédéric son mariage secret, et Wilhelmine est reconnue comtesse de Hohenzollern. — Sigismond remua gravement la tête. — Tu sais sans doute aussi que le prince régnant rappelle son fils et sa fille auprès de lui. Wilhelmine ne peut quitter le major, dont la blessure est fort grave, dit-on ; mais Frantz, ou plutôt Son Excellence le comte Frédéric, doit partir demain ; plus tard, il reviendra chercher sa femme, et il la ramènera en triomphe à la résidence de Hohenzollern.

— Oui, oui, je sais tout cela, répondit Muller en chassant la fumée avec précipitation, comme s'il eût été en proie à quelque émotion secrète, il va partir.

— Comment as-tu appris ces nouvelles, puisqu'au lieu de venir avec moi au Steinberg, où nous sommes si bien accueillis, tu restes enfermé ici comme un ours dans sa tanière ?

— Le baron de Bentheim...

— En effet, ce lâche adulateur loge toujours chez Zelter, et il a dû te conter l'histoire. A l'entendre, il lui a fallu des prodiges de diplomatie pour arriver à ce résultat... du moins veut-il le faire croire à Frédéric. Ah çà ! et nous, camarade, quel parti allons-nous prendre ?

— Quel parti nous prendrons ? répéta Sigismond d'une voix altérée ; demain, quand nous l'aurons vu passer dans sa voiture armoriée, nous serrerons notre ceinturon de cuir ; puis, notre bâton à la main, nous partirons à pied pour Heidelberg.

— Heidelberg ! comment, tu penses...

— Ne me disais-tu pas, il y a plus d'un mois, que tu

désirais admirer de nouveau la perruque du proroteur, et que le docteur Sestertius devait être fort embarrassé de ne plus voir à son cours ta redingote verte trouée au coude ? N'as-tu pas une ancienne querelle avec les veilleurs de nuit, et...

— Sans doute, sans doute ; mon schlœger doit se rouiller à son clou, et la main me démange de rosser un *sauvage* ou un *philistin.* Cependant, je te l'avoue, je ne pensais pas que nous dussions nous séparer ainsi de... du camarade de Hohenzollern.

— Il le faut... Lui dire adieu et puis l'oublier, tel est notre devoir.

Et Sigismond détourna la tête, peut-être pour cacher une larme.

— Par le *Codex palatinus !* ami, on dirait que Frédéric fait le fier avec toi, et qu'il s'est permis...

— Tais-toi ! interrompit Sigismond avec énergie ; ne l'insulte pas. Frédéric est bon, brave, dévoué, modeste ; mais il est prince... Voilà pourquoi je m'éloigne de lui, malgré ses instances ; voilà pourquoi je ne veux plus le voir.

Schwartz regardait son compagnon d'un air étonné.

— Ah çà mais ! reprit-il, tu n'as donc aucune faveur à lui demander, toi ? Tu n'es donc pas ambitieux ? En te voyant si empressé à lui rendre service, je croyais que tu connaissais son rang depuis longtemps ; j'en conviens même, je t'accusais d'avoir été dissimulé, sournois avec moi ; car enfin, quand on a un ami prince, il ne faut pas le garder pour soi seul ; il faut en faire part aux autres... Vraiment, tu n'attends rien en retour des peines que tu t'es données, des dangers que tu as courus pour lui ?

— Rien, murmura Sigismond.

— Eh bien ! moi, je ne suis pas si désintéressé ; ces *méprisables esclaves* de chambellans m'ont assuré que leur maître pourrait un jour faire ma fortune quand il serait prince régnant. Sur mon honneur, il devrait bien me choisir pour premier ministre, de préférence à ces *indignes flatteurs* dont il va se trouver entouré ! Il a vu de ses yeux avec quelle dignité, quelle grandeur j'ai rempli mon rôle de prince et de chanoine : pourquoi ne remplirais-je pas de même celui de ministre ? On peut en essayer, que diable ! je demande seulement qu'on en fasse l'essai, quoique j'aie toujours abhorré la tyrannie. — Sigismond n'écoutait pas les divagations ambitieuses de son compagnon. Il avait déposé sa pipe et il était retombé dans ses réflexions.

— Mais enfin, reprit Schwartz avec opiniâtreté, tu as dû avoir un motif pour te sacrifier ainsi au comte de Hohenzollern ? Voyons, continua-t-il en baissant la voix, ne serait-il pas par hasard ton supérieur dans la sacro-sainte société des... enfin cette puissante société pour laquelle j'ai subi tant de pénibles épreuves ? Muller releva la tête d'un air distrait, comme s'il n'eût pas compris ce qu'on lui disait ; puis, par réflexion, il fit un signe de dénégation.

— Comment ! s'écria Albert, il n'avait pas un rang élevé parmi les initiés ? Il a pourtant prononcé les paroles terribles... Eh bien ! Sigismond, dans ce cas, toi et moi, nous avons joué le rôle de dupes. Aussi pourquoi t'as-tu soigné avant tant de zèle ? pourquoi t'es-tu exposé ?

— Parce que je l'aimais, dit Sigismond brusquement.

Et deux larmes, roulant le long de ses joues, vinrent s'arrêter sur sa grosse moustache. Albert, surpris de voir pleurer l'impassible Sigismond, le lustig imperturbable des tavernes universitaires, resta muet et la bouche béante.

— Cela t'étonne, reprit Muller avec rudesse, que je puisse aimer quelqu'un et pleurer. Tu ne me connais pas, tu n'as jamais pu me connaître, toi, l'étourdi, l'égoïste, le tapageur, le vantard ! mais lui, vois-tu, je l'aimais... Oh ! je l'aimais de toute mon âme ! je le croyais pauvre et obscur, comme moi ; j'espérais ne plus le quitter. Tout me plaisait en lui, ses manières douces et modestes, sa franchise, son courage, jusqu'à cette tristesse mystérieuse dont j'ignorais la cause. Lorsque j'appris pour la première fois son nom et son rang, je ne m'en inquiétai pas ; je le voyais renié par sa famille, proscrit, persécuté ; je pouvais

lui être nécessaire, j'étais heureux d'avoir une occasion de lui prouver du dévouement. Mais aujourd'hui, il est riche, honoré, puissant, heureux, et je pleure parce qu'une barrière nous sépare, parce que le comte Frédéric de Hohenzollern, héritier d'une principauté souveraine, ne peut être l'égal et l'ami du pauvre étudiant Sigismond Muller, fils d'un humble artisan de village.

— Et pourquoi non, camarade Sigismond ? dit tout à coup une voix joyeuse derrière lui.

Les deux étudians se retournèrent ; le comte Frédéric, toujours revêtu de son simple et élégant costume de velours noir, venait d'entrer dans la salle. Ils se levèrent précipitamment, avec les apparences du plus grand respect. Frédéric alla droit à Sigismond et lui prit la main.

— Camarade, lui dit-il avec un accent de l'âme, tu me crois orgueilleux et tu m'es encore plus que moi ! Tu me fuis quand je te recherche ; tu me refuses ton amitié quand je viens humblement t'apporter la mienne. Sigismond, quel est le plus fier de nous deux ?

— Monseigneur, murmura Sigismond attendri, Votre Excellence...

— Laisse là ma seigneurie et mon excellence, reprit le jeune comte d'un ton d'impatience ; je ne veux être que ton camarade, et, en dépit de toi, je le serai toujours. — Ils s'embrassèrent ; Albert lui-même eut sa part dans ces marques d'affection. Frédéric reprit enfin d'un air enjoué : — Puisque tu ne viens pas à moi, Sigismond, il faut bien que je vienne à toi ; je dois partir demain, j'ai voulu te faire mes adieux... Oui, mes amis, j'ai quitté mon frère malade, ma bien-aimée Wilhelmine, pour passer une dernière soirée à la taverne avec vous, en joyeux étudians, en camarades du landsmanschaft. Allons ! une chope et un pot de bière pour votre Frantz... Nous trinquerons encore à notre amitié, à notre avenir ?

En même temps il s'assit familièrement entre les deux étudians ; la soirée se passa en joyeuses et cordiales causeries.

Le jeune comte avait tant de bonhomie et de simplicité, il montra tant d'amitié et d'abandon à Muller, que celui-ci se repentit de ses scrupules exagérés. La différence des conditions ne lui parut plus exister quand il fut réciproque ; il adhéra sans résistance aux plans du généreux Frédéric. Il fut convenu que Sigismond, ses études terminées, irait rejoindre son noble camarade à Hohenzollern ; alors on aviserait à lui trouver dans la principauté un emploi honorable auprès du comte. La même proposition fut faite à Albert, mais, il faut l'avouer, avec beaucoup plus de froideur ; Albert ne laissa pas que d'accepter avec empressement.

Il était tard ; Frédéric embrassa encore une fois ses anciens camarades, leur promit de les revoir à son passage à Heidelberg, quand il reviendrait chercher Wilhelmine, et il fit ses préparatifs pour retourner au Steinberg.

— Amis, dit-il les larmes aux yeux, nous allons être séparés pour un peu de temps encore. De quelque manière que les hasards de la destinée disposent de nous dans l'avenir, je me souviendrai toujours que nous avons eu les mêmes plaisirs, les mêmes misères. Ne redoutez donc aucun changement, je ne changerai jamais pour vous... pour toi surtout, ingrat Sigismond, toi mon compagnon, mon libérateur, mon frère ! Wilhelmine et moi, nous avons appris dans le Flucht-veg du Steinberg à être bons, reconnaissans, à aimer et à plaindre... Adieu, adieu !

Et il sortit précipitamment.

Après son départ, les deux étudians gardèrent un moment le silence. Sigismond pleurait dans ses mains, qu'il tenait serrées contre son visage ; Albert lui-même était attendri. Muller releva enfin la tête :

— Il part, dit-il comme à lui-même, mais qu'importe ? il sera toujours mon ami, il me l'a promis. Je ne désire plus rien... je suis heureux !

Schwartz, beaucoup plus calme, semblait rouler quelque projet dans sa cervelle folle.

— Je suis enchanté de te voir dans ces bonnes disposi-

tions, camarade, dit-il d'un ton patelin ; le comte t'a té-
moigné une préférence marquée sur moi, mais je n'en
suis pas jaloux ; je ne lui ai rendu que peu de services,
et encore ceux que je lui ai rendus, toi seul tu peux m'en
récompenser.

— Moi !... que veux-tu dire ?

— Ne me comprends-tu pas ? Sigismond, n'ai-je pas
subi jusqu'ici d'assez longues, d'assez dificiles épreuves ?
Ne saurais-tu avancer le moment marqué pour mon initiation ? J'ai été pur, sobre, prudent, *purus, sobrius, prudens*, selon l'ordre de cette voix redoutable que j'entendis
la nuit de ma présentation à l'assemblée des élus. Je t'ai
sacrifié mes prétentions sur la petite Augusta, sauf deux
ou trois baisers en passant qui ne sauraient tirer à consé-
quence... Je t'ai laissé boire ma bière et fumer mon tabac... J'ai consenti à devenir prince et chanoine, malgré
mon amour bien décidé pour le peuple et pour la liberté ;
ce n'est pas ma faute si l'on a trouvé généralement que
j'étais vraiment fait pour occuper ces hautes dignités tout
le temps de ma vie. A la première invitation je me suis
démis de ma principauté, de mon canonicat, je suis rede-
venu sans murmurer landsmanschaften et brave étudiant... Bis, tant de sacrifices, tant d'actes d'obéissance à
la sainte corporation des initiés, ne m'ont-ils pas enfin
rendu digne de prendre place parmi les *voyans* ?

Müller l'avait d'abord écouté d'un air de surprise, mais
peu à peu cette expression s'effaça de son visage ; aucun
sourire ne se montra sur ses lèvres, seulement ses yeux
brillèrent de malice et de gaieté.

— Albert Schwartz, dit-il avec une gravité affectée ; tu
as raison ; ton temps d'épreuves est fini, tu vas recevoir
ta récompense.

— Comment ! s'écria Albert transporté, tu me promets
qu'à notre retour à l'Université tu me feras obtenir le titre de membre de cette illustre société...

— Je n'attendrai pas si longtemps ; Albert Schwartz,
mets-toi à genoux.

— Quoi ! tu veux ici... tout seul... ?

— J'use d'un droit que me confèrent nos rites vénérables. Mets-toi à genoux, te dis-je.

Albert hésita un peu, cependant il finit par obéir.

Alors Sigismond alla fermer soigneusement les portes,
s'assura que les volets de la fenêtre étaient clos, puis revenant d'un pas majestueux vers son camarade, toujours
agenouillé, il dit d'une voix basse et solennelle :

— Relève-toi, Albert Schwartz... je te déclare membre
de la société des... *imbéciles !*

De saisissement le pauvre Albert tomba sur ses talons ;
un rire argentin se fit entendre derrière la porte : c'était la
jeune Augusta qui assistait invisible à l'initiation du nouvel illuminé.

II

Trois mois s'étaient écoulés.

Le comte Frédéric de Hohenzollern, après être allé passer quelques semaines près de son père, était revenu au
Steinberg pour chercher Wilhelmine ; mais jusqu'à ce
moment l'état déplorable où se trouvait le major avait
empêché leur départ.

Henri, consumé par les souffrances et le remords, ne
semblait plus être que l'ombre de lui-même ; son organisation, autrefois si robuste, était complétement ruinée,
et le docteur n'avait pas tardé à déclarer le mal incurable.
Aussi Wilhelmine, malgré les torts de son frère, n'avait-
elle pas voulu le quitter, et les deux époux prolongeaient
leur séjour dans cette tour triste et solitaire qui devait
leur rappeler de si cruels souvenirs.

L'état du baron empira, et bientôt une catastrophe devint imminente.

Un jour enfin, après une crise douloureuse, le malheureux Henri, qui avait repris toute sa connaissance, témoi-
gna le désir d'être transporté sur la plate-forme de la
tour, « afin, disait-il, de contempler une dernière fois le
domaine de ses pères. »

Il était arrivé à ce point de dépérissement où l'on ne
refuse plus rien à un malade ; on se hâta de satisfaire son
vœu.

On était alors à la fin d'août ; le soleil était couché.

Le climat brumeux de la vieille Germanie ne démentait
pas sa réputation ; des vapeurs grises et froides couvraient le ciel : un vent du nord assez violent soufflait
par bouffées.

Le baron, assis dans un fauteuil, le corps entouré de
couvertures, le visage pâle et déjà décomposé par les approches de la mort, souriait mélancoliquement à cette
nature en deuil. Wilhelmine et Frédéric, tous les deux
frais et brillans de santé, mais tristes et pensifs, se tenaient
à ses côtés. Madeleine Reütner, appuyée contre le parapet,
à l'autre extrémité de la plate-forme, épiait les mouvemens du malade pour prévenir ses besoins ou ses désirs.

Le Rhin majestueux semblait ralentir son cours à cette
heure du soir ; les roseaux gémissaient faiblement sur le
rivage, et la vieille tour elle-même faisait entendre une
espèce de plainte lugubre quand le vent s'engouffrait dans
ses meurtrières. Pas une étoile ne brillait aux déchirures
des nuages ; le crépuscule jetait une lueur incertaine sur
le ciel, sur les eaux, sur la campagne solitaire.

Cependant, au milieu de cette immobilité solennelle,
quelque chose commençait à s'agiter sur divers points de
l'horizon ; en même temps, un espèce de frémissement
sourd mais continuel se faisait entendre au-dessus et au-
dessous des spectateurs, sans qu'ils pussent encore en reconnaître la cause.

Peu à peu l'air sembla se peupler : des objets blancs,
pas groupés nombreux, se mouvaient au loin dans la
brume. On entrevoyait des formes fugitives d'oiseaux effleurant lentement la surface du Rhin ; d'autres arrivaient
par épais bataillons du côté de la campagne ; d'autres
enfin semblaient descendre des hauteurs des nuages. La
terre, les eaux, le ciel, s'animant à la fois comme par magie, pullulaient de fantômes ailés. Le frémissement devenait fort, plus distinct ; on eût dit de ces bruits
aériens qui annoncent *la chasse infernale*, cette naïve et
lugubre tradition allemande.

Bientôt cependant ces formes vagues apparurent plus
précises à mesure qu'elles se rapprochaient, et les spectateurs reconnurent enfin des vols de cigognes.

On était à l'époque de l'année où ces oiseaux quittent
l'Allemagne tous ensemble pour gagner des climats plus
doux. Le temps et l'heure étaient favorables à ces sortes
de migrations, il n'y avait donc rien d'extraordinaire dans
leur prodigieuse affluence autour du château. La circonstance de la mort prochaine d'un de ces Steinberg qui
avaient pris les cigognes pour armoiries, donnait seule à
cet événement un caractère mystérieux.

Toutes les bandes d'oiseaux, suivant un plan qui semblait concerté d'avance, se dirigeaient vers le même point,
l'étroite vallée qu'on appelait le val du Départ.

Là, elles se posaient à terre, en faisant entendre le cla-
quement de bec, seule voix de ces oiseaux parvenus à
l'âge d'adultes. Plusieurs milliers se trouvèrent bientôt
réunies au rendez-vous commun ; elles couvraient entièrement le sol de la vallée, qui du haut de la tour paraissait toute blanche de neige. Cependant, de quelque côté
que se tournât le regard, on voyait encore des nuées de
ces voyageurs accourir à tire-d'aile. Ils étaient aussi nombreux que ces âmes errantes dont les anciens peuplaient
leurs enfers, et qui accouraient sur les bords du Styx pour
contempler Énée, le Dante ou Télémaque. Le ciel, la terre
et l'eau fournissaient à la fois leur contingent à cette mul-
titude empressée.

Néanmoins, au moment où le crépuscule allait faire

place à la nuit, l'affluence diminua ; on n'aperçut plus dans la brume que de rares traînards, fendant l'air à la hâte pour atteindre le lieu désigné.

En revanche, il se faisait dans la vallée un bruit sourd, un *fourmillement* étrange d'un caractère surnaturel. Tous ces grands oiseaux, entassés dans un espace resserré, se cherchaient, se fuyaient, se heurtaient dans l'ombre, voltigeant et s'abattant tour à tour ; ils formaient une sorte de tourbillon que l'œil avait peine à suivre.

Tout à coup, cette agitation turbulente s'apaisa parmi les émigrans ; ils devinrent immobiles, silencieux. On eût dit qu'ils attendaient un signal, un chef peut-être, avant de prendre leur vol et de commencer leur voyage aux terres africaines.

Le vent se taisait ; le feuillage des châtaigniers dans le vallon, les roseaux au bord du Rhin, avaient cessé de gémir ; la nature elle-même semblait être dans l'attente.

Alors la cigogne femelle qui avait fait son nid sur la tour du Steinberg donna des signes d'agitation.

Depuis la mort du hinkende, les jeunes cigognes avaient grandi, et elles étaient en état de suivre la troupe dans sa migration lointaine. La mère, debout sur un pied, au bord du nid, avait contemplé de son œil vif et brillant le rassemblement de ses compagnes. Les voyant toutes réunies, elle battit des ailes, ses petits l'imitèrent aussitôt, et la famille prit son essor.

Mais au lieu de se diriger d'abord vers la vallée, les hôtes du Steinberg planèrent un instant, comme pour essayer leurs forces ; puis ils tournèrent autour de la plate-forme, en faisant claquer leur bec en signe d'adieu. Une fois même, la mère effleura de son aile blanche l'épaule du baron, comme pour lui adresser un naïf hommage.

Le moribond parut attendri ; il dit à demi-voix avec un accent mélancolique :

— Adieu, bons oiseaux qui avez eu tant à souffrir de l'hospitalité du Steinberg ; adieu, êtres paisibles dont Dieu avait uni par un lien inconnu la destinée à la nôtre... vous ne reviendrez plus dans ce triste lieu, où la ruine et l'abandon régneront après moi !

La cigogne continuait son vol lent et circulaire autour des assistans, comme si elle eût compris ces tristes paroles.

— Gardons-nous de jeter un regard dans ce que Dieu a voulu nous tenir caché ! dit Madeleine avec un reste de frayeur superstitieuse, et cependant, monseigneur, ces pauvres créatures, par leurs touchans instincts, vous ont rendu la raison quand vous alliez vous-même porter le dernier coup à votre malheureuse race...

— Une cigogne m'a fourni les moyens de pénétrer dans le château pour protéger Wilhelmine, ou du moins pour mourir avec elle, dit Frédéric tout pensif.

— Et si j'ose rappeler ce souvenir, murmura Wilhelmine d'une voix tremblante d'émotion, un rêve où se trouvait une cigogne ranima notre courage dans le cachot

du Flucht-veg. Grâce à ce rêve singulier, inexplicable, je pus arrêter votre main levée sur moi dans un moment d'égarement...

— Était-ce un rêve ? dit le jeune comte d'un air pensif ; et, comme le disait tout à l'heure Henri, la Providence ne pourrait-elle avoir uni par des liens invisibles les destinées de votre famille à celles de ces humbles oiseaux ? Tout ce que je vois confond ma raison.

— Mon frère, murmura le baron d'une voix entrecoupée, en tendant la main à Frédéric, dans quelques instans, je saurai le mot de cette énigme... oui, et de toutes les autres proposées à l'homme pour qu'il sente sa faiblesse.

— Mon frère, j'ose encore espérer...

Le moribond secoua la tête en souriant, et fit signe aux assistans d'être attentifs.

La cigogne de Steinberg et ses petits semblaient enfin s'être décidés à quitter le manoir ; ils abaissèrent leur vol et disparurent dans l'ombre du soir.

Tout à coup une violente bouffée de vent se déchaîna sur le Steinberg et sur les alentours. Alors on entendit un roulement sourd semblable au bruit éloigné de la mer ; c'étaient cinquante mille ailes robustes qui fouettaient l'air à la fois,

C'étaient les cigognes qui partaient.

Un immense nuage monta de la plaine, se répandit dans l'espace comme un ouragan d'écume, et obscurcit les derniers reflets du jour ; puis le bruit s'affaiblit, le jour reparut peu à peu, et la majestueuse migration s'écoula vers le Midi, portée par le vent d'orage.

On aperçut encore un instant cette masse sombre tourbillonner dans le ciel, puis tout disparut à l'horizon.

Quand les derniers rangs des oiseaux voyageurs se confondirent avec le brouillard, le baron serra contre sa poitrine les mains de Frédéric et de Wilhelmine.

— Mon frère, ma sœur, dit-il d'une voix solennelle, le sort va s'accomplir !... La race des Steinberg est éteinte ; celle des Steinberg-Hohenzollern commence.

Et il demeura sans mouvement.

———

Deux jours après, le baron de Bentheim conduisit triomphalement les jeunes époux à la principauté de Hohenzollern. Le Steinberg resta quelques années encore sous la garde de Madeleine Reutner et de Fritz ; l'un et l'autre n'avaient pas voulu le quitter, malgré leur attachement pour Wilhelmine. Mais Madeleine mourut, et Fritz fut appelé à Hohenzollern ; le château abandonné ne tarda pas à devenir inhabitable ; aujourd'hui, comme nous l'avons dit, ce n'est plus qu'un amas de décombres.

Le jour où naquit le premier enfant de la princesse Wilhelmine, deux cigognes vinrent nicher sur le toit du palais de Hohenzollern.

FIN DU NID DE CIGOGNES.

Paris. — Imprimerie J. Voisvenel, rue du Croissant, 16.

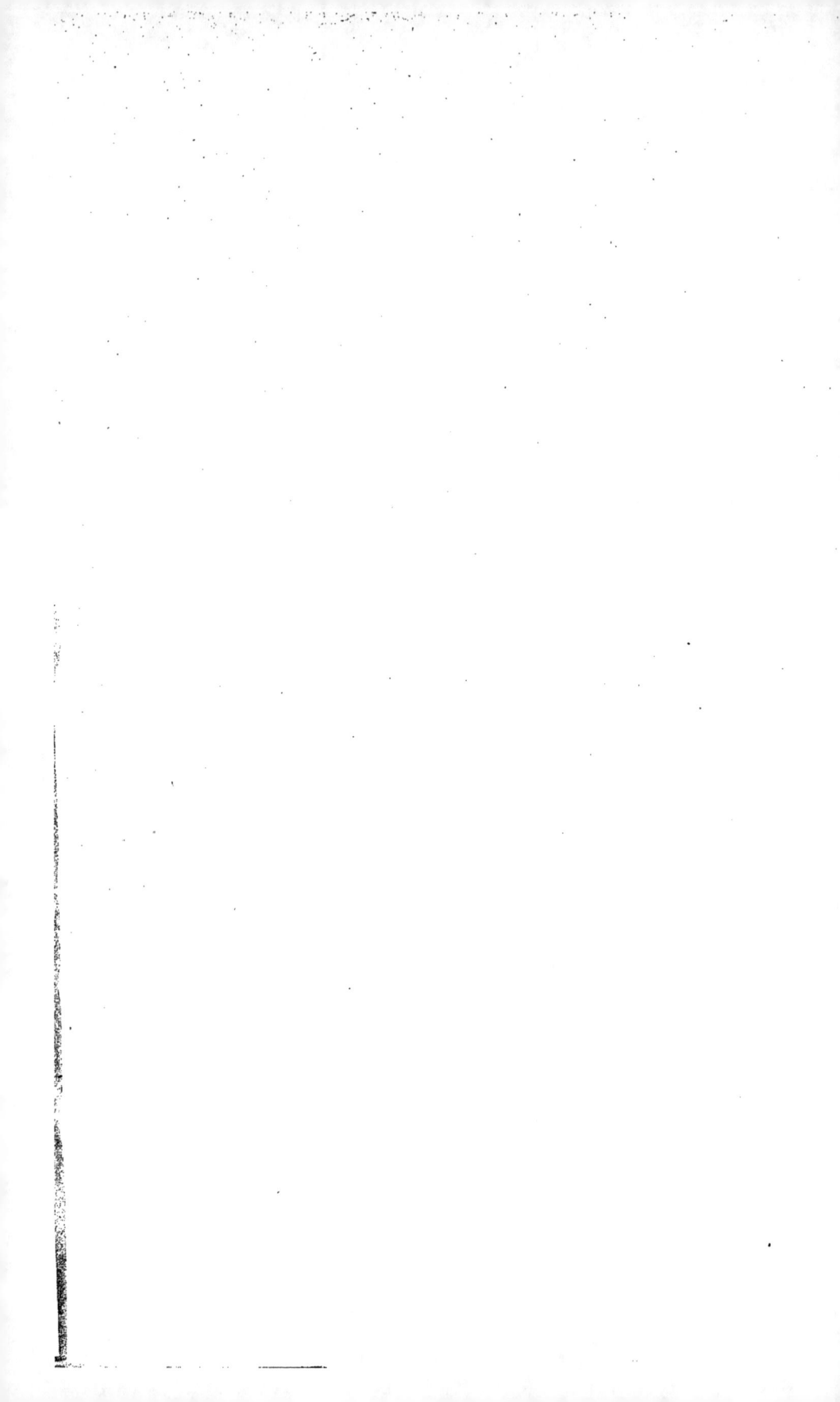

www.ingramcontent.com/pod-product-compliance
Lightning Source LLC
LaVergne TN
LVHW022140080426
835511LV00007B/1193